Rudi Palla

DIE KUNST, KINDER ZU KNETEN

DIE ANDERE BIBLIOTHEK

Herausgegeben

von Hans Magnus Enzensberger

Rudi Palla

DIE KUNST, KINDER ZU KNETEN

Ein Rezeptbuch der Pädagogik

Eichborn Verlag
Frankfurt am Main
1997

ISBN 3-8218-4153-2

Für Christine, die mir Lilly schenkte

INHALT

ZU DIESEM BUCH

Wie Heranwachsende zu erziehen seien, das hat die Menschheit seit jeher beschäftigt; und die pädagogischen Rezepte fielen so unterschiedlich wie paradox aus. Dies ist ebenso eine Binsenweisheit wie die Einsicht, daß jede Pädagogik wohl oder übel gezwungen ist, sich im Verhältnis zur jeweiligen Gesellschaft zu definieren. Demnach hängt sie von ideologischen oder gesellschaftspolitischen Entscheidungen ab – und schwindelt sich für gewöhnlich trickreich am Kind vorbei.

Im ***Hyperion*** läßt Hölderlin seinen Eremiten wunderschön pathetisch deklarieren: »Ja! ein göttlich Wesen ist das Kind, solange es nicht in die Chamäleonsfarbe der Menschen getaucht ist. Es ist ganz, was es ist, und darum ist es so schön. [...] Aber das können die Menschen nicht leiden. Das Göttliche muß werden, wie ihrer einer, muß erfahren, daß sie auch da sind, und eh es die Natur aus seinem Paradiese treibt, so schmeicheln und schleppen die Menschen es heraus, auf das Feld des Fluchs, daß es, wie sie, im Schweiße des Angesichts sich abarbeite.«

Jahre vor Hölderlin hat der Tausendsassa Jean-Jacques Rousseau seinen Zeitgenossen verraten, alle Erziehung scheitere daran, daß die Natur weder Eltern zu Erziehern erschaffen habe noch Kinder, um erzogen zu werden. Aber Rousseau ist auch ein Dompteur, der sich in seinem ***Emile*** durchaus Ungereimtheiten leistete: »Laßt ihn [den Zögling] immer im Glauben, er sei der Meister, seid es in

Wirklichkeit aber selbst. Es gibt keine vollkommenere Unterwerfung als die, der man den Schein der Freiheit zugesteht.« Das ist zumindest aufrichtig. Rousseau können wir wenigstens dort recht geben, wo er sagt, daß bei der Kindererziehung fast ausnahmslos Ungelernte auf Unerfahrene losgelassen werden. Mit oftmals fatalen Folgen, wie wir wissen. Spätestens seit Sigmund Freud fällt es schwer zu leugnen, daß neurotische, psychotische, psychosomatische und andere Störungen hauptsächlich durch Erziehungseinflüsse verursacht werden – drastisch demonstriert im Kapitel »Leben ist Streben und nicht bloß Dasein«. Und wer sich von der angeblich wissenschaftlichen Disziplin der Pädagogik, die sich zudem in ständigen Glaubensstreitigkeiten befindet, Rat und Beistand erhofft, muß darauf gefaßt sein, enttäuscht zu werden.

Geht es um pädagogische Rezepte und Methoden, taucht unverschämt oft das »Passepartout«-Wort »Liebe« auf, das mangels Präzision alles abzudecken vermag; wo damit aber nicht auch der Respekt vor dem Kind gemeint ist, artet diese Liebe allzu leicht in wohlwollende Tyrannei aus. Ich erinnere nur an die Spruchsammlung Jesus Sirach im Alten Testament, wo es im Kapitel 30 heißt: »Wer sein Kind lieb hat, hält es stets unter der Rute, daß er hernach Freude an ihm erlebe.« Die unendliche Geschichte der schlagkräftigen, sadistischen und demütigenden Empfehlungen würde eine ganze Bibliothek füllen. Vor etwa achtzig Jahren empfahl der Philosoph Fritz Mauthner das vierte der zehn Gebote umzukehren und anzuordnen: »Du sollst deine Söhne und deine Töchter ehren, wenn du sie schon in die Welt gesetzt hast. Dann werden Vater und Mutter auch nicht zu kurz kommen.«

Dieses Buch widmet sich der »Knetmasse« Kind und stellt Pädagogen, Philosophen, Philanthropen, Utopisten,

Moralisten, Ärzte, neunmalkluge Weltverbesserer, Jugendführer, Lehrmeister, Mütter und Väter vor, die es beim Kneten (die Fachsprache hält dafür Wörter wie Formen oder Formgebung bereit), ob nun ausgeübt oder ausgedacht, bedächtig oder mit derber Hand, zu hoher Meisterschaft gebracht haben.

Aus den unzähligen Versuchen der Menschen, ihre Nachkommenschaft zu erziehen, habe ich einige zutage gefördert, wobei es mir um eine möglichst bunte Mixtur ging. Im Buch vertreten sind sowohl pädagogische Vorstellungen und Anwendungen, die eine nachhaltige, bisweilen auch unheilvolle Wirkung auf die Nachwelt hatten, als auch Berichte von Stammesgesellschaften, die einen Vergleich mit dem europäischen Erziehungswesen gestatten. So geht es zum Beispiel in den Kapiteln »**Wiedergeburt im Busch**« und »**Eisen erzieht**«, um recht unterschiedliche Einführungsrituale von Jugendlichen in ihre Gesellschaften.

Den Anfang machen die mythischen Spartaner, wahre Künstler im Kinderkneten, deren Lebensvorstellungen und Erziehungsmaßnahmen nicht nur Platons Lehre (vom idealen Staat) beeinflußten. Noch viele Jahrhunderte später sind die in Plutarchs ***Leben des Lykurg*** (des sagenhaften Gesetzgebers Spartas) überlieferten spartanischen Ideale so ungleichen Männern wie Rousseau, Nietzsche oder Hitler zu Kopf gestiegen. Platonische Gedanken hatten großen Einfluß auf das abendländische Erziehungsdenken; sie standen Pate bei Sir Thomas Mores und Tommaso Campanellas utopischen Entwürfen, die im Kapitel »**Schöne neue Welt**« behandelt werden. In diesem Kapitel findet sich übrigens auch ein Abriß von Aldous Huxleys Zukunftsroman ***Brave New World***, worin die beklemmende Vision einer Wohlstandstyrannei entworfen wird, in der die Menschen beginnen, ihre Unterdrückung zu lieben und die

Technologien anzubeten, die ihre Denkfähigkeit zunichte machen. Huxley schrieb dieses Buch Anfang der dreißiger Jahre. In seinem Essayband ***Dreißig Jahre danach oder Wiedersehen mit der Schönen neuen Welt*** konnte er seine Prophetie an der inzwischen veränderten Welt messen. Seine damalige Schlußfolgerung: Es deute alles darauf hin, daß sich der Schrecken in einem Bruchteil der veranschlagten Zeitspanne verwirklichen werde.

Mitte der achtziger Jahre griff der amerikanische Medienökologe Neil Postman in seinem kulturpessimistischen Bestseller ***Wir amüsieren uns zu Tode*** Huxleys geäußerte Befürchtung auf, die Wahrheit werde in einem Meer von Belanglosigkeiten untergehen, weil wir nicht wahrhaben wollen, daß das Verlangen des Menschen nach Zerstreuung fast grenzenlos sei. »**Huxley hat gezeigt**«, so Postman, »**daß im technischen Zeitalter die kulturelle Verwüstung weit häufiger die Maske grinsender Betulichkeit trägt als die des Argwohns oder des Hasses [im Vergleich zu George Orwells Großem Bruder in *1984*].**« Und er fügt hinzu: »**Wenn das kulturelle Leben neu bestimmt wird als eine endlose Reihe von Unterhaltungsveranstaltungen, als gigantischer Amüsierbetrieb, wenn der öffentliche Diskurs zum unterschiedslosen Geplapper wird, kurz, wenn aus Bürgern Zuschauer werden und ihre öffentlichen Angelegenheiten zur Varieté-Nummer herunterkommen, dann ist die Nation in Gefahr – das Absterben der Kultur wird zur realen Bedrohung**«. Gemeint ist vor allem die »**verzehrende Liebe**« zum Fernsehen, der Erwachsene wie Kinder gleichermaßen zum Opfer fallen. Für Postman hat das Fernsehen dadurch, daß es die Zeit, die Aufmerksamkeit und die Wahrnehmungsgewohnheiten der Kinder und Jugendlichen zu kontrollieren vermag, die Macht erlangt, auf ihre Erziehung entscheidend einzuwirken. (In Deutschland verbringt nach Schätzungen ein gutes Drittel der Sechs- bis Achtjährigen dreißig Stunden und mehr pro Woche vor dem Fernsehgerät.) Postman hält es für zutreffend, das Fernsehen als **Curriculum** zu bezeichnen, als »**ein eigens erstelltes System der Information und Unterweisung, das zum Ziel hat, den Verstand und die Persönlichkeit junger Menschen zu beeinflussen, zu unterrichten, zu schulen und zu kultivieren**«. Besorgniserregend findet er dabei die Verbindung von Unterricht und Unterhaltung, die ein sinnvolles und nachhaltiges Lernen unmöglich mache. Postman schlägt vor, die von »**medienbewußten**« Pädagogen diskutierte Frage, wie das Fernsehen (aber auch der Computer oder die sogenannten Neuen Medien) einzusetzen sei, um Erziehungsprozesse zu kontrollieren, einfach anders zu stellen: Wie können wir die Erziehung einsetzen, um das Fernsehen (oder den Computer) zu kontrollieren? Darüber ließe sich durchaus nachdenken.

Ein anderes Kapitel, »**Das Kind als Feind**«, beginnt mit einer Behauptung, die ich dem Buch ***The History of Childhood*** (1974) entliehen habe: »**Die Geschichte der Kindheit ist ein Alptraum!**« Eine höchst deprimierende Feststellung, die vielleicht übertrieben klingt. Aber nach allem, was sich mir in den letzten Jahren an einschlägigen Schriften dargeboten hat, hege ich keinen Zweifel am Wahrheitsgehalt dieser Aussage. Einige stichhaltige Beweisstücke kann dieses Buch anbieten. »**Das Kind als Feind**« bringt die Schreckensgeschichte der Kinder im zaristischen Rußland an den Tag, die in der darauf folgenden Epoche eine verhängnisvolle Fortsetzung finden sollte. In aller Kürze sei diese hier erwähnt: Es waren die großen Katastrophen am Beginn unseres Jahrhunderts – der Erste Weltkrieg, die bolschewistische Oktoberrevolution 1917, dann der grausame Bürgerkrieg und die entsetzliche Hungersnot, die in Rußland Millionen von Kindern (amtliche Schätzungen sprachen von sieben bis neun Millionen) sowohl Eltern wie Zuhause raubten. Diese Millionen der Verwahrlosung preisgegebenen Waisen, die man **besprisorniki** nannte, zogen auf der Suche nach Essen und einem Dach über dem Kopf, teils raubend und stehlend, durch das Land. Ein geringer Teil landete in den Arbeitskolonien für minderjährige Rechtsbrecher (die bekanntesten waren die von dem pädagogischen Außenseiter Makarenko geleiteten Kolonien »Maxim Gorki« und »Tscherschinskij«); viele von ihnen wurden mit der Zeit in das NKWD (Volkskommisariat für Innere Angelegenheiten) eingegliedert oder verkamen zu Berufsverbrechern, die später in den Gulags als rechte Hand der Aufseher politische Häftlinge terrorisierten. Der polnische Autor Ryszard Kapuściński (dem ich diese Information verdanke) weist in seinem 1993 erschienenen Buch über das sowjetische Imperium darauf hin, daß es gewisse Zusammenhänge zwischen der damaligen Entwicklung und den mafiosen Organisationen von heute gibt. »Die Großväter vieler heutiger russischer Mafiosi«, schreibt Kapuściński, »rekrutierten sich aus dem Heer jener obdachlosen und oft namenlosen *besprisorniki*. Es war nicht leicht, mit seiner Vergangenheit zu brechen, oft war das auch gänzlich unmöglich. Wer einmal mit den Behörden in Konflikt geriet, vererbte diesen Konflikt-Status an seine Söhne und Enkel weiter. Die postsowjetische Gesellschaft in der ehemaligen UdSSR zeichnet sich dadurch aus, daß es nicht einfach kriminelle Individuen oder Elemente gibt, sondern eine ganze kriminelle Schicht mit völlig anderer Herkunft und Tradition als die übrige Gesellschaft. Jede weitere Krise – der Zweite Weltkrieg, die Säuberungen nach dem Krieg, die Korruption der Breschnew-Ära, der Zerfall der UdSSR – ließ diese Schicht weiter anschwellen.«

Vier Kapitel stützen sich auf Berichte aus der ethnologischen Feldforschung. Dazu erscheint mir eine kurze Bemerkung zur Glaubwürdigkeit völkerkundlicher Berichte angebracht. In den älteren Beschreibungen verbirgt sich der »Beobachter« meist gänzlich hinter seinem »Forschungsobjekt«. Das hatte seinen guten Grund. Die ungetrübte Sachlichkeit, die aus den Büchern spricht, sollte den Anspruch auf Objektivität nachdrücklich betonen und die Tatsache verwischen, daß die Forschungen hauptsächlich im Interesse der eigenen Gesellschaft vorgenommen wurden. Auf die realen Schwierigkeiten, denen sich die Völkerkundler in den Stammesgesellschaften ausgesetzt sahen, wurde in diesen »Feldberichten« geflissentlich nicht eingegangen; den »Kulturschock«, den die Forscher erlitten und der ihre »Feldarbeit« zweifellos beeinflußt haben muß, verdrängten oder verschwiegen sie und daß ihre Vorurteile, Sehnsüchte, Ängste und Enttäuschungen gleichsam als verzerrender Filter ihrer Rezeption wirkten, liegt auf der Hand. Manche Ethnologen haben Europa überhaupt nie verlassen und trotzdem vielbeachtete Werke verfaßt, wie beispielsweise der Engländer Sir James Frazer, der mit seinen umfangreichen religionsethnologischen Schriften Sigmund Freud und seine ganze Epoche beeindruckte.

Bronislaw Malinowski, der Neuerer der Ethnographie, war der erste Forscher, der über einen längeren Zeitraum, zwischen 1914 und 1918 insgesamt zwei Jahre, unter den Eingeborenen auf den Trobriand-Inseln in der Südsee lebte und ein geschlossenes Stammessystem studieren konnte. Aus seiner Monographie ***Das Geschlechtsleben der Wilden***, der ersten ausführlichen Studie über das Familienleben in einer mutterrechtlichen Gesellschaft, habe ich für das

Kapitel »**Kindheit in der blauen Lagune**« jene Passagen geplündert, die sich auf das Leben der Kinder und Jugendlichen beziehen. Für Malinowski bestand das oberste Ziel des Ethnographen darin, »**den Standpunkt des Eingeborenen, seinen Bezug zum Leben zu verstehen und sich *seine* Sicht *seiner* Welt vor Augen zu führen**«. Daß er an seinen Vorsätzen angesichts der fremden Kultur immer wieder scheiterte, beweisen seine Feldtagebücher, die in den sechziger Jahren postum veröffentlicht wurden und in denen er mit Ressentiments gegen die »**primitiven Südseeinsulaner**« nicht sparte. Ihr Inhalt löste nicht nur allgemeine Empörung aus, sondern unterminierte auch die Glaubwürdigkeit seiner Äußerungen.

Auf ähnliche Weise »entzaubert« wie Malinowski wurde die populäre amerikanische Kulturanthropologin Margaret Mead, die in diesem Buch einige Male erwähnt wird. Mead unternahm ihre erste Forschungsreise 1925 ebenfalls in die Südsee, nach Samoa. Daraus entstand ihr berühmt gewordenes Buch ***Coming of Age in Samoa*** (1928), in dem sie unter anderem erklärte, die Kinder und Jugendlichen auf Samoa würden repressionsfrei aufwachsen, ohne Autoritätsdruck, Eifersucht, sexuelle Tabus, Gewalt und Aggression. Diese bemerkenswerten Umstände seien auch der Grund dafür, so Mead, daß es für die pubertierenden Jugendlichen keine nennenswerten Krisen gebe. Einer ihrer Widersacher, der australische Professor für Anthropologie Derek Freeman, der viele Jahre unter den Samoanern gelebt hatte, unterstellte Mead (in seinem Buch ***Margaret Mead and Samoa: The Making and Unmaking of an Anthropological Myth,*** das 1983 erschien), daß sie auf Samoa buchstäblich mit Scheuklappen herumgelaufen sei und daß ihre Behauptung von der Friedfertigkeit der Naturvölker eine reine Legende darstelle. Meads Verteidiger hingegen sahen in den Attacken gegen sie auch einen Angriff auf eine angesehene Richtung der amerikanischen Kulturanthropologie und die von ihr vertretene Lehre, der Mensch sei – simpel ausgedrückt – in seinem Verhalten nicht von seinem biologischen Erbe, sondern so gut wie ausschließlich von der Kultur geprägt.

Als ich begann, Material für dieses Buch zusammenzutragen, war meine Tochter Lilly gerade dreieinhalb Jahre alt geworden. In ein paar Monaten wird sie sechs und kommt in die Schule. Mit der Ratlosigkeit des »Ungelernten« habe ich mich in die Aufgabe gestürzt, ihre weiche Seele zu kneten. Nun, nach vierzehn Kapiteln über die Kunst des Kinderknetens, hoffe ich zu wissen, wovor ich mich in acht und Lilly in Schutz nehmen muß.

Wien, im April 1997 R. P.

Sparta oder die Kunst, Kinder zu kneten

»Schön ist der Tod dem Mann,
der tapfer, ein Streiter der Vorhut,
für seiner Heimat Heil kämpfend
dem Feinde erliegt.«

TYRTAIOS, spartanischer Elegiker
des 7. Jahrhunderts v. Chr.

Mehr als zwei Jahrtausende hindurch erweckte die Kriegerkultur Spartas die unterschiedlichsten Vorstellungen und Phantasien. Seine Lebensordnung wurde idealisiert, kritisiert, verzerrt dargestellt, stieß auf Ablehnung oder fand eifrige Nachbeter – bis zu den Nationalsozialisten. Einblick in die legendenhafte Geschichte dieses **»merkwürdigen politisch-sozialen Gebildes«**, wie der Kulturhistoriker Jacob Burckhardt den Stadtstaat nannte, gewähren die Aufzeichnungen der antiken Dichter und Geschichtsschreiber, zu denen der Heldenverehrer Tyrtaios ebenso zählt wie die Zeitzeugen Herodot, Thukydides und Xenophon, um nur einige zu nennen. Als reichhaltige, aber nicht unbedingt verläßliche Quelle gilt Plutarchs umfangreiches Werk, das geschrieben wurde, als Spartas Blütezeit bereits mehr als fünfhundert Jahre zurücklag. Plutarch war stark von seinem »**göttlichen**« Meister Platon beeinflußt, der sich beim Entwurf seines Idealstaats auch an Spartas Beispiel hielt.

Gegründet wurde Sparta vermutlich um 900 vor Christi Geburt im südöstlichen Teil des Peloponnes, in der fruchtbaren Eurotas-Ebene am Fuße des Taygetos-Gebirges, und zwar von eindringenden Doriern, die das hauptsächlich von Achaiern besiedelte Lakonien (später auch Messenien im Westen der Halbinsel) unterwarfen. Das eroberte Staatsgebiet, von ihnen Lakedaimon genannt, teilten sie in Landlose auf, wobei sie sich als Herrenschicht und Vollbürger **(Spartiaten)** die größten und fruchtbarsten Teile der bebaubaren Fläche vorbehielten. Die Unterworfenen – ebenfalls Hellenen – gliederten sich in politisch minderberechtigte **Perioiken**, die noch eigenes Land bebauen, Viehzucht, Fischfang, Gewerbe und Handel treiben durften, sowie in **Heloten**, rechtlose Ackerbauern, die das Land der Dorier bewirtschaften und einen Großteil der Erträge abliefern mußten. Der Frondienst der **Heloten** bildete die Grundlage der spartanischen Ökonomie, welche einerseits den vielfach zitierten Müßiggang, andererseits das militärische und politische Engagement der **Spartiaten** ermöglichte. Erbittert über ihr Sklavendasein, probten, vor allem im messenischen Landesteil, die **Heloten** recht oft den Aufstand, was wiederum den jugendlichen **Spartiaten** die Möglichkeit gab, sich im Töten zu üben: In regelmäßigen Abständen schwärmten Horden von bewaffneten Jugendlichen auf Befehl der Oberen aus, um Jagd auf aufrührerische **Heloten** zu machen, die sie schon beim Verdacht auf Rebellion morden durften. »**Auch sonst**«, berichtet Plutarch, »**wurden die Heloten äußerst hart und roh behandelt. Man zwang sie oft, sich mit Wein zu berauschen, und führte sie dann in die Speisesäle, um den** jungen Leuten zu zeigen, wie schändlich die Trunkenheit sei. Sie mußten unanständige Lieder singen und lächerliche Tänze vorführen.«

Seine straffe, militärisch begründete Organisation erhielt Sparta durch eine ungeschriebene Gesetzgebung; als deren Schöpfer gilt Lykurg, dessen geschichtliche Existenz aber im dunkeln liegt. »Der mythische Ordner des spartanischen Staats«, kann man Hans Ferdinand Helmolts *Weltgeschichte* entnehmen, »ist als eine peloponnesische Gottheit anzusprechen, die erst später unter die Menschen verpflanzt worden ist.« An der Spitze der gleichberechtigten Vollbürger stand ein Doppelkönigtum; ihm zur Seite der Rat der Alten, die Gerusia, und die Volksversammlung, Apella genannt.

Die Volksversammlung stimmte monatlich unter Leitung der Könige, später der Ephoren (einer Körperschaft aus fünf Männern, die den Staat zusammenhielt und eigentlich regierte) über Krieg und Frieden, Gesetze und Bündnisse ab. Die Spartiaten lebten als Kriegerstand in Zelt- und Speisegemeinschaften, galten mit zwanzig Jahren als Männer und besaßen als Vollbürger vom dreißigsten Lebensjahr an Stimmrecht in der Volksversammlung. Wer seinen Naturalbeitrag zu den gemeinsamen Mahlzeiten nicht aufbringen konnte, wurde aus der Gemeinschaft ausgeschlossen und sank in die Klasse der »Minderen« ab.

Plutarch berichtet in seinen Parallelbiographien, die auch Lykurgs zweifelhafte Lebensbeschreibung enthalten, daß die Bürger Spartas ein privates Leben weder kannten noch wünschten, »sondern daß sie wie die Bienen fest mit der Gemeinschaft verwachsen waren, um ihren König sich zusammendrängten, aus Enthusiasmus und Ehrbegierde sich gleichsam selbst vergaßen und nur für das Vaterland lebten«. Er verglich Sparta mit einem Feldlager, in dem es keinem Bürger freistand, zu leben, wie er wollte. Ein jeder hatte sich strengen Vorschriften hinsichtlich seines Verhaltens und seiner Beschäftigung im Dienste des Allgemeinwohls zu unterwerfen. »War ihnen nichts anderes zu tun befohlen, so beaufsichtigten sie die Knaben und lehrten sie etwas Nützliches oder ließen sich selbst von den Älteren unterweisen.«

Die Stellung der Mädchen und Frauen in Sparta unterschied sich vom übrigen Griechenland; sie mußten nicht zurückgezogen leben, sondern konnten sich rege am gesellschaftlichen Leben beteiligen. Ihre Schönheit, Anmut und Gewandtheit wurden vielfach bestaunt und besungen. So heißt es in Aristophanes' Komödie ***Lysistrate*** über die Spartanerin Lampito: »Wie schön du bist, wie strahlend, süße Freundin! Welch frisch Gesicht! Wie strotzt dein Leib von Kraft, Du würgtest einen Stier –«

Es war ein Leben ohne Erwerb und ohne Geld – und es ging durchaus nicht immer »**spartanisch**« zu. Wenn nicht gerade Krieg geführt wurde, konnten die **Spartiaten** es im Müßiggang verbringen. Glaubt man Plutarch (und auch Pindar), so gab es weder Reichtum noch Armut noch Habsucht, sondern alle lebten unbeschwert in gleichem Wohlstand. Damit es nicht langweilig wurde in Sparta, sorgten Feierlichkeiten und Gastmähler, Jagdausflüge und Chorgesänge oder der Besuch der Gymnasien und Stadthallen (wo geturnt und diskutiert wurde) für Abwechslung. Sparta war angeblich die einzige Polis, die von Staats wegen zu erreichen suchte, was das allgemeine Ideal der Hellenen war: die **Kalokagathie**, die körperliche und geistige Vollkommenheit.

»Dies Volk«, schreibt Jacob Burckhardt in seiner ***Griechischen Kulturgeschichte***, »ist nun vor allem ein stets kriegsbereites Heer, welches den Peloponnes in Untertänigkeit oder in Belagerungszustand hält und nach außen droht, so weit es kann.« Sparta war, fährt Burckhardt fort, »gewissermaßen die vollendetste Darstellung der griechischen Polis, zugleich aber bildete es das Gegengewicht zu dem ganzen übrigen, teils anders gearteten, teils ganz anders entwickelten Griechenland. [...] Je tiefer das wirkliche Sparta sank, desto mehr wurde das frühere dann verklärt. Dieser Staat war eben noch mehr beneidet als verabscheut gewesen und manche andere Polis wäre gerne auch so geworden, hatte sich aber andere Kräfte, nämlich Demokratie und Individualismus, über den Kopf wachsen lassen.«

Die Erziehung war es, die der sagenhafte Lykurg »als die größte und wichtigste Aufgabe eines Gesetzgebers« betrachtete; aus diesem Grund lag sie auch in den Händen des Staats und hatte Gewöhnung an streng militärischen Gehorsam, Disziplin, Selbstbeherrschung und äußerste Abhärtung zum Ziel.

In seinen Lebensregeln befaßte sich Lykurg zunächst mit der Ehe und der Zeugung der Nachkommenschaft; »scheinbar im Sinne einer höchst vollkommenen Rassezüchtung«, wie Jacob Burckhardt bemerkte. Lykurg, so Plutarch, »suchte die Körper der Jungfrauen durch Laufen, Ringen, Diskus- und Speerwerfen zu kräftigen, damit die Zeugung der Kinder in kräftigen Körpern erfolgen und die Frucht um so besser heranwachsen könne. Sie selbst aber würden die zur Geburt erforderlichen Kräfte erlangen und die Wehen leicht und ohne Gefahr überstehen. Weichlichkeit, Verzärtelung und andere weibische Eigenschaften verbannte er und gewöhnte die Mädchen, ebenso wie die Knaben, den feierlichen Aufzügen nackt beizuwohnen und bei gewissen

Festen in Gegenwart und vor den Augen der Jünglinge zu tanzen und zu singen. [...]

Die Entblößung der Jungfrauen hatte übrigens nichts Schimpfliches, weil dabei Scham und Lüsternheit ferne war, und sie bewirkte die Gewöhnung an Schlichtheit und das Streben nach körperlicher Wohlbeschaffenheit und gab auch der Frau Sinn und Geschmack für edles Selbstgefühl, daß auch sie nicht minder als der Mann Anteil haben sollte am Streben nach Tapferkeit und Ruhm. [...]

Diese Bräuche wirkten auch als starker Anreiz zum Heiraten, ich meine die feierlichen Aufzüge der Jungfrauen, ihre Entkleidungen und Wettkämpfe vor den Augen der Jünglinge, die – wie Platon sagt – nicht durch die Nötigung eines mathematischen Beweises, sondern durch den Zwang und Reiz der Liebe angezogen wurden. [...]

Die Verheiratung selbst geschah auf die Art, daß jeder sich eine Jungfrau raubte, nicht aber eine kleine oder unmannbare, sondern eine, die völlig erwachsen und zur Ehe reif war.«

Einem Mann in vorgerückten Jahren, der eine junge Frau hatte, nahm man es nicht übel, wenn er einem jüngeren Mann, der ihm gefiel und den er für tüchtig hielt, erlaubte, mit dieser Frau Kinder zu zeugen. »Auf der anderen Seite war es auch einem rechtschaffenen Manne gestattet, wenn er die Frau eines anderen wegen ihrer Fruchtbarkeit und Tugend schätzte, deren Gatten um Erlaubnis zu bitten, daß er ihr beiwohnen und gleichsam in einem fruchtbaren Boden pflanzen und gute Kinder erzeugen dürfe.« Törichte Eifersucht durfte es nicht geben, »denn Lykurg glaubte, daß die Kinder nicht den Vätern, sondern dem Staate gemeinschaftlich gehörten, und darum wollte er die Bürger nur von den Besten, nicht aber von jedem ohne Unterschied erzeugen lassen«.

Wenn nun ein Kind geboren worden war, mußte es der Vater zunächst als sein eigenes akzeptieren und dann den Ältesten präsentieren. »Diese«, so Plutarch, »besichtigten es genau, und wenn es stark und wohlgebaut war, hießen sie ihn es aufziehen; war es aber schwach und mißgestaltet, so ließen sie es gleich in die sogenannte *Apothetai*, ein tiefes Loch am Berge Taygetos, werfen, weil man glaubte, daß ein Mensch, der schon vom Mutterleibe an einen schwachen und gebrechlichen Körper hat, sowohl sich selbst als dem Staate zur Last fallen müsse. Daher badeten auch die Frauen die Neugeborenen nicht in Wasser, sondern in Wein, um so ihre Konstitution zu prüfen. Denn man sagt, epileptische oder sonst kränkliche Kinder würden vom Weine ohnmächtig werden und abzehren, die gesunden aber noch mehr Kraft und Stärke bekommen.«

Die Sitte der Kindesaussetzung, hohe Verluste bei kriegerischen Auseinandersetzungen und eine stetig sinkende Geburtenrate hatten in Sparta einen dramatischen Bevölkerungsschwund zur Folge. Aus diesem Grund trieb der Gesetzgeber seine Bürger an, möglichst viele Kinder in die Welt zu setzen. Nach Aristoteles waren jene Väter vom Kriegsdienst befreit, die drei Söhne hatten, waren es vier, so mußten sie auch keine Abgaben (wie beispielsweise die Kriegssteuer) entrichten.

Unverheiratet und kinderlos zu sein, galt dementsprechend als große Schande. Junggesellen waren von den Spielen der nackten Mädchen ausgeschlossen, und im Winter mußten sie zur Strafe unbekleidet um den Marktplatz gehen und Lieder singen, in denen sie bekannten, daß sie den Gesetzen nicht gehorchten.

Nur wer die staatliche Erziehungsordnung, **Agoge** genannt, ab dem siebten Lebensjahr vollständig durchlaufen hatte, dem wurde das spartanische Bürgerrecht verliehen. Die Aufsicht über die öffentliche Erziehung hatte der **Paidonomos**, ein hoher Beamter, der von anderen Beamten und den Erwachsenen unterstützt wurde. Der **Paidonomos** unterstand den **Ephoren**, die das gesamte Erziehungswesen überwachten. Sie achteten zum Beispiel auf das gesunde Aussehen der Knaben und jungen Männer, die alle zehn Tage nackt vor ihnen anzutreten hatten; ferner kontrollierten sie ihre Kleidung und Unterkünfte. Die Knaben im Alter von sieben bis zwölf Jahren waren in kleine Gruppen eingeteilt, die »**Herden**« hießen; in diesen Gruppen lebten, aßen und schliefen sie. Vom dreizehnten bis zum achtzehnten Lebensjahr erfolgte die Ausbildung in Jahrgangsgruppen, eine Einteilung, die auch beim Heer üblich war. Jede Gruppe wählte aus ihrer Mitte den klügsten und tapfersten zum Anführer. Der **Eiren**, wie er genannt wurde, hatte unbedingte Befehls- und Strafgewalt über die Gruppe, sollten sich doch die Knaben rechtzeitig im Befehlen und Gehorchen üben. Die Älteren pflegten oft die Übungsplätze der Knaben zu besuchen und ihren Spielen zuzusehen. Dabei förderten sie gern unter den Spielenden Zänkereien und handgreifliche Auseinandersetzungen, um ihren Charakter kennenzulernen und zu prüfen, wie es um ihren Mut bestellt war und ob sie sich wohl im Streit bewährten. Plutarch erwähnt überdies, daß sich die Erwachsenen allesamt als Erzieher und Aufseher aller Knaben betrachteten, »**so daß es zu keiner Zeit und an keinem Ort an einem solchen fehlte, der sie zurechtweisen oder, wenn nötig, strafen konnte**«.

Leibesübungen, Wettkämpfe und Geländespiele gehörten zu den wichtigsten erzieherischen Maßnahmen, die darauf abzielten, »**gehorchen, Strapazen ertragen und im Kampf siegen**« zu lernen. Plutarch schildert die strenge Lebensweise der Knaben: Beim Eintritt in die Gruppe wurden ihnen die Haare »**bis auf die Haut**« geschoren, sie mußten barfuß gehen und meist nackt spielen. Sobald sie zwölf Jahre alt waren, bekamen sie als einziges Kleidungsstück einen Kittel, aber nur einen jedes Jahr. Da sie nur an wenigen Tagen im Jahr baden und sich salben durften, waren ihre Körper mit einer Schmutzschicht bedeckt. Nachts schliefen sie auf einer Streu von Schilfrohr, das sie selbst im nahen Eurotastal mit bloßen Händen brechen mußten. Ihre täglichen Mahlzeiten waren karg bemessen, denn der Hunger sollte sie lehren, sich ihre Nahrung durch List zu beschaffen: »**indem einige in die Gärten stiegen, andere sich mit schlauer Behutsamkeit in die Speisesäle der Männer schlichen. Wurde einer ertappt, so bekam er die Peitsche zu spüren, weil er sich beim Stehlen so ungeschickt benommen hatte**«. In der Regel sollen die Knaben aber bei den Diebstählen so große Vorsicht und Verschlagenheit bewiesen haben, daß einer, »**der einen jungen Fuchs entwendet hatte und ihn unter dem Kittel verborgen hielt, sich eher von den Klauen und Zähnen des Tiers den Bauch aufreißen, ja sogar töten ließ, als sich zu verraten**«. An dieser Stelle muß man darauf hinweisen, daß natürlich eine Menge zum Teil haarsträubender Geschichten erfunden wurden, um die abgehärtete Natur der Spartaner in recht grellem Licht zu schildern; eine andere höchst unwahrscheinliche Erzählung handelt von einem Knaben, dem bei einem Opfer ein glühendes Kohlenstück auf die Hand fällt, worauf er es nicht wegwirft, sondern, seinen Schmerz verbeißend, durch seine Hand – also auch durch die Knochen – durchschwelen und zu Boden fallen läßt.

Zur Übung der Urteilskraft, Beobachtungsgabe und Ausdrucksfähigkeit war es in den Knabengruppen üblich, daß der **Eiren**, also der Anführer, seinen Untergebenen in den Pausen verschiedene Fragen stellte (zum Beispiel, was ein tüchtiger Bürger oder wie diese oder jene Handlung zu beurteilen sei), die knapp und pointiert beantwortet werden mußten. Wer nicht nachdachte oder keine treffende Anwort zu geben wußte, wurde vom **Eiren** mit einem Biß in den Daumen bestraft. Der **Spartiate** sollte eben mit dem Wort genauso schlagfertig sein wie mit der Faust. Plutarch verglich die Zügellosigkeit im Reden, die das Wort »**leer und gehaltlos**« mache, mit der Vergeudung des Spermas, das bei »**zügellosem Liebesgenuß**« meist »**ohne Kraft und unfruchtbar**« sei. Die in Sparta so geschätzte Art des kurzen, wohlabgewogenen, »unterkühlten« Ausdrucks wurde vielfach nachgeahmt (beispielsweise von Cicero und Tacitus) und ging als »**Lakonismus**« in die Stilkunde ein.

An den Tischgesellschaften der Erwachsenen durften auch die Knaben teilnehmen. Plutarch nennt die gemeinsamen Mahlzeiten »**eine Schule der Weisheit**«, wo die Knaben ernsthafte Gespräche hörten, scherzen und »**ohne Grobheit**« spotten lernten. Spotten und sich verspotten lassen gehörte anscheinend zum täglichen Umgang der nüchternen Lakedaimonier. Verhöhnt wurden auch die Jünglinge von den Mädchen, wenn sie bei gemeinsamen Spielen und Wettkämpfen unterlagen oder Fehler begingen; im gegenteiligen Fall sangen die Mädchen Loblieder auf die »**Würdigen**«, wie Plutarch erzählt, und weckten dadurch Ehrgeiz und Wetteifer unter den Jünglingen. »**Denn wer seiner Mannhaftigkeit wegen gepriesen wurde und die Achtung der Jungfrauen besaß, ging stolz auf diese Ehre nach Hause; auf der anderen Seite waren die** beißenden und witzigen Spöttereien nicht weniger wirksam als die ernsthaftesten Verweise, da außer den übrigen Bürgern auch die Könige und Geronten sich bei diesen Spielen einfanden.«

Die enge Bindung der Knaben an die erwachsenen Männer hat möglicherweise die in Sparta allgemein übliche und gebilligte Form der gleichgeschlechtlichen Liebe gefördert, die übrigens auch zwischen Frauen und Mädchen praktiziert worden sein soll. Sie wurde bewußt in die Erziehung der heranwachsenden Knaben einbezogen, weil man annahm, Kraft und Tüchtigkeit des Mannes würde sich durch intensive körperliche Berührung (auch des männlichen Glieds) auf den Knaben übertragen. Die Liebhaber waren den Vätern der Geliebten nahezu gleichgestellt und nahmen, so Plutarch, »sowohl an deren Ehre als an deren Schande teil«.

Höhepunkte des gesellschaftlichen und religiösen Lebens in Sparta waren die zahlreichen Feste zu Ehren der Götter. **Gymnopaidien** hießen zum Beispiel jene Feierlichkeiten, die alljährlich im Frühsommer zu Ehren des Apollon stattfanden und bei denen die Leistungen der Jugend im Mittelpunkt standen. An mindestens drei Tagen wurden Kampfspiele ausgetragen, bei denen die Knaben, ähnlich wie beim Rugby, mit großer Härte um einen Ball stritten. Gemeinsam mit den erwachsenen Männern führten sie nackt Tänze auf und priesen in Chorgesängen ihre Götter und Helden.

Zu den gewiß grausamsten Festen gehörten die blutigen Geißelungen der Knaben vor dem Altar der Artemis Orthia (angeblich als Ersatz eines früheren Menschenopfers). Lukian berichtete (in ***Anacharsis***), daß die Eltern der Knaben dem schaurigen Treiben beiwohnten und, statt betrübt zu sein, ihre Sprößlinge inständig baten, die Marter so lang wie möglich auszuhalten. Plutarchs Beschreibung ist etwas genauer: »Die Knaben, die einen ganzen Tag hindurch am Altar der Artemis Orthia mit Geißeln geschlagen werden, halten oft bis zum Tode aus, heiter und vergnügt um den Sieg miteinander streitend, wer von ihnen mehr Hiebe aushalten könne, denn wer von ihnen siegt, gewinnt den größten Ruhm. Man nennt diesen Wettkampf *Diamastigosis*, und er findet jedes Jahr statt.«

In Kriegszeiten wurde die strenge Zucht der jungen Leute etwas gemildert. Man nahm es auch mit den Übungen und der Aufsicht nicht mehr so genau, verwehrte ihnen nicht, das Haar, die Waffen und Kleider zu schmücken, »und sah es gern, wenn sie, gleich feurigen Rossen, nach Kampf und Streit schnaubten«.

War dann das Heer in Schlachtordnung aufgestellt und der Feind schon in Sicht, »opferte der König eine Ziege und gab Befehl, daß alle Kränze aufsetzen und die Flötenspieler das kastorische Lied blasen sollten; zugleich stimmte er den Schlachtgesang an, welcher das Zeichen zum Angriff war. Das war ein erhabener und dabei schrecklicher Anblick, wenn sie so nach dem Takte der Flöte in dichtgeschlossenen Reihen einherzogen und ohne alle Bestürzung mit heiterem, gelassenem Mut unter Gesang der Gefahr entgegengingen.«

Ein »ehrenvoller Tod« war jedenfalls, so Xenophon, einem »schimpflichen Leben« vorzuziehen. Das Glücklichpreisen der Familien Gefallener gehörte ebenso zu den spartanischen Tugenden wie die heroischen Reden der Mütter, die bei Plutarch in einer eigenen Sammlung, den *Apophthegmata Lakonika*, nachzulesen sind: »Eine Mutter«, heißt es zum Beispiel, »die ihre fünf Söhne in den Krieg geschickt hatte, wartete an den Toren der Stadt auf Nachricht von dem Ausgange der Schlacht. Als nun jemand kam und auf ihre Frage erzählte, daß alle ihre Söhne umgekommen seien, entgegnete sie ihm: ›Danach frage ich nicht, du feiger Sklave, sondern wie es mit dem Vaterlande stehe.‹ Als aber dieser versicherte, es habe gesiegt, da rief sie aus: ›Gut, nun vernehme ich gerne den Tod meiner Söhne.‹

Eine andere beerdigte gerade ihren Sohn, als ein altes Weib zu ihr trat mit den Worten: ›O Weib, was hast du für ein Schicksal!‹ ›Bei den Göttern‹, erwiderte sie, ›ein glückliches, da ich das errungen habe, weshalb ich meinen Sohn geboren, denn er sollte für Sparta sterben‹.«

Ihre militärische Überlegenheit bewahrten sich die Spartaner bis zur Schlacht bei Leuktra 371 vor Christus, in der sie vom Heer der Thebaner geschlagen wurden. Mit dieser verheerenden Niederlage in offener Feldschlacht begann Spartas Niedergang.

Schöne neue Welt

»O Wunder!
Was gibts für herrliche Geschöpfe hier!
Wie schön der Mensch ist!
Schöne neue Welt,
Die solche Bürger trägt!«

SHAKESPEARE: Der Sturm

In fast allen utopischen Entwürfen, die einen erdachten Idealzustand irdischer Verhältnisse und menschlicher Beziehungen beschreiben, wird der Erziehung und Bildung, als Grundstein für die Zukunft, ein besonderer Platz eingeräumt. Vieles, was menschlicher Scharfsinn seit dem Altertum, seit Platon, Aristoteles, Cicero und Augustinus, an sozialen Theorien entworfen hat, findet sich – mehr oder weniger – in den Utopien der Neuzeit wieder. Auch das utopische Schreckbild, die »Anti-Utopie« eines Aldous Huxley, George Orwell oder Jewgenij Samjatin, gehört in diese Gattung. Aus den unzähligen Schriften zu diesem Thema wurden sieben Beispiele ausgewählt und auf ihre pädagogischen Konzepte untersucht.

Die Geschichte der Sozialutopien beginnt mit dem im Jahre 1516 erschienenen philosophischen Dialog ***Utopia*** des englischen Humanisten und Politikers Thomas More (Morus), in dem das Idealbild einer Gesellschaft nach dem

Muster Platons entworfen wird und der der gesamten Gattung den Namen gegeben hat. Wie in Platons Staat ist auch in Utopia alles Gemeinbesitz, denn wo es Privateigentum gibt, kann das allgemeine Wohl nicht gedeihen, und ohne Kommunismus ist keine Gleichheit möglich (Bertrand Russell). In einem Brief des Erasmus von Rotterdam an Ulrich von Hutten aus dem Jahre 1519 (der sich in der ersten lateinischen Gesamtausgabe von Morus' Werken aus dem Jahr 1689 findet und von Karl Kautsky übersetzt wurde) schildert Erasmus das Leben des Thomas Morus, mit dem ihn eine innige Freundschaft verband, und erwähnt: »**Noch als Jüngling arbeitete er an einem Dialog, in dem er den Kommunismus des Plato, sogar mitsamt der Weibergemeinschaft, verteidigte.**« Und an anderer Stelle heißt es: »**Die ›Utopia‹ verfaßte er in der Absicht, zu zeigen, worin es liege, daß die Staaten in schlechtem Zustand seien, namentlich aber hatte er bei seiner Darstellung England vor Augen.**«

Utopia (eine griechische Wortschöpfung aus **ou** = **nicht** und **tópos** = **Ort**, also eigentlich das Nirgendwo) ist eine Insel, wobei es dem Autor, wie er bemerkt, peinlich ist, nicht zu wissen, in welchem Meer diese Insel liege, über die er von seinem Erzähler, dem Weltreisenden Raphael Hythlodeus, im zweiten Buch so viel berichten läßt. Er beginnt mit einer Schilderung ihrer Beschaffenheit, ihrer vierundfünfzig »**weiträumigen und prächtigen**« Städte und deren ländlicher Umgebung; dann kommt er auf die Hauptstadt Amaurotum zu sprechen, die an einem sanften Abhang am Fluß Anydrus liegt und deren Grundriß fast quadratisch ist. Schließlich wendet er sich den Behörden der Stadt und der Insel zu, der Sozialordnung, der Versorgung der Bevölkerung, dem Verkehr mit dem Ausland, dem Kriegswesen und endlich der Religion.

Ansicht der Insel Utopia. Titelholzschnitt aus Thomas Mores *Utopia*, 1516.

Die Utopier, egal ob Mann oder Frau, üben nur ein einziges Gewerbe gemeinsam aus: den Ackerbau. »Von ihm ist keiner befreit; in ihm werden alle von Kindheit an unterwiesen, teils durch theoretischen Unterricht in der Schule, teils praktisch, indem die Kinder auf die der Stadt benachbarten Äcker, gleich wie zum Spiel, geführt werden, wo sie nicht nur zuschauen, sondern zur Übung der Körperkräfte auch zupacken.

Außer der Landwirtschaft [...] erlernt jeder noch irgendein besonderes Handwerk; das ist in der Regel die Tuchmacherei, die Leineweberei oder das Maurer-, Schmiede-, Schlosser- oder Zimmermannsgewerbe. Es gibt nämlich sonst kein anderes Handwerk, das dort eine nennenswerte Anzahl von Menschen beschäftigte. Denn die Kleider haben über die ganze Insel hin denselben Schnitt, abgesehen davon, daß sich die Geschlechter untereinander und die Ledigen von den Verheirateten durch ihre Kleidung unterscheiden; sie sind für alle Altersstufen gleich, gefällig anzusehen und den Bewegungen des Körpers angepaßt, zudem für Kälte und für Hitze berechnet. Diese Kleider fertigt sich, wohlgemerkt, jede Familie selber an.«

In einem Absatz zum Thema »Wohlstand« heißt es dann: »Weil nun aber alle nützliche Gewerbe betreiben und dabei wiederum mit weniger Arbeit auskommen, ist es verständlich, daß sie Überfluß an allen Erzeugnissen haben und zeitweise eine gewaltige Menge von Arbeitern zur Ausbesserung der Staatsstraßen, wenn diese überholungsbedürftig sind, heranziehen können, sehr oft auch, wenn kein Bedarf an derartigen Arbeiten vorliegt, von Staats wegen die Verkürzung der Arbeitszeit [die täglich nur sechs Stunden beträgt] verkünden. Denn die Behörden plagen die Bürger nicht gegen ihren Willen mit überflüssiger Arbeit, da die Verfassung dieses Staates vor allem nur das eine Ziel vor Augen hat, soweit es die öffentlichen Belange zulassen, allen Bürgern möglichst viel Zeit von der körperlichen Fron für die Freiheit und Pflege des Geistes sicherzustellen. Darin liegt nämlich nach ihrer Meinung das Glück des Lebens.«

Das Ziel aller pädagogischen Maßnahmen in Utopia ist der der Vernunft gehorchende, tolerante, uneigennützige und bescheidene Mensch, der in seelischer und körperlicher Harmonie, in Liebe zu seinem Volk und im Dienst an der Gemeinschaft sein Dasein erfährt. »Die Natur selbst,« so meinen die Utopier, »schreibe uns ein angenehmes Leben, also die Lust, gleichsam als Zweck aller unserer Unternehmungen vor; nach ihrer Vorschrift zu leben, nennen sie Tugend. Zugleich aber fordert die Natur die Menschen auf, sich gegenseitig zu einem fröhlichen Leben zu verhelfen. Das tut sie zweifellos mit Recht; denn keiner ist so erhaben über das Los der Menschheit, daß er allein von der Natur verwöhnt wird, die doch alle, die sie durch die Gemeinsamkeit der Gestalt verbindet, in gleicher Liebe umsorgt. Deshalb verlangt sie natürlich von dir auch immer und immer wieder, darauf zu sehen, daß du deinen eigenen Vorteil in einer solchen Weise verfolgst, die anderen keinen Schaden zufügt.«

Auf der Insel gibt es unterschiedliche religiöse Anschauungen: die einen verehren die Sonne, andere den Mond, einen Planeten oder irgendeinen Menschen, der sich einst durch Tüchtigkeit oder besonderen Ruhm auszeichnete, als Gottheit. »Der bei weitem größte und der weitaus vernünftigste Teil aber glaubt an nichts davon, sondern an ein einziges unbekanntes, ewiges, unendliches, unbegreifliches göttliches Wesen, das die menschliche

Fassungskraft übersteigt und sich als wirkende Kraft, nicht als Stoff, über diese ganze Welt ausdehnt; sie nennen es Vater. Ursprung, Wachstum, Entwicklung, Wechsel und Ende aller Dinge führen sie auf dieses Wesen allein zurück, und keinem anderen außer ihm erweisen sie göttliche Ehren.«

Kein Amt genießt bei den Utopiern höheres Ansehen als jenes der Priester, von dem auch Frauen nicht ausgeschlossen sind. Sie werden vom Volk in geheimer Abstimmung gewählt und unterstehen selbst im Falle einer Verfehlung nicht den öffentlichen Gerichten; sie überwachen das religiöse Leben, treten als eine Art Sittenrichter auf und sind für die Erziehung verantwortlich. »Die Kinder und Jugendlichen werden von den Priestern unterrichtet, und deren Sorge gilt ebensosehr der sittlichen Betreuung wie der wissenschaftlichen Ausbildung. Denn sie verwenden den größten Fleiß darauf, den noch zarten und bildsamen Kinderseelen von vornherein gesunde und der Erhaltung des Staatswesens dienliche Anschauungen einzuflößen. Wenn die dem Knaben in Fleisch und Blut übergegangen sind, begleiten sie den Mann durchs ganze Leben und erweisen sich als höchst nützlich zur Sicherung des Gemeinwesens, dessen Verfassung ja nur durch Entgleisungen ins Wanken gerät, die aus verkehrten Anschauungen entspringen.«

In Utopia gilt die allgemeine Schulpflicht. Die Schulen sind öffentliche Staatsanstalten und Knaben und Mädchen in gleicher Weise zugänglich. Schüler, bei denen man »von Kindheit an hervorragende Begabung, außerordentliche Intelligenz und ausgesprochene Neigung zu den schönen Künsten bemerkt«, werden für das Studium bestimmt und von den übrigen Aufgaben befreit. In die Wissenschaften eingeweiht werden jedoch alle Kinder, und ein großer Teil des Volkes, Männer wie Frauen, verwendet zeitlebens seine Freizeit zu geistiger Weiterbildung. »Es ist nämlich üblich, täglich in den frühen Morgenstunden öffentliche Vorlesungen zu halten, die anzuhören eigentlich nur die verpflichtet sind, die ausdrücklich für das wissenschaftliche Studium ausersehen wurden; indessen strömt aus jedem Stande eine sehr große Menge von Männern wie auch von Frauen herbei, um, ihrem jeweiligen Interesse entsprechend, diese oder jene Vorlesung zu hören.«

Als Festtage feiert man auf der Insel der Seligen den ersten und letzten Tag eines jeden Monats und ebenso des Jahres. Am Abend der »Endfeste«, die in der Sprache der Utopier Trapemernen heißen, kommen die Familien, weiß gekleidet, in den Gotteshäusern zusammen. Noch zu Hause sind die Frauen ihren Männern, die Kinder ihren Eltern zu Füßen gefallen und haben gebeichtet, »wenn sie durch Taten oder durch ungenügende Pflichterfüllung gesündigt haben«. So können sie mit reinem und heiterem Herzen den Feierlichkeiten beiwohnen.

Ein Brief des Thomas Morus an seine drei Töchter und seinen Sohn (der einem Aufsatz von M. J. Tucker über Kindheit in England entnommen ist) legt nahe, daß er ein liebevoller Vater gewesen sein muß. Er schreibt: »Es ist nicht verwunderlich, daß ich Euch von ganzem Herzen liebe, denn Vater zu sein ist ein Band, das man nicht leugnen kann. Die Natur hat in ihrer Weisheit Eltern und Kinder miteinander verbunden und sie geistig mit einem Herkules-Knoten aneinander gefesselt. Dieses Band ist die Quelle meiner Fürsorge für Eure unreifen Geister – eine Fürsorge, die mich veranlaßt, Euch oft in die Arme zu schließen. Dieses Band ist der Grund, warum ich Euch regelmäßig mit Kuchen gefüttert habe und Euch reife Äpfel und schöne Birnen gab. Dieses Band ist der

Grund, warum ich Euch seidene Kleider gab und Euch nie weinen hören konnte. Ihr wißt, wie oft ich Euch geküßt, wie selten ich Euch geschlagen habe. Meine Peitsche war stets eine Pfauenfeder. Und selbst sie verwendete ich nur zögernd und vorsichtig, damit keine traurigen Striemen Eure zarten Gesäße verunzierten. Wer nicht weint, wenn er seine Kinder weinen sieht, ist brutal und nicht würdig, Vater genannt zu werden. Ich weiß nicht, wie andere Väter sich benehmen, aber Ihr wißt genau, wie freundlich und liebevoll ich in meinem Verhalten Euch gegenüber bin, denn ich habe meine Kinder immer sehr geliebt und war immer ein sanfter Vater – was jeder Vater sein sollte. Aber jetzt hat meine Liebe so sehr zugenommen, daß ich glaube, Euch vorher überhaupt noch nicht richtig geliebt zu haben.«

Fast ein Jahrhundert nach dem Erscheinen von ***Utopia*** entwarf der kalabrische Dominikaner und Philosoph Tommaso Campanella, verfemt und eingekerkert in den grauenvollen Verliesen des Castel dell'Ovo in Neapel, weil er gegen die spanische Herrschaft in Süditalien rebelliert hatte, seine Vorstellung von einem radikal-kommunistischen Zukunftsstaat. Die ***Civitas solis***, der »Sonnenstaat«, wurde als Anhang der ***Realis philosophiae epilogisticae*** Campanellas von Tobias Adami (dem es gelang, den Mönch im Kerker zu besuchen) 1623 in Frankfurt erstmals herausgegeben; Campanella starb 1639 im Pariser Exil, wo er unter dem Schutz Kardinal Richelieus gelebt hatte.

Wie Morus bediente sich auch Campanella eines fiktiven Erzählers in der Person eines genuesischen Admirals, der dem Großmeister der Spitalsritter berichtet, was ihm auf der Insel Taprobane (also der Insel Ceylon) und in der Sonnenstadt widerfahren ist.

In Campanellas »Sonnenstaat« ist alles Gemeinbesitz; er wird von einem priesterlichen Herrscher, Sol genannt, geleitet, dem drei Würdenträger zur Seite stehen: Pon, Sin und Mor, die Macht, Weisheit und Liebe vertreten. Die Bürger sind nach dem Grad ihres Wissens in verschiedene Klassen eingeteilt. Alles wird staatlich geregelt, vor allem das Erziehungswesen, denn dieses soll beitragen, den Solariern den Weg zur Vollkommenheit ebnen zu helfen. In Katharina Webers ***Staats- und Bildungsideale in den Utopien des 16. und 17. Jahrhunderts*** (1931) findet sich dazu folgende Bemerkung: »**Wie bei Morus rührt das Bildungsproblem nicht nur an den Kern der ganzen Staatskonstruktion, sondern tiefer an die Wurzel der Campanellaschen Weltanschauung. Universal und harmonisch soll der neue Mensch, den Campanella fordert, gebildet sein. Seine Formung erstreckt sich auf sämtliche Betätigungen der Seele und des Körpers. Wie er in seiner Metaphysik die Harmonie des Kosmos proklamiert, so stellt er für den Menschen die harmonische Durchbildung von Leib und Geist als Forderung auf. Die drei Minister Pon, Sin, Mor, die zusammen sein harmonisches Weltbild verkörpern, sind alle an der Bildung der Solarier, Männer und Frauen, beteiligt.**«

In der ***Civitas solis*** genießt die Frau die gleichen Rechte wie der Mann. Beide kennen in der Liebe »**kaum die brennende Begierde, sondern nur freundschaftliche Gefühle**«. Gattenwahl und Fortpflanzung, die zum Wohle des Staates und nicht zum Nutzen des einzelnen beitragen sollen, werden von den obersten Beamten der Fortpflanzungsangelegenheiten geregelt, ja selbst die Stunde des Beischlafs legen Astrologen und Ärzte fest. (Zu dieser »**Rationalisierung des Geschlechtsverkehrs**« bemerkt Klaus J. Heinisch in seinem Nachwort zu ***Der utopische***

Staat: »Dem Eindruck, daß die überhitzte ›Mönchsphantasie‹ Campanellas das Problem der menschlichen Fortpflanzung mit besonderem Interesse behandelt, hat sich noch keiner seiner Leser entziehen können.«)

Im Sonnenstaat wird keine Frau »mit einem Mann verbunden, ehe sie das neunzehnte Lebensjahr erreicht hat. Und kein Mann darf zeugen, bevor er das einundzwanzigste Jahr überschritten hat. Vor dieser Zeit ist es nur einigen erlaubt, mit Frauen umzugehen, jedoch nur mit unfruchtbaren oder schwangeren. [...]

Da nach Art der alten Spartaner bei den Übungen auf dem Sportplatze alle, Männer und Frauen, völlig nackt sind, erkennen die Beamten, die die Aufsicht führen, wer zeugungsfähig und wer ungeeignet zum Beischlaf ist und welche Männer und Frauen ihrer körperlichen Veranlagung nach am besten zusammenpassen.

Dann erst weihen sie sich, nach einem Bade, dem Liebeswerk. Große und schöne Frauen werden nur mit großen und tüchtigen Männern verbunden, dicke Frauen mit mageren Männern und schlanke Frauen mit starkleibigen Männern, damit sie sich in erfolgreicher Weise ausgleichen.«

Im Schlafgemach werden Standbilder und Bildnisse berühmter Männer aufbewahrt, welche die Frauen vor dem Geschlechtsakt betrachten. Dann richten sie den Blick durch das Fenster zum Himmel und bitten Gott, »er möge ihnen einen tüchtigen Nachkommen schenken«.

»Diejenigen, die empfangen haben, treiben fünfzehn Tage lang keine Leibesübungen. Danach machen sie leichte Übungen, um die Frucht zu kräftigen und ihr die Nahrungswege zu öffnen, und allmählich kräftigen sie sich selbst durch immer mehr gesteigerte Bewegung. Sie dürfen nur das essen, was ihnen nach ärztlicher Vorschrift zuträglich ist. Sobald sie geboren haben, stillen sie selbst und ziehen die Säuglinge in dazu bestimmten Häusern gemeinsam auf; zwei Jahre lang geben sie die Muttermilch und darüber hinaus, wenn es der Arzt anordnet.«

Der Elementarunterricht beginnt nach Vollendung des ersten und noch vor dem dritten Lebensjahr. Die Kinder werden mit »zierlicher und verschiedenfarbiger Kleidung geschmückt« und lernen, indem sie in der Stadt herumspazieren, die Sprache und das Alphabet, das an die Wände gemalt ist, wobei die »bewährtesten von allen alten gelehrten Männern ihre Führer sind. Bald darauf werden sie im Turnen, im Wettlaufen und im Wurfscheibenschleudern geübt, sowie auch in anderen Spielen, durch die alle Gliedmaßen gleichmäßig gekräftigt werden. Dabei sind sie aber stets barfüßig und barhäuptig bis zum siebten Jahre. Zur gleichen Zeit führt man sie auch in die Werkstätten der Handwerker: in die Schusterei, in die Küche, in die Schmiede, in die Schreinerei, zu den Malern usw., damit sich ihre Begabung für ein bestimmtes Handwerk frühzeitig kundtut.

Nach dem siebten Lebensjahre kommen sie nach entsprechender Einweihung in die mathematischen Grundbegriffe mittels der Wandzeichnungen zum Unterricht in allen Naturwissenschaften. [. . .] Die weniger begabten Kinder werden auf die Landgüter geschickt. Und wenn eins oder das andere sich später als befähigter erweist, wird es wieder in die Stadt aufgenommen.«

Die Begabten beschäftigen sich dann »mit der höheren Mathematik, der Medizin und den anderen Wissenschaften. Dauernd findet unter ihnen gelehrte Unterhaltung und Disputation statt. Und diejenigen, die sich in jenen Wissenschaften oder mechanischen Künsten besonders hervortun, werden später Beamte des betreffenden Gebietes, und alle anderen folgen ihnen als Vorbild und Richter.«

Den Kindern und Jugendlichen wird »weder Rast noch Ruhe gelassen, außer einer derartigen, durch die sie noch gelehrter werden. Zu diesem Zwecke aber gehen sie auf das Land, natürlich zum Wettlauf, zum Pfeilschießen und Speerwerfen, zum Schießen mit Hakenbüchsen, zur Tierhetze, zum Pflanzen- und Steinesammeln usw., auch um Ackerbau und Viehzucht zu erlernen.«

Die Sonnenstadt besteht aus sieben Mauerringen, die durch vier gepflasterte, nach den Himmelsrichtungen ausgerichtete Straßen durchkreuzt und verbunden werden. Auf Anordnung des Sin (der Weisheit) sind alle Mauern der Stadt »von innen und außen, unten und oben mit herrlichen Gemälden« geschmückt worden, die, ergänzt durch Lehrsätze, Definitionen sowie Erläuterungen in Versform, »alle Wissenschaften in fabelhafter Anordnung« darstellen. Dieser Orbis pictus vermittelt den Kindern »ohne große Mühe, gleichsam spielend« auf ihren Spaziergängen die Grundbegriffe aller Lehrgebiete. Es gibt mathematische Formeln, die Beschreibung der ganzen Erde, alle Arten von Mineralien und Metallen, Bilder aus der Naturgeschichte und Technologie, von Entdeckern, Erfindern und Helden der Geschichte, das Alphabet und vieles mehr.

Ab dem zwölften Lebensjahr werden die Knaben von tüchtigen Führern in das Kriegswesen eingeübt. Sie werden unterwiesen, »den Feind zu treffen, Pferde und Elefanten anzugreifen, Schwert, Lanze, Pfeil und Schleuder zu gebrauchen, zu reiten, zu verfolgen, zu fliehen, die Schlachtordnung einzuhalten, den Kameraden zu helfen, den Feind an Geschicklichkeit zu übertreffen und zu

besiegen«. Auch die Mädchen erhalten eine militärische Ausbildung, damit sie bei einem feindlichen Angriff die Stadtmauern verteidigen und den Männern im Kampf beistehen können. Sie preisen die **»Spartanerinnen und Amazonen«** und lernen, mit der Armbrust brennende Pfeile abzuschießen sowie Steine von den Zinnen zu schleudern. Den Tod fürchten weder Knaben noch Mädchen, weil sie an die **»Unsterblichkeit der Seele glauben und überzeugt sind, daß diese sich nach dem Verlassen des Körpers mit guten oder bösen Geistern, je nach den Verdiensten des gegenwärtigen Lebens, vereinige«**.

Kommt es zu kriegerischen Auseinandersetzungen, so nimmt ein **»berittener Zug von bewaffneten Knaben«** an dem Kampf teil, **»damit diese den Krieg kennenlernen und sich an das Kampfgetümmel gewöhnen wie die Jungen der Wölfe und der Löwen an das Blut«**.

Für den Historiker Friedrich Heer offenbaren sich im ***Sonnenstaat*** **»die geheimsten Sehnsüchte und Pläne des barocken Totalitarismus und seiner Maschinerien des Schreckens«**, und für Klaus J. Heinisch bedeuten die erzieherischen Maßnahmen der Behörden sowohl in Campanellas ***Sonnenstaat*** als auch in Morus' ***Utopia*** **»folgenschwere Eingriffe in die menschliche Grundstruktur, deren Erfolg am allerwenigsten durch die wissenschaftliche Ausbildung gewährleistet wird und nur durch den ungeheuerlichen Überwachungsapparat der ›Magistrate‹ gesichert werden kann«**.

Von der Renaissance ein Zeitsprung in die zweite Hälfte des 18. Jahrhunderts, in jene Zeit, als in Großbritannien mit dem breiten Einsatz von Maschinen im Textilgewerbe die industrielle Revolution begann. **»Während in Frankreich der Orkan der Revolution das Land ausfegte,«** schreibt

Friedrich Engels in seinem *Anti-Dühring,* »ging in England eine stillere, aber darum nicht minder gewaltige Umwälzung vor sich. Der Dampf und die neue Werkzeugmaschinerie verwandelten die Manufaktur in die moderne große Industrie und revolutionierten damit die ganze Grundlage der bürgerlichen Gesellschaft. Der schläfrige Entwicklungsgang der Manufakturzeit verwandelte sich in eine wahre Sturm- und Drangperiode der Produktion. Mit stets wachsender Schnelligkeit vollzog sich die Scheidung der Gesellschaft in große Kapitalisten und besitzlose Proletarier, zwischen denen, statt des frühern stabilen Mittelstandes, jetzt eine unstete Masse von Handwerkern und Kleinhändlern eine schwankende Existenz führte.« Das war der historische Hintergrund, vor dem der Fabrikant Robert Owen seine sozialutopischen Pläne entwarf. Er stammte aus Newton in Wales und soll ein frühreifes Kind mit unbändigem Lesehunger gewesen sein. Seine Lehrjahre verbrachte er in London und Manchester, wo er die krassesten Seiten des aufkommenden Industriekapitalismus kennenlernte. Schon im Alter von dreiundzwanzig Jahren wurde er Teilhaber der »Chorlton Twist Company« in Manchester, einige Jahre später heiratete er die Tochter des schottischen Fabrikanten David Dale, Caroline, und am ersten Tag des neuen Jahrhunderts übernahm er die Leitung – Owen nannte es »Regierung« – der Baumwollspinnerei seines Schwiegervaters in New Lanark. Dieses Unternehmen leitete er dreißig Jahre lang; während dieser Zeit führte er, wie er selbst behauptete, »das vielleicht wichtigste Experiment, menschliches Glück zu begründen«, durch. Gestützt auf die Erfahrungen in New Lanark, verfaßte Owen seine erste, 1813 veröffentlichte grundlegende Schrift *A New View of Society* (oder *Essays über das*

Prinzip der Charakterbildung und seine Anwendung in der Praxis). Von der Annahme ausgehend, daß für Charakter und Handlungen der Menschen nur ihre Lebensumstände und -verhältnisse bestimmend seien, forderte er eine Reform der Erziehung und die Schaffung günstiger moralischer und sozialer Bedingungen für jeden einzelnen von früh an. 1836 erschien Owens Hauptwerk ***The Book of the New Moral World*** (erste deutsche Ausgabe 1840), 1849 folgte unter anderem ***Letters on Education, as it is and as it ought to be, addressed to the Teachers of the Human Race in all Countries***, und schließlich 1858 die Autobiographie ***The Life of Robert Owen written by himself***.

In Owens Gedanken und in seiner Arbeit begegnet man dem Bestreben, das schnelle und planlose Wachstum der Städte mit ihren Fabriken, den »**dark satanic mills**«, wie sie der Dichter und Kupferstecher William Blake nannte, dadurch einzudämmen und unter Kontrolle zu bekommen, daß man das ganze Land mit einem Netz von **Industriedörfern** überzog. Owen gelang es allerdings nicht, auch nur ein einziges Industriedorf zu verwirklichen; seine architektonische Konzeption »Village of Unity and Mutual Co-operation« blieb gezeichnete Utopie. Beschrieben hat er sie folgendermaßen:

»Die hier gezeigten quadratisch angeordneten Bauten jedes Dorfes können ungefähr 1200 Personen beherbergen und sind von einem Terrain von 1000 bis 1500 Acres umgeben. Innerhalb des Quadrates stehen die öffentlichen Gebäude, die es in mehrere Parallelogramme unterteilen.

Das zentrale Gebäude enthält die Gemeinschaftsküche und den Speiseraum mit allem funktionalen und bequemen Zubehör.

Rechts davon steht ein Gebäude mit der Kleinkinderschule im Erdgeschoß, einem Lese- und einem Kultraum *(place of worship)* im Obergeschoß.

Das links davon liegende Gebäude ist die Schule für die größeren Kinder mit einem Versammlungsraum im Erdgeschoß und einer Bibliothek und Aufenthaltsräumen für die Erwachsenen im Obergeschoß.

Auf dem Freigelände innerhalb des Quadrates befinden sich Sportplätze und Erholungsanlagen, die man sich baumbestanden vorstellen muß.

Von den umgebenden Bauten sind drei Flügel den Wohnungen – vor allem für Verheiratete – vorbehalten, von denen jede aus vier Räumen besteht.

Der vierte Flügel enthält die Schlafräume für die Kinder, die älter als drei Jahre alt sind oder aus Familien mit mehr als zwei Kindern stammen. In der Mitte dieses Flügels befinden sich die Wohnungen für das Aufsichtspersonal in den Schlafräumen. In den kurzen Außenflügeln dieses Traktes liegt in dem einen Flügel eine Krankenstation und im anderen eine Art Hotel zur Unterbringung von Besuchern, Freunden oder Verwandten.

Die Wohnungen für die Oberaufseher, den Geistlichen, die Lehrer, den Wundarzt etc. liegen in der Mitte der Seitenflügel. Im dritten Flügel sind die Lagerräume für alles im Dorf Notwendige untergebracht.

Hinter den Häusern, außerhalb des Quadrates, liegen von Straßen umgebene Gärten. An einer Seite schließen sich Kraftwerke und Produktionsstätten an, die sowohl wie Ställe und Schlachthaus von der Siedlung durch Baumpflanzungen getrennt sind. Auf der gegenüberliegenden Seite befinden sich die Wäscherei, die Bleiche etc. und in einiger Entfernung die Landwirtschaftsgebäude mit Brauerei und Mühle etc.

Ansicht eines »Village of Unity and Mutual Co-operation«
nach Owens Angaben.

Rundherum breiten sich kultiviertes Land, Wiesen und Obstgärten aus. [. . .]

Jede Wohnung des Siedlungsquadrates soll Raum für einen Mann, seine Frau und zwei Kinder unter drei Jahren bieten. Der Komfort soll den der üblichen Unterkünfte der Armen bei weitem übertreffen.

Alle Kinder über drei Jahre sollen die Schule besuchen, gemeinsam essen, gemeinsam schlafen. Die Eltern können selbstverständlich auch die Mahlzeiten mit den Kindern zusammen einnehmen und auch sonst mit ihnen zusammen sein.

Die älteren Kinder sollten dazu angehalten werden, ihrer Konstitution entsprechend, für einen Teil des Tages bei Garten- und Fabrikarbeit zu helfen. Alle Männer sollen in der Landwirtschaft und in der Fabrik arbeiten oder sich mit anderen für die Gemeinschaft nützlichen Arbeiten beschäftigen.«

Den Frauen schlug Owen vor, sich mit ihren Kindern zu beschäftigen und sich um die Wohnung zu kümmern, ihren Garten zu pflegen und das für die Gemeinschaftsküche notwendige Gemüse zu ziehen; dann sollten sie in den für Frauen geeigneten Arbeitszweigen der Fabrik arbeiten, doch nur vier oder fünf Stunden, die Bekleidung der Angestellten instandhalten und schließlich abwechselnd in der Gemeinschaftsküche, in Speise- und Schlafsälen arbeiten oder sich bei geeigneter Vorbildung an der Erziehung der Schulkinder beteiligen.

Von einer Gleichstellung der Frauen ist bei Owen noch nicht die Rede, doch wäre ihre Situation in seiner utopischen Siedlung vermutlich durch die Arbeitsteilung und die Bildungschancen wesentlich besser gewesen als jene der zeitgenössischen Arbeiterfrauen. Bemerkenswert an Owens Modell sind aber vor allem die vorgesehenen Erziehungsmaßnahmen, besonders die Trennung der Kinder von ihren Eltern ab dem dritten Lebensjahr, ihr Leben im Kinderhaus und ihre Erziehung in der Kinderschule, die eine Ausbildung der geistigen wie der manuellen Fähigkeiten (»Kopf- und Handarbeit«) kombinierte. »Es ist klar«, so Owen, »daß man Ausbildung und Erziehung in unmittelbarer Verbindung mit der Arbeit der Gemeinschaft betrachten muß. Die Arbeit wird in der Tat einen wesentlichen Teil der Erziehung darstellen.« Hier berühren sich seine Ideen mit jenen, die Johann Heinrich Pestalozzi in seinem Institut in Yverdon und Philipp Emanuel Fellenberg auf dem Gut Hofwyl (das Vorbild für Goethes »Pädagogische Provinz« in *Wilhelm Meisters Wanderjahre*) bereits praktizierten. Owen hatte beide Pädagogen auf einer Reise nach Paris und in die Schweiz kennengelernt, die er auch deshalb unternahm, um seine beiden Söhne Robert und William, die er bei Fellenberg in Hofwyl erziehen ließ, zu besuchen.

Den Ansichten Owens über Erziehung lag ein Prinzip zugrunde, das er in *A New View of Society* folgendermaßen darlegt: »Dieses Prinzip ist das Glück des eigenen Ich, das man klar erkennt und nach dem man sich in seiner Praxis allgemein richtet. Es kann nur erreicht werden durch ein Verhalten, durch das auch das Glück der Gemeinschaft gefördert wird.« Dabei geht Owen davon aus, daß »jeder beliebige Charakter, der beste wie der schlechteste, der unwissendste wie der intelligenteste, jeder Gemeinschaft, ja der ganzen Welt aufgeprägt werden kann, [...] daß sich die Kinder mit Hilfe einer richtigen Erziehung jede Sprache, jedes Gefühl, jeden Glauben, alle Gewohnheiten und Sitten aneignen können, die nicht im Gegensatz zur menschlichen Natur stehen.« Wie äußerlich diese Maxime interpretiert werden konnte, geht aus einem Bericht an die Grafschaft von Lanark (1820) hervor: Darin empfahl Owen, den Dorfkindern »eine Kleidung zu geben, die der von Römern und Schottländern etwas ähnelt, um die Kinder auf diese Weise zu starken, aktiven, wohlgeformten und gesunden Menschen zu machen«.

Die Regierungen sollten Pläne zur Erziehung und allgemeinen Charakterbildung ausarbeiten. »In diesen Plänen muß eine möglichst frühzeitige Ausbildung der Kinder zu guten Gewohnheiten jeder Art vorgeschlagen werden, die sie natürlich hindern, Lügner und Heuchler zu werden. Später soll man sie vernünftig erziehen und ihre Arbeit zweckmäßig lenken. Solche Gewohnheiten und eine derartige Erziehung dürften in ihnen den lebendigen und heißen Wunsch erzeugen, das Glück jedes einzelnen Menschen zu fördern, ohne dabei auch nur im geringsten jemanden auszuschließen, weil er einer bestimmten Religion, Partei, Nation oder Rasse angehört. Gewohnheiten und Erziehung werden auch, von ganz wenigen Ausnahmen abgesehen, allen Gesundheit, Ausdauer und Körperkraft verleihen; denn der Mensch kann nur glücklich werden, wenn ein gesunder Körper und ein zufriedener Geist die Grundlagen seines Lebens bilden. [...]

Es mögen aber doch noch einige Menschen mit den besten Absichten sagen: ›All dies ist in der Theorie sehr angenehm und schön, aber nur Phantasten können an die Verwirklichung glauben.‹ Auf diese Bemerkung kann und soll nur eine Antwort folgen, nämlich daß diese Prinzipien schon äußerst erfolgreich in der Praxis angewandt wurden.«

Die Praxis, das war das schottische Industriedorf New Lanark, wo Owen in der Mitte seines Unternehmens ein

»**Volkshaus**« errichten hatte lassen, das er »**Neues Institut**« nannte und das als zentrales Kommunikationszentrum diente. Triumphierend verkündete er: »**Während ich die unmittelbare Initiative zur Einrichtung des Instituts für Charakterbildung und überhaupt von ganz New Lanark verfolgte, sahen die fortschrittlichen Geister dieser Welt hierin eines der größten Wunder unserer Zeit.**«

Im »**Neuen Institut**« befanden sich ein Lagerkeller, eine Gemeinschaftsküche, ein Eß- und Übungssaal, die Schulräume und ein Lokal für kirchliche Veranstaltungen. Der **principal school room** war ziemlich groß (27,45 mal 12,20 Meter), von Galerien umgeben und nach dem Plan von Joseph Lancaster (eines Quäkers, der eine Methode des gegenseitigen Unterrichts in Gruppen entwickelt hatte) ausgestattet. In der Methode Lancasters sah Owen eine Möglichkeit, durch Erziehung dem Elend der arbeitenden Menschen zu begegnen und durch mangelnde Bildung bedingte Unterprivilegierung zu beseitigen. In der Schule sollten sechshundert Schüler im Tages- und Abendunterricht zu sozialen Mustermenschen erzogen werden. In seiner Eröffnungsrede erläuterte Owen, »**daß es möglich ist, Kinder schon sobald sie allein laufen können, in dieses Institut aufzunehmen**«. Nur so würde das Kind »**der falschen Behandlung seiner noch nicht erzogenen und ungebildeten Eltern entzogen, soweit dies gegenwärtig möglich ist. Die Eltern werden vor dem Zeitverlust bewahrt, und es werden ihnen Angst und Sorge genommen, die bislang bestanden, wenn sie die Kinder von der Zeit des Laufenlernens bis zum Schulanfang beaufsichtigen mußten. Das Kind wird an einem sicheren Ort untergebracht, wo es sich zusammen mit seinem zukünftigen Schulkameraden die besten Gewohnheiten und Prinzipien erwirbt, während es zu den Mahlzeiten**

Der »principal school room« in New Lanark. Tanzunterricht vor Besuchern. Die Kinder tragen die von Owen entworfenen Kleider. An den Wänden Anschauungstafeln zur Naturkunde und Geographie.

und zum Schlafen in die Obhut der Eltern zurückkehrt, wobei durch die zeitweilige Trennung die gegenseitige Zuneigung wahrscheinlich stärker werden dürfte.«

Im »Volkshaus« wurden an bestimmten Tagen auch Vorträge für Erwachsene (evening lectures) gehalten. »Sie sollten im Winter an drei Abenden in der Woche abwechselnd mit Tanzvergnügen stattfinden. [. . .] Diese Vorträge sollen allgemein verständlichen Charakter tragen und in einfacher und eindrucksvoller Sprache gehalten werden, um den Erwachsenen die fehlenden praktischen und nützlichen Kenntnisse zu vermitteln.«

Als Anhänger der materialistischen Aufklärer und als Atheist geriet Owen immer wieder in Widerspruch zur herrschenden Ideologie. Seine Gegner, allen voran Thomas Robert Malthus und dessen Anhänger, verspotteten ihn als »Mr. Allzugut der Genossenschaftsarbeiter«, der die Welt wie ein Schachbrett in Quadrate aufteilen und in jedes eine Genossenschaft hineinpflanzen wolle. Owens relativ geringer Erfolg in Großbritannien ist der Tatsache zugeschrieben worden, daß die englische Bourgeoisie vor allem durch seine unkonventionellen Ansichten über Erziehung sowie seine Vorschläge zur Verteilung des Profits schockiert worden sei, aber natürlich auch durch das Konzept der »Villages of Unity« an sich. Wann immer er die Grenzen eines paternalistischen Experiments überschritt und sich in »kommunistisches« Gelände wagte, schlug wohlwollendes Interesse in Ablehnung und Verleumdung um.

Der Erfahrungen in Europa überdrüssig, faßte Owen den Plan, in der Neuen Welt die Idealsiedlung zu verwirklichen, deren Aufbau ihm in England versagt blieb. Im Herbst 1824 verließ er Europa, und bereits im Januar 1825 kaufte er von den Rappisten (einer radikal-religiösen Gemeinschaft in der

Tradition der Wiedertäufer) die Kolonie New Harmony am Wabash-River in der südwestlichen Ecke des Bundesstaates Indiana. In dem Philanthropen William Maclure, der schon Owens Reisebegleiter in die Schweiz zu Pestalozzi und Fellenberg gewesen war, fand er einen amerikanischen Partner; gemeinsam wollten sie aus New Harmony eine »Community of Equality« machen, in der auch neue Erziehungsmethoden entwickelt werden sollten. Mit ihnen wagten etliche amerikanische Intellektuelle das sozialistische Experiment, das ein paar Jahre später ein unharmonisches Ende fand. Auch das mit viel Engagement vorgestellte Architekturmodell der Musterkolonie, geplant vom Engländer Thomas Stedman Whitwell in Form der Owenschen »Squares«, blieb Theorie.

Noch als Achtzigjähriger agierte Robert Owen bis zur völligen Erschöpfung für eine bessere Welt, wie Karl Marx und Wilhelm Liebknecht anläßlich eines Zusammentreffens mit ihm 1851 feststellten. Er starb am 17. November 1858 in seiner Geburtsstadt Newton in Wales.

Ein Zeitgenosse Robert Owens war der um ein Jahr jüngere Franzose François Marie Charles Fourier, der wohl umstrittenste unter den utopischen Sozialisten und einer der ersten Urbanisten einer technisierten Welt. Der Philosoph Eugen Dühring nannte ihn (aber auch Owen und Saint-Simon) einen albernen »sozialen Alchimisten«, der »alle Elemente des Wahnwitzes« enthülle und an dessen Namen nur die erste Silbe fou, verrückt, »etwas Wahres besagt«; Friedrich Engels indes, der Dühring scharfzüngig attackierte, fand bei Fourier eine »echt französisch-geistreiche, aber darum nicht minder tief eindringende Kritik der bestehenden Gesellschaftszustände. [...] Fourier ist nicht nur Kritiker, seine ewig heitere Natur macht ihn zum Satiriker, und zwar zu einem der größten Satiriker aller Zeiten.«

In seinen Hauptschriften ***Traité de l'association domestique agricole*** (1822), der ***»Abhandlung über eine haus- und landwirtschaftliche Genossenschaft«***, und ***Nouveau monde industriel*** (1829), der ***»Neuen industriellen Welt«***, legte Fourier seine Vorstellungen des Lebens in einer harmonischen und genossenschaftlich organisierten Musterkolonie dar, die er **Phalange** (von **phalanx**, Kerntruppe; nach Fourier die Keimzelle der neuen Gesellschaftsordnung) nannte. Fourier hatte den Owenschen Sozialismus kennengelernt, und wie dieser war er von den Ideen Pestalozzis, aber auch von jenen des deutschen utopischen Sozialisten Franz Heinrich Ziegenhagen beeinflußt.

Die **Phalange** versteht Fourier als eine **»spontane Gemeinschaft ohne zwingende Bindungen und andere Verpflichtungen als der des sich Wohlfühlens«** mit genossenschaftlicher Wirtschaft und gemeinsamem Haushalt. Über das Leben in der **Phalange** schreibt er: **»Die Zivilisierten werden gewisse Gewohnheiten hassen, die ihnen heute gefallen, wie den ehelichen Hausstand, in dem die Kinder nur brüllen, alles zerbrechen, sich zanken und jede Arbeit verweigern. Dieselben Kinder, in eine progressive oder Gruppenserie aufgenommen, sind tätig, wetteifern miteinander, ohne daß man sie anreizt, sie unterrichten sich freiwillig über Landwirtschaft, Handwerk, Künste und Wissenschaften. Sie produzieren und tragen zu den Erträgnissen bei, während sie nur zu spielen glauben. Wenn die Väter diese neue Ordnung sehen werden, werden sie ihre Kinder in den Serien entzückend und im isolierten Hausstand widerwärtig finden. Wenn sie im Wohnsitz [der sogenannten *Phalanstère*] einer *Phalange* sehen werden, wie köstlich man speist und daß man mit** einem Drittel der Kosten einer häuslichen Mahlzeit dreimal so gut und reichhaltig essen kann, daß man dort zu einem Drittel des Preises dreimal so gut lebt und sich auch noch die Zubereitung und die Vorratswirtschaft erspart, wenn sie außerdem sehen werden, daß man in den Serien nicht betrogen wird und daß das Volk, in der Zivilisation verschlagen und ungehobelt, in den Serien vor Wahrheitsliebe und Höflichkeit glänzt, wenn sie das alles gesehen haben, werden sie diesen ihren Hausstand, diese Städte, diese Zivilisation nicht mehr leiden mögen, denen sie jetzt zugetan sind. Sie werden sich in einer *Phalange* der Serien zusammenschließen und in ihrem Gebäude wohnen wollen.«

Für die Gründung von **Phalangen** sah Fourier eine untere Bevölkerungsgrenze von neunhundert und eine obere von zweitausend vor. Der Einteilung in »**Charakter- und Altersgruppen**« folgte die berufliche Gliederung in Arbeitsserien, die allen Mitgliedern eine Vielzahl von Kommunikationsmöglichkeiten bieten sollte. »**Bei ganz kurzen Arbeitsperioden von anderthalb oder höchstens zwei Stunden kann jeder im Laufe eines Tages sieben bis acht befriedigenden Beschäftigungen obliegen, darauf am nächsten Tage wechseln und bei anderen Gruppen mitwirken. Die Mannigfaltigkeit der Genüsse dient dazu, die Arbeiten anziehend zu machen.**«

Die soziale Stellung der Frau und ihre Selbstverwirklichung in der **Phalange** waren für Fourier, im Gegensatz zu Owen, ein zentrales Anliegen. »**Sozialer Fortschritt und gesellschaftliche Veränderung erfolgen aufgrund der Fortschritte in der Befreiung der Frau. Der Niedergang einer Gesellschaftsordnung wird durch die Beschränkung der Freiheit der Frau bewirkt; das heißt: die Zunahme der Privilegien der Frauen ist die allgemeine**

Grundlage allen sozialen Fortschritts.« Die Ehe war für Fourier eine Zwangsinstitution, und energisch wandte er sich dagegen, bei allen Frauen die **»Liebe«** zum Haushalt vorauszusetzen.

Von einem gemeinsamen, für alle Mitglieder der **Phalange** geltenden Erziehungssystem erhoffte sich Fourier ein Ende der Klassengegensätze. Für seine pädagogisch-didaktischen Neuerungen galt das Ziel, **»die volle Entwicklung der körperlichen und geistigen Fähigkeiten zu ermöglichen und sie alle, selbst die Neigungen, das heißt die Lieblingsbeschäftigungen, mit produktiver Arbeit zu verbinden«**.

Das pädagogische Konzept Fouriers ist dem Owens ähnlich, ein wesentlicher neuer Faktor aber ist die den individuellen Fähigkeiten entsprechende Kombination der Fächer, die als früher Versuch eines Gesamtschulmodells angesehen werden kann. Die alte Schulklasse wird ersetzt durch die **»séries doctorales«**, die freiwillige Arbeitsgemeinschaft der neuen Gesellschaft, in der nur am Gegenstand interessierte Schüler lernen und arbeiten, da ja niemand zu einem bestimmten Unterricht gezwungen wird. **»Die harmonische Erziehung trachtet in ihren Methoden zunächst dahin, in jedem Individuum von frühester Kindheit an die Berufsinstinkte zu wecken und es den vielfältigen Aufgaben zuzuwenden, für welche die Natur es bestimmt.«** So soll die **»Arbeit zur Spielerei in kleinen Modellwerkstätten werden, in denen sich kindergerechtes Handwerkszeug für die Mauerei, Sattlerei und Zimmerei«** befindet. In dieses System werden Kinder ab dem vierten Lebensjahr einbezogen; **»sie sind bereits um drei Uhr früh auf den Beinen und tun mit Enthusiasmus dies und jenes, um dann im Triumph zum Frühstück zu erscheinen«**.

Als Mittel zur Entwicklung der individuellen Neigungen schlägt Fourier vor:

»Der Anreiz durch die kleinen Werkstätten und die kleinen Werkzeuge, die in ihrer Form den verschiedenen Altersstufen angepaßt sind.

Spielzeug oder die Verwendung all unserer heutigen Süßigkeiten, Wägelchen, Puppen usw. als Mittel zum Lernen und zur Teilnahme an produktiver Arbeit.

Der Anreiz durch abgestufte Auszeichnungen. Ein Federbusch genügt heute schon, daß ein Dorfbursche in Entzücken gerät und für ihn seine Freiheit verkauft. Welche Wirkung werden dann hundert ehrenvolle und schmückende Auszeichnungen haben, um ein Kind dazu zu bewegen, mit seinesgleichen an Vergnügen und angenehmen Beschäftigungen teilzunehmen?

Die Privilegien bei der Parade und der Benutzung von Werkzeugen; man weiß, wie stark diese Reize auf ein Kind wirken. [Aufmärsche spielen in der Fourierschen Gesellschaft eine große Rolle. So finden zum Beispiel jeden Morgen vor Arbeitsbeginn große *parades* statt, eine Art Morgenappell aller Arbeitsgruppen.]

Die Fröhlichkeit, die von Versammlungen der Kinder nicht zu trennen ist, wenn sie aus Vergnügen oder Begeisterung arbeiten.

Die Begeisterung für die *Phalange*, in der das Kind alle Freuden genießen wird, die seinem Alter entsprechen.

Die Tischgesellschaften, die jeden Tag gemäß den augenblicklichen Interessen wechseln und zu denen den Kindern aus Spezialküchen entsprechende Gerichte verabreicht werden.

Das Gefühl des Stolzes, das beim Kinde aus dem Glauben erwächst, eine wirklich bedeutende Arbeit verrichtet zu haben. Man erhält ihm diese Illusion.

Die Sucht, alles nachzuahmen, die bei den Kindern vorherrscht und zehnmal so stark wird, da diese durch die Heldentaten älterer Kinder angefeuert werden.

Die volle Freiheit bei der Wahl von Art und Dauer der Arbeit.

Die völlige Unabhängigkeit oder das Recht der Gehorsamsverweigerung bei jedem Leiter, der nicht freudig selbst gewählt wird.

Die Arbeitsteilung oder der Vorteil, bei jedem Arbeitsprozeß den Teil zu wählen, für den man Interesse zeigt.

Der Reiz der kurzen, häufig wechselnden Schichten.

Die geschäftige Hilfsbereitschaft der Patriarchen, Erzieher, Mentoren, die von den kleinen Kindern geliebt werden, da sie nur dann Unterricht erhalten, wenn sie ihn fordern.

Das Fehlen der väterlichen Lobhudelei, die in der neuen Gesellschaft unmöglich ist, weil in ihr das Kind von seinesgleichen beurteilt und zur Rechenschaft gezogen wird.

Die äußerliche Harmonie oder das einheitliche Vorgehen bei der Arbeit, das man in den Werkstätten der Zivilisation nicht kennt, aber das in den Werkstätten der neuen Gesellschaft durchgeführt wird, wo man mit Soldaten und Ballettmitgliedern zusammen arbeitet, eine Methode, die den Kindern Spaß macht.

Der Einfluß der stufenweisen Einteilung in bestimmte Gruppen, die allein bei den Kindern die Freude und Bereitschaft zur Arbeit wecken kann, die für das Erlernen der Abeitsvorgänge nötig sind.

Die Massenbegeisterung oder der Reiz, den Kameraden nachzueifern, die sich an Hymnen, schmückenden Auszeichnungen, Festgelagen usw. begeistern.

Der bei Kindern sehr mächtige und in der neuen Gesellschaft weitverbreitete Korpsgeist.

Die Wettbewerbe und Rivalitäten zwischen den einzelnen Altersklassen, den Gruppen einer gleichen Altersklasse und einer gleichen Brigade, zwischen den Mitgliedern der einzelnen Gruppe.

Das beständige Streben aufzusteigen, sei es in die höheren Altersklassen oder zu den mittleren oder hohen Positionen einer bestimmten Klasse.

Die Begeisterung für die Heldentaten, die von den älteren Kindern vollbracht worden sind, gemäß dem Gesetz der Achtung vor dem Älteren.

Die nachbarlichen Intrigen oder die Wettbewerbe mit den Kindern benachbarter *Phalanges* und die Treffen mit deren Kohorten.«

Fourier erwähnt in dieser Aufstellung jene Anreize nicht, »die im Alter von vier Jahren noch kaum eine Rolle spielen, wie zum Beispiel der Wettstreit der Geschlechter und Gefühle, das Streben nach Gewinn und hohen Arbeitsdividenden. Diese beiden Triebkräfte üben noch keinerlei Einfluß auf die *Lutins* [das Alter zwischen 21 bis 36 Monaten] und einen nur sehr geringen auf die *Bambins* [3 bis 4 Jahre] aus; denn sie beginnen sich erst bei den *Chérubins* [4 bis 6 Jahre] zu entwickeln.«

Zu den wichtigsten didaktischen Instrumenten Fouriers gehört die Oper. »Die Oper bildet das Kind zu harmonischer Einheit, die zur Quelle seines Glücks und zum Unterpfand seiner Gesundheit wird.« Unter dem Begriff Oper versteht Fourier »alle choreographischen Übungen, auch Exerzierübungen mit dem Gewehr und Ministrantendienste. Die Kinder der neuen Gesellschaft werden unsere Kinder in solchen Übungen bei weitem übertreffen.«

Fourier war besessen von der Idee, seinen »**sozietären Reformplan**« sofort zu verwirklichen, was ihm aber nicht glückte. Im Unterschied zu Owen besaß er selbst nie die finanziellen Mittel, seine Idealgebilde zu verwirklichen. Einmal initiierte ein Abgeordneter namens Baudet-Dulary in der Nähe des Waldes von Rambouillet, in Condé-sur-Vesgres, einen Siedlungsversuch, der aber an Kapitalmangel scheiterte.

Heinrich Heine berichtet in ***Lutetia*** (15. Juni 1843): **»Auch Fourier [wie Saint-Simon] mußte zu den Almosen der Freunde seine Zuflucht nehmen, und wie oft sah ich ihn, in seinem grauen, abgeschabten Rocke, längs den Pfeilern des Palais Royal hastig dahinschreiten, die beiden Rocktaschen schwer belastet, so daß aus der einen der Hals einer Flasche und aus der anderen ein langes Brot hervorguckten. Einer meiner Freunde, der ihn mir zuerst zeigte, machte mich aufmerksam auf die Dürftigkeit des Mannes, der seine Getränke beim Weinschank und sein Brot beim Bäcker selbst holen mußte. ›Wie kommt es‹, frug ich, ›daß solche Männer, solche Wohltäter des Menschengeschlechts, in Frankreich darben müssen?‹ ›Freilich‹, erwiderte mein Freund sarkastisch lächelnd, ›das macht dem gepriesenen Lande der Intelligenz keine sonderliche Ehre, und das würde gewiß nicht bei uns in Deutschland passieren: die Regierung würde bei uns die Leute von solchen Grundsätzen gleich unter ihre besondere Obhut nehmen und ihnen lebenslänglich freie Kost und Wohnung geben.«**

Charles Fourier starb am 10. Oktober 1837 in Paris und wurde auf dem Friedhof von Montmartre beerdigt; in einer der Grabreden nannte ihn sein eifrigster Anhänger Victor Considérant einen »**Rédempteur du monde**«, einen Erlöser.

Stark beeindruckt vom Fourierismus, unternahm ein Ofenfabrikant im nordfranzösischen Städtchen Guise (Département Aisne), Jean Baptiste André Godin, den Versuch, Fouriers Utopie, wenn auch in abgewandelter Form, in die Praxis umzusetzen. Er ließ einen Gebäudekomplex, das »**Palais Social**«, planen und bauen und nannte das Experiment, das sich als recht erfolgreich erwies, **Familistère** (ein Modell wurde auf der Pariser Weltausstellung von 1889 gezeigt und gewürdigt). Wie der Name bereits andeutet, bildete hier die Familie – anders als bei Fourier, der sie abschaffen wollte – die Grundeinheit. Fourieristisch hingegen waren die sozialen Einrichtungen, wie bequeme Wohnungen, Kinder- und Säuglingsheime, Bibliotheken, Badeanstalten, Gärten und Promenaden und eine gemeinsame Erziehung vom Säuglingsalter bis zur Lehre, die er als »**Education intégrale**« bezeichnete. »**Die Erziehung und die Unterrichtung**«, heißt es in Godins Glaubensbekenntnis ***Solutions sociales*** (1871), »**müßten im Familistère Gegenstand einer ganz besonderen Aufmerksamkeit sein und zu den höchsten Pflichten gehören.**«

Drei Jahre nach Godins Buch erschien in Österreich, in Graz, im Commissions-Verlag Leykam-Josefsthal ein Buch mit dem Titel ***Das Land der Freiheit.*** Als Verfasser trat ein gewisser Ferdinand Amersin in Erscheinung; er nannte seine Schrift »**ein Zukunftsbild in schlichter Erzählungsform**«, und gab sich als Verehrer Fouriers – den er einen »**wunderlichen Zukunftsträumer**« nannte – zu erkennen. Amersin stellte sich die Aufgabe, wie er einleitend anmerkt, »**ein allgemeines Gemälde**« jener goldenen Zeit zu liefern, die in »**nicht gar zu ferner Zukunft**«, als Folge eines »**weltgeschichtlichen Vorgangs der Gesellschaftsverbesserung**«, zu erwarten sei. Das heute völlig vergessene

Innenraum der Kinderbewahranstalt des Familistère (aus André Godin, *Solutions sociales*).

Werk wurde im Januar 1875 in der Leipziger »Illustrierten Zeitung« als »bemerkenswertes Zeichen der Zeit« angekündigt, das – trotz »gar manchem Irrigen« – jedenfalls geeignet sei, »zu fruchtbarem Nachdenken, besonders auch über unsere verkehrte Erziehungsweise« anzuregen. Amersin wurde vom Rezensenten als »österreichischer Schiffsarzt« und »moderner Gottesleugner« vorgestellt, als ein »Mann von vielseitiger Bildung, großer Menschenkenntnis, scharfer Beurteilung des Bestehenden, reicher Phantasie und praktischem Verstand, dabei voller Vernunftahnungen«. Was sonst noch über ihn bekannt ist, läßt sich in wenigen Worten sagen: Geboren wurde er am 17. April 1838 in Großlobming in der Steiermark; 1890 war er nachweislich in Wien als Zahnassistent und 1893 als Arzt in Metnitz, Kärnten, tätig; ein Jahr später verschwand er spurlos. In den Bibliotheken finden sich noch andere populärwissenschaftliche Werke Amersins wie beispielsweise eine *Wahrheits-, Klugheits- und Geschmackslehre* (1872) oder ein *Buch über Haschischgenuß im Abendland. Anleitung zu Kenntnis und Gebrauch des feinsten Genußmittels* (1879).

»Das Land der Freiheit« seiner utopischen Phantasie sollte zum Ausgangspunkt einer geistig-sittlichen Erneuerung Deutschlands und der Welt werden, wobei die von den »Freiländern« geschaffene Weltsprache dazu beitragen sollte, die übrigen Völker für das Ideal freiländischer Lebensauffassung zu gewinnen.

Tröstlich ist Amersin einzig der Gedanke an die Zukunft. »Ist wirklich Fortschritt im Gang der Welt, so muß das Ideal, die Vollendung, die Freiheit oder der Himmel – kurz das höchste Schöne – allein in der Zukunft zu suchen sein.« Und die Zukunft ist für ihn jene Zeit, da »die Verbrüderung aller gebildeten Völker des Erdkreises und damit der Weltfriede erreicht war, von da an erst ist die Menschheit sozusagen mündig geworden. Herrenzeit und Priesterzeit waren vorbei und man befand sich also nun inmitten der Völkerzeit, um sich für die nächstkommende, die Weltzeit, vorzubereiten.« In der nächsthöheren Stufe der Entwicklung werde der Mensch »schließlich noch zur genaueren Erforschung der Sterne und zum lebendigen Wechselverkehr mit deren Bewohnern gelangen«.

Seinen Helden nennt der Verfasser einen anderen Messias, der sich von der »unbehaglichen« Welt der Wirklichkeit abtrennt und eine »neue verjüngte Gesellschaft« gründet. Sein Glaubensbekenntnis läßt sich »dem Hauptinhalte nach« in drei Sätzen ausdrücken:

»Ich glaube an die Natur. (D. i. an die unfehlbare Gesetzmäßigkeit derselben.) Ich glaube an die Menschheit. (D. i. an den unaufhaltbaren Fortschritt der ganzen Menschheit.) Ich glaube an mich selbst. (An meine eigene Geistesfähigkeit und Willenskraft.)«

Die Fabel der Utopie beginnt um das Jahr 1820: Ein reicher Kaufmann läßt seine beiden Söhne Friedrich und Heinrich, für die damalige Zeit ungewöhnlich, »frei und gleichsam wild« heranwachsen. Sie werden »unter milder Aufsicht in einen großen Garten versetzt, wo sie sich den ganzen Tag über aufhalten und nach Belieben bewegen konnten. In der ganzen Zeit ihrer Jugend wurden sie nie gezwungen zum Lernen aus Büchern, sondern, als sich der Wissenstrieb bei ihnen zu regen anfing, geeignete Lehrer bestellt, die ihnen in angenehmer, meist erzählender Weise die Grundlagen des Wissenswürdigsten beizubringen hatten.«

Friedrich übernimmt als Kaufmann das elterliche Geschäft, Heinrich geht an die Universität, wo er an allen

Fakultäten Vorlesungen hört, »**denn sein erstes Streben war eine im vollen Sinne alles-umfassende Bildung**«.

Aufgrund seiner freien Erziehung und seiner hohen Begabung entwickelt er eine starke Abneigung gegenüber der herrschenden Weltanschauung und Religion; er wird zum Freigeist und verfolgt nach Abschluß seiner Studien den kühnen Plan, durch eine großangelegte Erziehungsreform die Menschheit auf eine neue, höhere Stufe des Bewußtseins, der Bildung, des Glücks und der Freiheit zu führen. **»Ich will mein Leben daran setzen, der Freiheit den ›ewig grünen Garten‹ zu errichten, wie ihn Schiller gemeint, und welcher derzeit noch nirgends besteht. Meine Mittel: ein Fleckchen Erde, das die Cultur – vielmehr oft Übercultur – noch nicht beleckt hat und einige gesunde naturfrische Kinder. Mehr brauch' ich nicht, um aus ihnen das erste Geschlecht freier Menschen heranreifen zu sehen.«**

Heinrich bereist ganz Europa, um seine Kenntnisse zu vertiefen, und versammelt nach seiner Rückkehr jeden Abend die »**bildungsfähigen Jünglinge und Jungfrauen**« seines Ortes, um sich in Beredsamkeit und Erziehungskunst zu üben. Aus ihrem Kreis wählt er sich die gleichaltrige Agnes zur Frau, eine Lehrerin, die ihm bei der Ausführung seines Vorhabens zur Seite steht. Die beiden adoptieren eine Schar Kinder im Alter von vier bis sechs Jahren und erziehen sie mit unendlicher Liebe und Geduld nach ihren Vorstellungen (»**selbständige, in alle Lagen sich findende und überhaupt im Leben sich glücklich fühlende Menschen zu bilden**«). Keines der Kinder will mehr nach Hause zurück, alle betrachten Heinrich und Agnes bald als ihre rechtmäßigen Eltern. Die fanatische »**Glaubenswut**« des ansässigen Pfarrers aber macht nicht nur die Erziehungsanstrengungen der beiden zunichte, sondern auch ein Verbleiben im Ort unmöglich. So übersiedelt die kleine Gemeinschaft – nach einem sorgfältig vorbereiteten Plan – auf eine fruchtbare Insel im Ozean, die Heinrich gekauft hat.

In diesem »Freiland«, fern von Europa, lassen sich endlich alle Vorstellungen der beiden Erzieher verwirklichen. Den Kontakt mit Europa hält ein Handelsschiff aufrecht, dessen Reeder Heinrichs Bruder Friedrich ist. »Hier allein ist es dir möglich«, läßt Amersin seinen Helden frohlocken, »Menschen so vollkommen, wie es ihnen von Natur her bestimmt ist und teilhaftig der Glückseligkeit, deren sie überhaupt fähig sind, sich in ungebundenster Freiheit bewegen zu sehen.«

Die bereits auf der Insel geborenen und aufgewachsenen Freiländer lernen durch eine Europareise die Vorzüge ihres Gemeinwesens um so mehr schätzen, als sie auf dem Kontinent überall Unfreiheit, Verstellung, Zwang und Verblendung antreffen. Schließlich rüstet man von Freiland aus zur Missionierung Europas und zur Bekehrung zu freiländischem Geist. Ein deutscher Fürst, der seit seinem »glücklichen Aufenthalt auf der freien Insel« vom Freiländertum überzeugt ist, stellt beträchtliche Mittel und Ländereien zur Verfügung und legt mit der Gründung der »ersten deutschen Freistadt« den Grundstein zu einem neuen freiheitlich-deutschen »Vereinsstaat«.

»Die Wechselwirkung der deutschen Besucher in der Freistadt und der Freistädter in Deutschland ward immer lebhafter und inniger, immer mehr Beispiele von Gründungen kleiner freier Gemeinden tauchten auf und mit wachsender Schnelligkeit verbreitete sich durch dies alles das neue Evangelium, die frohe Botschaft von der Freiheit, daß endlich auch die bestehenden Städte darangingen, sich mit Einrichtungen in diesem Sinne zu verjüngen, veredeln und verschönern.«

Amersins »**Vereinsstaat**« ist eine eigenartige Mischung aus Sozialismus und Kapitalismus, in dem soziale Gerechtigkeit, Glaubens- und Meinungsfreiheit, das Recht auf Bildung, Berufsförderung und menschenwürdiges Wohnen gesetzlich verankert sind. Das Erbrecht wird zwar abgeschafft (die Erbschaftseinkünfte werden ausschließlich für Erziehungs- und Bildungszwecke verwendet), aber das persönliche Eigentum bleibt während der Lebenszeit der Bürger unangetastet. Sie streben nicht nach Reichtum, sondern nützen ihren Wohlstand zur steten Vertiefung und Erweiterung ihrer Bildung. »**Der Mensch ist nicht Wirtschafter allein. Ist er einmal über die Lebenssorgen hinaus, so verlangt er seinen eigentlichen Genuß des Lebens, und da hängt es eben vom Bildungsgrade jedes einzelnen ab, zu was für Lebensgenüssen er besonders hinneigt. Der rohe, ungebildete Mensch wirft sich mehr auf die halbtierischen, heftig erregenden und aufreibenden Vergnügungen, der feingebildete mehr auf die eigentlich menschlichen – die geistigen nämlich – die dauerndsten von allen.**«

Das Erziehungs- und Bildungswesen ist für Amersins Utopie von bestimmender Bedeutung, und es ist Grundlage des Gemeinwesens. Ziel der Erziehung ist der umfassend gebildete, aufgeklärte, von allen staatlichen und kirchlichen Bevormundungen befreite Mensch, der den richtigen Mittelweg zwischen Individualismus und Gemeinschaft mit sicherem Gefühl zu finden weiß. In der Erziehung gibt es keinen Unterschied zwischen den Geschlechtern; ganz im Sinne Rousseaus baut sie bei Knaben wie bei Mädchen bis zur Pubertät vor allem auf Spiel, Nachahmung, Erkenntnis und Selbstfindung. »**Was in eines Menschen Natur nicht ist, wirst du ihm auf keine Weise einbläuen; was aber darin ist, das kommt, wenn** du nur die Gelegenheit gibst, von selbst besser zum Durchbruch, als durch was immer für Erziehungskünstelei.«

Der Lebensweg der Kinder auf der Insel beginnt in einem »rundlichen, eigentümlich gebauten, durch große Wandfenster rings geschlossenen Säulenhause«, dem »Haus der Mütter«; dorthin führt ein Laubengang, in den man durch einen Torbogen mit der Aufschrift »Schule des Lebens« gelangt.

In einem mit »geheimnisvollem Dämmerlicht« erfüllten geräumigen Saal liegen leicht bekleidete Frauen auf Matten und Kissen, jede um ihren Säugling besorgt; »entweder an der Brust ihn säugend oder über ihn gebeugt seinen ruhigen Schlaf beobachtend und bewachend«. »Besondere Vorrichtungen« regeln die Belüftung, so daß man »äußerst wenig vom Geruch der Kleinkinderstube« wahrnehmen kann. Die Kinder sind weder bekleidet noch gewickelt und liegen oder krabbeln frei auf den Matten. Während die Mütter ausruhen oder schlafen, versorgen die Väter die Babys.

»Wenn nun die Kinder vom Kriechen aufs Gehen, vom Gehen aufs Laufen geraten sind, so haben sie den Trieb, mittels ihrer angeeigneten neuen Geschicklichkeit recht weite Strecken ihres Gebiets zu durchgehen, und endlich fällt ihnen geradezu ein, nur immer weiter und weiter fortzulaufen. Die Eltern stören sie hierin nicht und folgen unbemerkt von ferne. Es ist nun durch Wassergräben, Laubengänge, undurchdringliche Hecken u. dgl. die Einrichtung getroffen, daß das Kind, wohin es sich auch wenden mag, immer auf den gewissen Platz gelangen muß, der für solche Kinder, die schon allein laufen, zum gemeinsamen Tummelplatz bestimmt ist. Da findet es lustige Gesellschaft, da bleibt es, und die

Eltern sind von nun an der besonderen Aufmerksamkeit auf dieses Kind überhoben. [. . .]

Nun der Kindergarten auf Freiland! – Hier ist nicht etwa das eine oder andere Kind lebhaft und gescheit geworden, sondern hier im bunten, unübersehbaren Gewühl und Gewimmel tummeln sich ganze Scharen solcher gutgeratener Kinder im Vollgefühl der Freiheit herum, von denen jedes einzelne in seiner Art ein Wunderkind zu sein scheint!«

Im Kindergarten sind die Kinder von den Eltern getrennt, doch diese begleiten die Erziehung, indem sie mit den Kleinen Spielzeug basteln, Krüge töpfern, Körbe flechten, Kleider nähen, Wasserräder und Windmühlen bauen und sie im Gebrauch verschiedener Werkzeuge unterweisen. In den letzten Jahren im Kindergarten besitzt dann jedes Kind schon »sein eigenes besonderes Häuschen mit Nachtlager, sein Gärtchen mit Blumen und Gemüse, Tierstall u. dgl.«.

»Ist nun der Kleine in seiner Entwicklung allseitig so vorwärts gekommen, so erfährt er endlich auch, daß der Garten, in dem er bisher gelebt und der seine Welt ausgemacht, einen Ausgang hat, nämlich entweder über den Teich oder über die Felswand, erfährt, daß man nur durch Schwimmen, durch Klettern und durch Kahnfahren diese Ausgänge überwinden könne, worauf man dann in einen viel größeren und schöneren Garten gelange, wo alle die Erwachsenen wohnen. Die Sehnsucht, da hinaus zu kommen, treibt den heranwachsenden Jungen – gleichviel ob Knabe, ob Mädchen – zu den Leibesübungen; er überwindet die natürliche Scheu vorm tiefen Wasser, lernt im kleineren Teiche tauchen, schwimmen und kahnfahren und übt sich im Klettern und Springen. Alsdann, nachdem er seiner Geschicklichkeit ganz sicher geworden – nicht früher – überschreitet er auf eine oder andere Art die Grenze des Kindergartens, besucht – meist wieder unter Leitung der Eltern – den Lehrgarten, schließt sich den großen geselligen Spielen an, die da von den Vorausgegangenen geübt werden und baut sich sein Häuschen draußen an dem Orte, wo er seine älteren Genossen bereits angesiedelt findet.

Von da an ist er nun frei wie ein Erwachsener, erlangt bald den vollen Gebrauch seines Verstandes, Willens und Geschmacks, und ohne Zwang – vollkommen nur durch eigenen Antrieb, übrigens mittels des Beispiels der älteren Genossen und die Benützung des Lehrgartens – erzieht er sich von selbst zur allgemeinen freiländischen Bildung.«

Der Lehrgarten dient dazu, die Heranwachsenden in die Geheimnisse der Natur und Kunst einzuführen. Es gibt drei Abteilungen: »eine ***Schule der Natur*** oder der reinen Wissenschaften, eine ***Schule des Lebens*** oder der angewandten und eine ***Schule der Kunst*** oder der schönen Wissenschaften«. Es besteht Lehr- und Lernfreiheit. »Jeder, der Zuhörer findet, kann lehren, sowie auch jeder Schüler sich nach Belieben demjenigen Lehrer zuwenden kann, der ihm am besten zusagt. Genug, daß jeder junge Mensch, sobald er einmal im verlassenen Kindergarten die Grundlagen eines freien durch nichts Aufgezwungenes umnebelten Geisteslebens erhalten hat, sich nunmehr gerade seiner besonderen Natur entsprechend entwickeln kann, ohne daß er dabei an einen schablonenmäßigen Lehrplan gebunden sei, der doch immer nur für wenige paßt. Soviel Lebensklugheit, Urteilsfähigkeit und richtigen Takt bringt nämlich ein jeder schon vom Kindergarten her mit, daß er allemal das ihm gerade Abgehende, das ihm Angemessene und Vorteilhafte fast triebartig wird treffen müssen.«

Aus dem Lehrgarten wird der Heranwachsende erst entlassen, wenn er die nötigen Kenntnisse und Fertigkeiten besitzt, die ein reifer Mensch für das ganze Leben braucht, und wenn er in einer Prüfung vor der Gemeindeversammlung seine allgemeine Geistesbildung nachgewiesen hat.

Als sich Ferdinand Amersins Spur in der Geschichte verlor, kam in der englischen Grafschaft Surrey Aldous Huxley zur Welt, der als Schriftsteller zum scharfsichtigen Kulturkritiker wurde. Die Prognosen, die er in seinem bekanntesten Roman ***Brave New World*** (1932) stellte, machten das Buch zu einem Klassiker der negativen Utopie.

Huxleys ***Schöne neue Welt*** ist in das Jahr 632 »nach Ford« datiert, was bedeutet, daß die Zeitrechnung mit der Herstellung des ersten Ford T-Modells (um 1908) beginnt, einem Meilenstein in der Geschichte der Massenproduktion (die Huxley »Henry Ford's disease« nannte). Der Wahlspruch des nun existierenden Weltstaats lautet »Gemeinschaftlichkeit, Einheitlichkeit, Beständigkeit«. Höchstes Ziel ist Beständigkeit, denn ohne soziale Unbeständigkeit gebe es keine Tragödien.

»Die Welt ist jetzt im Gleichgewicht. Die Menschen sind glücklich, sie kriegen, was sie begehren, und begehren nichts, was sie nicht kriegen können. Es geht ihnen gut, sie sind geborgen, immer gesund, haben keine Angst vor dem Tod. Leidenschaft und Alter sind diesen Glücklichen unbekannt, sie sind nicht mehr mit Müttern und Vätern behaftet, haben weder Weib noch Kind noch Geliebte, für die sie heftige Gefühle hegen könnten, und ihre ganze Normung ist so, daß sie sich kaum anders benehmen können, als sie sollen. Und wenn wirklich einmal etwas schiefgeht, gibt es Soma.« Soma (»ein Gramm versuchen ist besser als fluchen«) ist »Christentum ohne Tränen«, eine Wunderdroge, um sich von der Wirklichkeit zu beurlauben. »Immer ist Soma zur Hand, Zorn zu besänftigen, einen mit seinen Feinden zu versöhnen, Geduld und Langmut zu verleihen.«

Universelles Glück aber ist nur machbar, wenn alle destabilisierenden Faktoren unter Kontrolle sind: Überschüssige Energie wird in den »Eintrachtsandachten« – orgiastischen, gottesdienstähnlichen Ritualen – abgebaut, und jeden Monat wird der ganze Organismus mit »Adrenin« durchflutet, eine Zwangsbehandlung, die »Toller-Leidenschafts-Ersatz« heißt, ein hundertprozentiges physiologisches Äquivalent für Angst und Wut.

Individuelle Werte wie Wahrheit und Schönheit sind dem statischen »Glück« aller Bewohner der schönen neuen Welt zum Opfer gefallen. »Wir wünschen keine Änderung. Jede Änderung bedroht die Beständigkeit. Das ist auch ein Grund, warum wir so zurückhaltend in der Verwendung von Erfindungen sind. Jede rein wissenschaftliche Entdeckung ist im Keim umstürzlerisch. Sogar die Wissenschaft muß manchmal als möglicher Feind behandelt werden. Ja, auch die Wissenschaft!«

Die Uniformität des Menschen im Zukunftsstaat ist das Ergebnis eines »betriebssicheren Systems der Eugenik, darauf berechnet, das Menschenmaterial zu normen«. Trotzdem bedarf es einer streng gegliederten Hierarchie, die sich in einer Einteilung der Menschen in fünf Kasten, die Alphas (Eliten), Betas, Gammas, Deltas und Epsilons (Halbtrottel), ausdrückt. Diese Gliederung wird durch die mechanische und chemische Konditionierung der Embryonen in Retorten und nach dem »Entkorken« (das an die

Stelle der Geburt getreten ist) durch Suggestionstechniken, vor allem die »**Hypnopädie**«, erreicht.

Das Erziehungsziel ist zum Normziel geworden, die Persönlichkeit ist abgeschafft. Die »**Aufzucht und Erziehung**« der Kinder, die »**in jenen Zeiten roher Fortpflanzung durch Lebendgebären**« in den Händen der Eltern lag, obliegt im Weltstaat den staatlichen Normzentralen.

In diesen »**Brut- und Normzentralen**« werden ständig große Mengen »**männlicher Gameten**« bei einer Temperatur von 35 Grad gehalten. Die Frauen lassen sich im Interesse des Gemeinwohls freiwillig die Eierstöcke entfernen, erhalten aber für das »**exstirpierte Ovar**« eine Prämie in der Höhe von sechs Monatsgehältern. Die abgetrennten und ausgereiften Eier werden in einer Nährlösung aufbewahrt, auf Entartungen untersucht, gezählt und in einen porösen Behälter übertragen. Dieser Behälter wird dann in eine warme »**Nährbouillon voll freischwimmender Spermatozoen**« getaucht, wo die Eier befruchtet und dann zurück in die Brutöfen gebracht werden. In den Brutöfen bleiben die Alphas und Betas bis zur endgültigen Abfüllung auf Flaschen, während die Gammas, Deltas und Epsilons schon nach sechsunddreißig Stunden herausgenommen und dem »**Bokanowskyverfahren**« unterzogen werden. Dieses Verfahren besteht im wesentlichen aus einer Reihe von Unterbrechungen des Entwicklungsverlaufs. »**Wir hemmen**«, erläutert der Brut- und Norm-Direktor einer Gruppe Studenten, »**das normale Wachstum, und, so paradox es klingt, das Ei reagiert darauf durch Knospung.**«

Aus einem Ei entwickeln sich auf diese Weise bis zu sechsundneunzig Embryos, »**Dutzendlinge**«, »**Menschen einer einzigen Prägung, in einheitlichen Gruppen. Ein einziges bokanowskysiertes Ei liefert die Belegschaft für** einen ganzen kleineren Fabrikbetrieb. Sechsundneunzig völlig identische Geschwister bedienen sechsundneunzig völlig identische Maschinen!«

Die Embryos wachsen auf dem Bauchfell von Schweinen in Retorten heran, die in der »Purpurschwüle« des Embryonendepots gelagert werden und bis zur Entkorkung auf einem laufenden Band an zweihundertsiebenundsechzig Tagen acht Meter täglich zurücklegen. Je nach ihrer sozialen Vorbestimmung werden die Embryos auf ihrem Weg bestimmten Prozeduren unterworfen. Hitzetunnels wechseln mit Kältetunnels ab; bei einigen ist Kälte gekoppelt mit Unbehagen in Form starker Röntgenstrahlen. Wenn diese Embryos entkorkt werden, ist ihnen das Grauen vor Kälte bereits angeboren; sie sind prädestiniert, in die Tropen auszuwandern oder Bergarbeiter, Azetatseidenspinner oder Eisengießer zu werden. Künftige Arbeiter in chemischen Fabriken werden an die Einwirkung von Blei, Ätznatron, Teer und Chlor gewöhnt, künftige Raketenflugzeugingenieure im embryonalen Zustand so gekippt, daß sie fortwährend Purzelbäume schlagen, damit sich ihr Gleichgewichtssinn stärkt. »Unser ganzes Normungsverfahren«, so der Direktor, »verfolgt dieses Ziel: die Menschen ihre unentrinnbare soziale Bestimmung lieben zu lernen.«

In der »Kleinkinderbewahranstalt« mit ihren »Neo-Pawlowschen Normungssälen« wird schon acht Monate alten Kindern der niederen Kasten ein »instinktiver« Haß gegen Bücher und Blumen eingeprägt. Pflegerinnen stellen Schalen voller Rosen und eine Reihe Kinderbücher hin. Unter »kleinen aufgeregten Schreien, freudigem Lallen und Zwitschern« krabbeln die Kinder auf die Rosenschalen und Bücher zu. Ein heftiger Knall, gellendes Sirenengeheul, rasendes Schrillen von Alarmklingeln lassen die Kleinen erschrecken, sie schreien auf, »die Gesichtchen von Entsetzen verzerrt«. Durch den Fußboden wird elektrischer Strom geschickt. Das Plärren der Kinder hört sich plötzlich anders an. »Verzweiflung, fast Wahnsinn« klingt aus diesen Schreikrämpfen. »Ihre Körperchen winden und steifen sich, ihre Glieder zucken wie von unsichtbaren Drähten gezogen.« Der Lärm verklingt, der Strom wird abgeschaltet, das Stöhnen und Schreien der Kinder ebbt ab. Nochmals werden ihnen die Blumen und Bücher vorgeführt, die Kinder weichen schaudernd zurück; »ihr Geplärr schwillt sogleich wieder zu Entsetzensgeschrei an.« Der Direktor: »Ihr ganzes Leben lang sind sie gegen Druckerschwärze und Wiesengrün gefeit. [. . .] Wir normen den Massen den Haß gegen landschaftliche Schönheiten an, doch zugleich auch die Liebe zum Freiluftsport. Dabei achten wir darauf, daß jeder Sport den Gebrauch besonderer und komplizierter Geräte nötig mache. Sie benützen also nicht nur die Verkehrsmittel, sondern verbrauchen auch Fabrikate. Und darum diese elektrischen Schläge.«

Rosen und elektrische Schläge, die Khakifarbe der Delta-Kleidung und ein Hauch von »Teufelsdreck« (Asa foetida), all diese Sinneseindrücke sind unlösbar miteinander verknüpft, noch ehe das Kind sprechen lernt. »Aber Reflexnormung ohne Worte ist grobschlächtig und summarisch, sie vermag kein feineres Unterscheidungsgefühl zu verleihen, kein richtiges Benehmen für schwierige Lebenslagen einzuimpfen. Dazu braucht es Worte, jedoch Worte ohne Sinn, kurz, Hypnopädie.«

»Hypnopädie« oder »Schlafschule« heißt die Methode, mit deren Hilfe den Kindern im Schlaf durch Lautsprecher sittliche Bildung und Gemeinschaftsgefühl eingetrichtert werden. Zum Beispiel das Kastenbewußtsein: In einem

Schlafsaal mit herabgelassenen Jalousien liegen achtzig kleine Mädchen und Knaben in Gitterbetten. Unter ihren Kopfkissen flüstert ein Lautsprecher hundertzwanzigmal in der Woche dreißig Monate lang: »Alphakinder tragen Grau. Sie arbeiten viel mehr als wir, weil sie so schrecklich klug sind. Oh, wie froh bin ich, daß ich ein Beta bin und nicht so viel arbeiten muß! Wir Betas sind etwas Besseres als Gammas und Deltas. Gammas sind dumm. Sie tragen alle Grün, und Deltakinder tragen Khaki. Nein, ich mag nicht mit Deltakindern spielen. Und Epsilons sind noch schlimmer. Sie sind zu dumm zum ...«

Wenn dieser Unterricht im Schlaf zu Ende ist, beginnt die Stimme unter den Kissen Verlangen nach zukünftigen Konsumgütern zu stimulieren. »Ich fliege so gern«, wispert sie, »ich fliege so gern, ich habe schöne neue Kleider so gern, ich habe ... [...] Alte Kleider sind scheußlich. Alte Kleider wirft man weg. Enden ist besser als wenden, enden ist besser als wenden, enden ist besser ... [...] Jeder Mann, jede Frau, jedes Kind muß jährlich soundsoviel verbrauchen. Im Interesse der Industrie. [...] Enden ist besser als Wenden. Je mehr Nähte, desto mehr Nöte. Je mehr Nähte ... [...] Man verbraucht nicht viel, wenn man stillsitzt und Bücher liest. [...] Minderverbrauch. [...] Unterproduktion. [...] geradezu ein Verbrechen gegen die Gesellschaft.«

Der urteilende, begehrende, Entschlüsse fassende Verstand des Kindes besteht zuletzt nur noch aus solchen »Einflüsterungen des Staates«. Und nicht nur der des Kindes, auch der des Erwachsenen – auf Lebenszeit.

»Glückliche Jugend!« sagt einer der zehn Weltaufsichtsräte. »Keine Mühe wurde gescheut, um euch euer Gefühlsleben leicht zu machen, euch, soweit es geht, vor Gefühlen überhaupt zu bewahren.«

»Gelobt sei Ford am Lenkrad«, murmelt daraufhin der Brut- und Norm-Direktor. »Er hat die Welt so wohl bestellt.«

Kurz nach dem Zweiten Weltkrieg entwarf der amerikanische Psychologe und Pädagoge Burrhus Frederic Skinner, einer der Hauptvertreter des Neobehaviorismus, die Vision einer aggressionsfreien Gesellschaft. Sein sozialutopischer (hin und wieder als wissenschaftlich bezeichneter) Roman ***Walden Two (Futurum Zwei)*** erschien 1948 und ist, wie er selbst sagt, »ein Bericht über meine Vorstellung, wie eine Gruppe von, sagen wir, eintausend Personen die Probleme ihres Alltagslebens mit Techniken der Verhaltenssteuerung lösen würde«. Zu den in ***Walden Two*** gelösten Problemen gehören vor allem Kindererziehung und die Arbeits- und Rollenverteilung zwischen Männern und Frauen. Skinners Vorstellung über die Konditionierbarkeit des Menschen gründete auf Einsichten, die er durch tierexperimentelle Forschung (an Ratten und Tauben) gewonnen hatte. Der Titel ***Walden Two*** sollte bewußt eine Verbindung zu Henry David Thoreaus Klassiker ***Walden, or Life in the Woods*** (1854) herstellen, dessen Schlußsätze Skinner am Ende seines vorletzten Kapitels zitiert; aber auch Verweise auf Platon und Morus, Samuel Butlers ***Erewhon*** (1872) oder Edward Bellamys ***Looking Backward*** (1888) lassen sich finden.

In einem Vorwort zur Ausgabe von 1976 schreibt Skinner: »Unsere wertvollsten Hilfsquellen sind die Kinder, und sie werden heute auf das Schändlichste vergeudet. In den ersten Lebensjahren können wahre Wunder an ihnen vollbracht werden, aber wir überlassen sie Leuten, deren Fehlgriffe sich von Kindesmißbrauch bis zu übermäßiger Fürsorge und der Verschwendung von

Zuneigung bei falschem Verhalten erstreckt. Wir geben kleinen Kindern nur geringe Möglichkeiten, gute Beziehungen zu Gleichaltrigen oder zu Erwachsenen zu entwickeln, namentlich in einem Heim mit nur einem Elternteil. Das alles ändert sich, wenn Kinder von frühester Kindheit an zu Gliedern eines größeren Gemeinwesens werden.

Großstädtische Schulen zeigen, wieviel Schaden die Großorganisation bei der Erziehung anrichten kann. Erziehung aber ist so wichtig, weil von ihr das Überleben einer Kultur abhängt. Wir wissen, wie viele erzieherische Probleme sich mit programmiertem Unterricht und dem geschickten Einsatz von Verstärkungsmöglichkeiten lösen lassen, wobei technische Hilfsmittel, Zeit und Kraft von Lehrern und Schülern gespart werden. Kleine Gemeinwesen sind ideale Schauplätze für neue Unterrichtsmethoden, die von Verwaltungsorganen, Politikern und Lehrerorganisationen unabhängig sind. [...]

›Walden Two‹ kann uns dazu verhelfen, Sicherheit zu gewinnen. Selbst als Teil eines größeren Entwurfs dient ein Gemeinwesen als ein vortastendes Experiment. Die Frage ist einfach nur die, ob es funktioniert, und die Antwort ist, wie sie auch ausfällt, in der Regel klar. Ist dies der Fall, können wir unser Verständnis menschlicher Verhaltensweisen mit größtmöglicher Geschwindigkeit erweitern. Hierin liegt möglicherweise die beste Chance für uns, die wesentlichen Fragen, vor die sich die Welt gestellt sieht, zu beantworten – Fragen, die nicht die Wirtschaft und Regierung, sondern die das tägliche Leben des Menschen betreffen. [...]

Es wird heute weithin erkannt, daß sich in der amerikanischen Lebensart bedeutende Wandlungen vollziehen müssen. Nicht nur, daß wir dem Rest der Welt nicht mehr ins Gesicht sehen können, wenn wir die Umwelt so ausplündern und zerstören, wie wir es tun, wir können nicht einmal vor uns selbst bestehen, solange wir die Macht der Gewalt und das Chaos, in dem wir leben, hinnehmen. Die Wahl ist klar: Entweder wir tun gar nichts und erlauben einer elenden und wahrscheinlich katastrophalen Zukunft, uns zu überwältigen, oder wir nutzen unsere Kenntnisse vom menschlichen Verhalten dazu, eine soziale Umwelt zu schaffen, in der wir produktiv und kreativ leben, ohne die Aussichten aufs Spiel zu setzen, daß es den nach uns Kommenden möglich sein wird, ebenso zu leben. Etwas in der Art des Modells ›Walden Two‹ wäre dazu kein schlechter Anfang.«

Die Handlung: Der Universitätsprofessor Dr. Burris, Psychologe wie der Autor, macht sich nach Kriegsende mit einigen Kriegskameraden und Freunden auf die Suche nach einem utopischen Denker namens T. E. Frazier, den er aus früheren Jahren kennt und der Burris' Idee eines Gemeinwesens verwirklicht haben soll. Schließlich finden Burris und seine Freunde die Kommune »Walden Two« in einem etwa hundert Meilen entfernten, unbestimmt bleibenden Nachbarstaat und werden von Frazier durch die Anstalt geführt. »Wir haben viel zu sehen und viel miteinander zu reden«, sagt er beim Empfang. »Ich schlage vor, wir lassen uns Zeit. Wir haben fünfzig bis sechzig Stunden zur Verfügung.«

Zunächst zeigt Frazier den Besuchern das Säuglingsheim, wo sie Mrs. Nash, eine »junge Person in weißer Tracht«, empfängt, die gleich darauf hinweist, daß sie nur einen kurzen Blick auf die Babys werfen könnten, da diese besonders im ersten Jahr vor Infektionen bewahrt werden müßten. Einem der Besucher, Augustin Castle, Burris'

Kollege von der philosophischen Fakultät, der dem Behaviorismus Fraziers skeptisch gegenübersteht, fällt sofort ein: »Und die Eltern? Bekommen die ihre Babys nicht zu sehen?«

»Doch natürlich – solange sie bei guter Gesundheit sind. Manchmal arbeiten die Eltern auch im Kindersaal mit. Andere gucken jeden Tag mal herein und sei es auch nur für ein paar Minuten. Manchmal nehmen sie ihr Baby aber auch mit hinaus in die Sonne oder spielen im Kinderzimmer mit ihm. Das ist unsere Methode, die Widerstandskraft des kleinen Kindes zu fördern.«

Im Kinderzimmer stehen an drei Wänden offenbar bewegliche Boxen, jede mit einem großen Fenster versehen. Dahinter sieht man Babys verschiedenen Alters. Keines trägt mehr als eine Windel, Bettzeug gibt es nicht. In einer der Zellen liegt ein winziges Neugeborenes schlafend auf dem Bauch. Einige größere Babys sind wach und beschäftigen sich mit Spielsachen. Daneben drückt ein Kleines seine Nase am Fensterglas platt und lacht die Besucher an.

Dann zeigt Mrs. Nash den Besuchern eine der Abteilungen im sogenannten Isolierraum. An der Wand stehen zwei Zellen. »Das hier ist eine viel wirksamere Methode, ein Baby warm zu halten, als die übliche Art, es in lauter Tücher zu wickeln«, erklärt sie und macht ein Guckloch auf, so daß die Besucher hineinsehen können. »Ein Neugeborenes braucht feuchte Luft mit 20 bis 28 Grad Wärme. Bei sechs Monaten sind etwa 22 Grad das richtige.«

Eine Besucherin erkundigt sich, warum die Babys unbekleidet sind. »Wozu?« ist die Antwort. »Das bedeutet nur Arbeit für uns und die Wäscherei und Unbequemlichkeit für das Kind. Das gilt auch für Bettlaken und Decken. Unsere Babys liegen auf einer Unterlage aus

Plastik, die die Nässe nicht aufsaugt und sich im Nu sauberwischen läßt.«

»Wenn ein Baby dann aus dem Kleinkinderzimmer herauskommt«, schaltet sich Frazier ein, »kennt es weder Ängste noch Eingeengtsein oder Aufregung. Es schreit nicht, außer wenn es krank ist, was selten vorkommt, und nimmt an allem lebhaft Anteil.«

»Aber ist es auf das Leben vorbereitet?« fragt der skeptische Castle. »Man kann es doch nicht für immer und ewig vor allen beängstigenden Situationen des Lebens bewahren?«

»Natürlich nicht. Es kann aber auf sie vorbereitet werden. Wir können ihm einen Spielraum für widerborstige Empfindungen schaffen, indem wir gradweise Widerstände einführen, sobald das Kind kräftig genug ist, sich mit ihnen auseinanderzusetzen.« Frazier geht noch auf weitere Vorteile ein: »Da die Luft gefiltert wird, baden wir die Kleinen nur einmal in der Woche, und ihre Augen und Näschen brauchen wir nie zu putzen. Bettenmachen fällt naturgemäß weg. Ansteckungen sind leicht zu verhüten. Die Zellen sind schalldicht, die Kleinen schlafen gut und stören sich gegenseitig nicht. Wir betreuen sie in verschiedenen Schichten, und der Betrieb läuft reibungslos.«

Castle, nach wie vor nicht überzeugt, fragt Frazier, ob Kinder bei solcher Behandlung nicht später in einer normalen Umgebung leiden würden; man könne sie doch nicht ein Leben lang verzärteln. »Nein«, meint Frazier. »Unsere Babys sind sehr widerstandsfähig. Es stimmt bis zu einem gewissen Grad, daß Belästigungen Abhärtung erzeugen, aber meistens ist das Resultat doch, daß das Baby müde und nervös wird. Wir schaffen allmählich Belästigungen, gemäß der Fähigkeit des Babys, mit ihnen fertigzuwerden. Es ist ein ähnlicher Prozeß wie die Impfung.«

»Wie steht es mit der Mutterliebe?« will Castle wissen.

Frazier und Mrs. Nash sehen sich an und lachen. »Sprechen Sie von Mutterliebe als einer Abstraktion?«

Castle beharrt darauf, von etwas ganz Konkretem zu sprechen, von der Liebe, die eine Mutter ihrem Kind spende, Zärtlichkeit, Küsse, Hätscheln. Frazier pflichtet ihm bei, daß diese Liebe wichtig sei; aber in der Kolonie sei sie nicht auf die Mütter beschränkt; hier kümmere man sich auch um Vaterliebe, um Liebe der ganzen Gemeinschaft. »Unsere Kinder werden von jedermann mit zärtlicher Zuneigung behandelt, mit verständiger Zuneigung vor allem, die nicht aus Temperamentsausbrüchen, Unwissen, Gedankenlosigkeit besteht.«

»Aber schafft nicht die persönliche Beziehung zwischen Mutter und Kind eine Art Formung«, erwidert Castle, »kann nicht die ganze Persönlichkeit davon geprägt werden?«

»Sie meinen, glaube ich, was die Freudianer ›Identifizierung‹ nennen«, entgegnet Frazier. »Ich gebe zu, sie ist wichtig, und wir wenden sie in unserem Erziehungssystem auch an. Aber wir reden auf verschiedenen Ebenen, außer Sie sind geschworener Freudianer. Warten wir ab, was wir in einer anderen Altersklasse zu sehen bekommen.«

Die Quartiere für die Ein- bis Dreijährigen bestehen aus mehreren Spielzimmern mit Liliput-Möbeln, einer Kindertoilette und einem Anzieh- und Schrankzimmer. Mehrere kleine Schlafkojen sind nach dem gleichen Prinzip wie die Zellen der Babys eingerichtet. Temperatur und Luftfeuchtigkeit werden ständig kontrolliert, so daß weder Kleidung noch Bettzeug nötig sind; die Kojen sind zweistöckig und haben Matratzen aus Plastik. Die Kinder schlafen, abgesehen von den Windeln, nackt. Es sind mehr Betten da, als benötigt werden, um die Kinder je nach Entwicklungsstadium, Ansteckungsgefahr, Beaufsichtigung oder Erziehungszwecken gruppieren zu können.

Auf einer großen überdachten Veranda an der Südseite des Gebäudes spielen mehrere Kinder in Sandkisten oder an Schaukeln und Klettergerüsten. Einige tragen Trainingshosen, die meisten sind nackt. Vor der Veranda befindet sich ein grasbewachsener, von gestutzten Hecken eingefaßter Spielplatz, wo weitere Kinder, ebenfalls nackt, eine Art Marschierspiel spielen.

Beim Verlassen des Kinderhauses kommt es zwischen Frazier und Castle zu einer heftigen Diskussion über die Frage, ob die Kinder Gefühle wie Eifersucht oder Neid kennen. Castle meint erregt, daß doch auch die Menschen in Walden Two Emotionen haben müßten wie alle anderen auch; Frazier gibt zu, daß sie von schöpferischen und kräftigenden Emotionen wie Freude und Liebe nicht frei seien, wohl aber von den niedrigen, gemeinen, jenen, die unglücklich machten. In einem kooperativen Gemeinwesen könne es keine Eifersucht geben, weil kein Anlaß dazu bestehe. Mit apodiktischer Bestimmtheit fügt er hinzu: »In Walden Two können Probleme nicht durch Aggressivität gelöst werden.«

»Das ist aber nicht dasselbe wie Eifersucht ausmerzen«, wendet Burris ein. Doch Frazier ist sicher, daß Emotionen, die in einer bestimmten Situation keinen Nutzen mehr brächten, einfach abgeschafft werden müßten – eine simple Sache der Verhaltenskonditionierung, wofür es seit Jahrhunderten Techniken gebe.

So werden in Fraziers Kommune zur Übung der Selbstzucht beispielsweise an die drei- und vierjährigen Kinder

Lutschbonbons verteilt, die mit Staubzucker bestreut sind, so daß man leicht erkennen kann, ob die Kinder sie in den Mund genommen haben. Dem Kind wird das Bonbon versprochen, falls es nicht vorher daran geschleckt hat. So werden die Kinder genötigt, ihr eigenes Verhalten zu bedenken. »Das hilft ihnen«, so Frazier, »die Notwendigkeit einer Selbstbeherrschung zu erkennen. Dann wird die Süßigkeit weggelegt und das Kind veranlaßt, einen Gewinn an Behagen oder ein Nachlassen der Spannung zu bemerken. Darauf folgt eine Ablenkung, etwa in Form eines fesselnden Spiels. Später wird das Kind dann wieder an den Lutscher erinnert und zum Nachdenken über seine eigene Empfindung angeregt.«

Werde das Experiment nach einem Tag oder später wiederholt, so brächten die Kinder ihr Naschwerk rasch außer Sicht, indem sie es in ihren Schubladen verbergen.

Castle ist empört: »Ich fühle mich von dieser Ausübung einer sadistischen Tyrannei abgestoßen.«

»Ich will Ihnen die Entfaltung einer Emotion, die Sie zu genießen scheinen, nicht verargen«, spöttelt Frazier. »Eine verlockende, aber verbotene Sache zu verstecken, ist ein harter Entschluß. Zunächst einmal ist er nicht immer ratsam. Was wir im Auge haben, ist eine Art psychologischen Versteckens, nämlich das Naschwerk auszuschalten, indem man ihm keine Aufmerksamkeit mehr zuwendet. Bei einem späteren Experiment bewahren die Kinder ihre Lutschstangen ein paar Stunden auf, als wären es Kruzifixe.«

Andere Methoden dienen dazu, die Kinder an unangenehme Situationen zu gewöhnen und sie gewissermaßen abzuhärten. Frazier nennt ein Beispiel: »Indem wir die Kinder einem immer schmerzhafter werdenden Schock aussetzen oder ihrem Kakao allmählich immer mehr

Zucker entziehen, so lange, bis sie eine bittere Mischung ohne bitteres Gesicht schlucken können.«

Ein anderes Beispiel: »Eine Kinderschar kommt nach längerer Wanderung müde und hungrig zurück. Sie freuen sich auf ein Abendessen, statt dessen aber erwartet sie eine Lektion Selbstzucht: sie müssen fünf Minuten lang vor einer dampfenden Suppenschüssel stehen bleiben. Die Zumutung wird wie ein arithmetisches Problem aufgefaßt. Jedes Murren und Klagen wäre eine falsche Reaktion. Nein, die Kinder beginnen sofort, dem Unglücksgefühl während der Verzögerung entgegenzuarbeiten. Eines macht vielleicht einen Witz. Wir ermuntern sie überhaupt zum Sinn für Humor als ein gutes Mittel, Widerwärtigkeiten nicht tragisch zu nehmen. Der Witz braucht, an Erwachsenen-Maßstäben gemessen, kein guter zu sein. Vielleicht tut das Kind ganz einfach so, als wollte es sich die Suppe in den Mund gießen. Ein anderes stimmt vielleicht irgendeinen Singsang mit vielen Strophen an. Die anderen fallen ein; sie wissen, daß damit die Zeit rasch verstreicht.«

In einem späteren Stadium der Übung werden bei solchen Gelegenheiten alle gemeinsamen Unternehmungen verboten. Kein Singen, keine Witze – nur Stillschweigen. Jedes Kind wird auf seine eigenen Hilfsmittel verwiesen.

»Und woher wissen Sie, daß es gelingt?« will Burris wissen. »Sie können auf diese Weise immerhin verbitterte Kinder heranziehen.« In Fällen, argumentiert Frazier, in denen das Kind die nötigen Techniken noch nicht beherrsche, gehe man eben einige Schritte zurück.

Um den Neid auszumerzen, wird die Übung weiter erschwert: Wenn die Zeit zum Essen kommt, wird eine Münze geworfen. Zeigt sie Kopf, dürfen jene, die Kopf gewählt haben, ihre Suppe essen, die anderen müssen weitere fünf Minuten stehen bleiben. Frazier versichert, daß es selten Aggressionen gegen die Gewinner gebe; die Emotion richte sich vielmehr gegen das Geldstück. »Alles in allem ist es ein simples und vernünftiges Programm. [...] Das Unbehagen, das wir systematisch schaffen, ist weit milder als das normale Unbehagen, vor dem wir Schutz gewähren. Selbst auf dem Höhepunkt unseres ethischen Trainings ist das Unbehagen für das wohltrainierte Kind lächerlich trivial.«

Die Besichtigungstour wird fortgesetzt. Dr. Burris, der Ich-Erzähler, beschreibt seine Eindrücke: »Die Wohnquartiere und die Zeiteinteilung der anderen Kinder boten ein gutes Beispiel dafür, wie an ihren Verhaltensweisen gebaut und gebastelt wurde. Auf den ersten Blick wirkte alles zufällig, fast wahllos, aber als Frazier es uns genauer erläuterte, erkannte ich ein einheitliches, nahezu macchiavellisches Muster.

Die Kinder gingen unmerklich von einer Altersgruppe in die nächste über, indem sie sich ihrem natürlichen Wachstumsprozeß anpaßten – ohne die abrupten Wechselbäder im Hin und Her zwischen Haus- und Schulatmosphäre. Die Anordnung zielte darauf ab, daß jedes Kind den etwas älteren nacheiferte und dadurch, ohne Einmischung Erwachsener, Motive für seine Weiterentwicklung aufnahm.

Die Kontrolle des physischen und sozialen Milieus, von dem Frazier so viel hergemacht hatte, war fortschrittlich gelockert, indem es von den mit der Aufsicht Betrauten auf das Kind selbst und die anderen seiner Gruppe übertragen wurde. Nach dem Ende des ersten Lebensjahres in der geregelten Temperatur seiner Box und des zweiten und dritten Jahres in lufttemperierten Räumen mit einem Minimum von Kleidung und Bettzeug wurde das

Drei- bis Vierjährige an Bekleidung gewöhnt und damit betraut, sich um eine eigene kleine Nische im Schlafsaal zu kümmern. Die Betten der Fünf- und Sechsjährigen standen zu dreien oder vieren in einer Reihe von Nischen, die wie kleine Wohnkammern eingerichtet waren und von den Kindern auch so angesehen wurden. Gruppen von drei oder vier Siebenjährigen bewohnten sie zusammen, was bei häufigem Wechsel der Insassen so blieb, bis die Kinder dreizehn waren, wonach sie zu zweien in Zimmer des Gebäudes für Erwachsene übersiedelten. Bei Heirat oder wann immer ein junger Mensch es wünschte, konnte er am Bau eines größeren Raumes für sich mitwirken oder sich ein altes Zimmer, das gerade verfügbar war, neu einrichten.

Ein ähnliches Nachlassen der Aufsicht in dem Maße, wie der Jugendliche an Selbstkontrolle gewann, drückte sich in den Anordnungen der Mahlzeiten aus. Die Kinder im Alter zwischen drei und sechs Jahren aßen in einem eigenen kleinen Eßzimmer. Wie wir schon am ersten Tag unseres Besuches beobachtet hatten, nahmen die älteren Kinder ihre Mahlzeiten zu besonderen Zeiten in den Quartieren der Erwachsenen ein. Mit dreizehn Jahren endete jegliche Aufsicht, und es stand dem jungen Mitglied frei, zu essen, wann und wo es ihm gefiel.

Wir besichtigten mehrere Werkstätten, Labors, Studios und Leseräume, die statt Klassenzimmern benutzt wurden, wobei nicht ganz ersichtlich war, ob die Kinder tatsächlich schulischen Unterricht erhielten. Ich nahm an, daß die paar Erwachsenen, die man sah, Lehrer waren, aber die meisten machten nicht den Eindruck, der meinen Vorstellungen von Lehrern entsprach, und oft schienen sie sich irgendeiner privaten Tätigkeit zu widmen. [. . .] Ich mußte zugeben, daß hier offenbar das

Lernen in großem Ausmaß betrieben wurde, aber eine Schule wie diese hatte ich noch nie gesehen.

Wir besichtigten eine gut ausgestattete Turnhalle, einen kleinen Versammlungsraum und andere Einrichtungen. Das Gebäude war aus gepreßtem Lehm errichtet und sehr simpel ausgestaltet, machte aber einen erfreulich wenig ›institutionellen‹ Eindruck. Die Türen und viele der Fenster standen offen, und ein guter Teil der Schularbeit oder was immer es war, fand im Freien statt. Fortwährend gingen Kinder ein und aus. Obwohl alles sehr lebendig zuging, war doch kaum etwas von dem lärmenden Durcheinander zu spüren, das sich in normalen Schulen einstellt, sobald die Disziplin sich lockert. Jeder einzelne schien ein außergewöhnliches Maß an Freiheit zu haben, und doch blieben offenbar Leistungsfähigkeit und Geruhsamkeit der Gruppe erhalten.«

In Walden Two ist Schulbildung ein Teil des Lebens im Gemeinwesen. Mit der Ausbildung werde, wie Frazier bemerkt, keine Werteinstufung nach Geld oder Ansehen verknüpft. Sie habe ihren Wert in sich oder gar keinen. Da die Kinder froh, vital und neugierig blieben, sei es nicht notwendig, »Fächer« zu lehren; gelehrt würden lediglich die Technik des Lernens und Nachdenkens, eine ausgezeichnete Übersicht, abgeleitet von der Logik, Statistik, Psychologie, Mathematik. Das übrige eigneten sie sich selber an. Die Kinder fingen in sehr frühem Alter an zu arbeiten. Darin, meint Frazier, »liegt keine Härte, sondern das wird genau so bereitwillig akzeptiert wie Sport und Spiel. Ein guter Teil unserer Erziehung vollzieht sich in Werkstätten, Laboratorien und auf dem Land. Es gehört ferner zu unseren Regeln, die Kinder an Handwerk und Kunst heranzuführen. Wir geben ihnen Hinweise und

Anregungen, denn das ist wichtig für unsere Zukunft und Sicherheit.«

Später, nach dem Mittagessen, meint Frazier: »Ein Gemeinwesen hat das Familienproblem zu lösen, indem es gewisse eingefahrene Praktiken revidiert. Das ist unvermeidlich. Die Familie ist eine überalterte Form der Gemeinschaft.« Und daher löse das Gemeinwesen Walden Two die Familie nicht nur als wirtschaftliche, sondern auch als soziale und psychologische Einheit ab. Die meisten Eheleute hätten sich dafür entschieden, in getrennten Zimmern zu wohnen, weil das eigene Zimmer nicht nur glücklicher mache, sondern auch die Liebe und Zuneigung zwischen den Ehepartnern festige. Die Beziehung und Abhängigkeit zwischen Kind und Eltern werde gelockert; Gruppenbetreuung statt Elternbetreuung. »Unser Bestreben geht dahin«, verkündet Frazier, »daß jedes erwachsene Mitglied alle Kinder hier als eigene sieht, und daß jedes Kind alle Erwachsenen als Eltern empfindet. Zu diesem Zweck lehnen wir es als Verstoß gegen guten Geschmack ab, daß ein eigenes Kind in irgendeiner Weise bevorzugt wird. [...] Man kann seinen Kindern so viel Zeit widmen, wie man will, aber es ausschließlich zu tun, ist tabu. Die Folge ist, daß ein Kind nie Wohltaten von seinen Eltern erhält, die es nicht auch von anderen Eltern empfängt. Wir haben die Schürzenbänder losgebunden.« Und mit wem identifizieren sich die Kinder, wer ist ihnen Vorbild, will Castle noch einmal wissen. »Alles, was wir wissen«, sagt Frazier, »ist, daß Kinder dazu neigen, Erwachsene in Gesten, Manieren, Einstellungen, Neigungen nachzuahmen. Das tun sie auch hier, aber da die Familienstruktur eine andere ist, ist auch der Effekt anders. Viele verschieden geartete Menschen nehmen sich unserer Kinder an. Das basiert nicht auf einer institutionellen Verpflichtung, sondern auf echter Zuneigung. Unsere Mitglieder sind nicht überarbeitet, denn sie sind nicht in Berufe gezwungen worden, für die sie weder Begabung noch Neigung haben. Das Kind imitiert hier also einen völlig ausgewogenen Erwachsenen. Und vergessen Sie auch nicht, daß die Erwachsenen, die sich der Kinder annehmen, beiden Geschlechtern angehören. Wir haben Vorurteile, was die Obliegenheiten der Geschlechter angeht, abgebaut und vor allem darauf hingearbeitet, ein Gleichgewicht zwischen Kinderpflege und Schulbetrieb herzustellen. Kein Stigma haftet all dieser Arbeit an, und viele Männer tun sie gern. Die Arbeit der Kinderpflege ist der eines hochausgebildeten Labortechnikers nahe verwandt. Durch Ausbalancierung der Geschlechter setzen wir alle jene Freudschen Komplexe außer Kurs, die sich aus den asymmetrischen Beziehungen zum weiblichen Elternteil ergeben.«

In einem der letzten Kapitel kommt es erneut zu einem hitzigen Wortgefecht zwischen Castle und Frazier. Es geht um die alte Frage der menschlichen Freiheit, um den Vorwurf der heimlichen Despotie, den Castle gegen Frazier erhebt: »Ich klage Sie einer der teuflischsten Intrigen in der Menschheitsgeschichte an.« Castles abschließendem Urteil, Frazier sei »ein moderner, mechanisierter manipulierender Macchiavelli«, begegnet dieser mit dem Argument, die Rettung der Menschheit erfordere solche technokratische Strategien. »Die Frage ist: können Menschen in Freiheit und Frieden leben? Die Antwort lautet: Ja, sofern wir eine soziale Struktur herstellen, die die Bedürfnisse aller erfüllt und in der jeder von sich aus den Wunsch hat, die Gesetze zu befolgen. Bis zum heutigen Tage ist dies nur in Walden Two erreicht worden.

Entgegen Ihrer scharfen Anschuldigung, Mr. Castle, ist dies der freieste Ort auf der ganzen Welt. Und zwar deshalb, weil hier von keinerlei Gewalt oder Gewaltanwendung Gebrauch gemacht wird. Jeder Teil unserer Forschung, von der Kinderpflege bis zur psychologischen Behandlung der Erwachsenen, dient diesem Ziel: jede Alternative zur Gewaltherrschaft abzubauen. Durch geschickte Planung und kluge Anwendung der Methoden erhöhen wir das Freiheitsgefühl.«

Obwohl Skinners utopische Vorstellungen heftigen Angriffen ausgesetzt waren (wie seiner Romanfigur Frazier warf man ihm vor, sein System führe letztlich zu Diktatur und Totalitarismus), fanden sich Nachahmer. Eine kleine Gruppe gründete 1967 im US-Bundesstaat Virginia, ganz im Geist Skinners, wie man meinte, die landwirtschaftliche Kommune »Twin Oaks«. Den vom Gründungsmitglied Kathleen Kinkade abgefaßten Rechenschaftsbericht ***A Walden Two Experiment: The First Five Years of Twin Oaks Community*** (1973) hat Skinner jedenfalls wohlwollend kommentiert.

Das Kind als Feind

Der amerikanische Familienforscher Lloyd de Maus schrieb Mitte der siebziger Jahre: »**Die Geschichte der Kindheit ist ein Alptraum, aus dem wir gerade erst erwachen. Je weiter wir in der Geschichte zurückgehen, desto unzureichender wird die Pflege der Kinder, die Fürsorge für sie, und desto größer die Wahrscheinlichkeit, daß Kinder getötet, ausgesetzt, geschlagen, gequält und sexuell mißbraucht wurden.**« Ein exemplarisches Beispiel dafür ist das zaristische Rußland; die Zeugnisse allerdings sind spärlich, da das Interesse der Geschichtsschreibung am Leben der Kinder zu keiner Zeit und in keinem Land besonders groß war. Fündig wird man freilich in Aufzeichnungen, Lebenserinnerungen, Berichten und Romanen der Schriftsteller, Volksaufklärer oder Reisenden. Einige ausgewählte Textfragmente sollen helfen, den Nebel, der die Kindheit dieser Epoche umgab, etwas zu lichten.

Weder die mit despotischer Energie betriebenen Bestrebungen Peters des Großen, das Land zu europäisieren, noch die von aufklärerischem Geist getragenen Reformen Katharinas der Großen hatten die katastrophalen Bedingungen der kindlichen Existenz in Rußland verbessert. Schon 1761 machte sich der Gelehrte und Dichter Michail Lomonossow, alarmiert durch die enorm hohe Kindersterblichkeit, in einem Aufsatz Gedanken über ***Fort-***

pflanzung und Erhaltung des russischen Volkes. Seiner Schätzung nach überlebte die Hälfte der 500000 jährlich in Rußland geborenen Kinder als Folge mangelnder Fürsorge und Gleichgültigkeit der Eltern das dritte Lebensjahr nicht. Lomonossow schlug dem Günstling der Zarin Elisabeth und Gründer der Moskauer Universität, Iwan Schuwalow, unter anderem vor, die Ausbildung für Hebammen zu verbessern und ein Handbuch herauszugeben, in dem Erfahrungen über Geburtsvorgänge gesammelt werden sollten; ferner empfahl er, stillende Mütter und Kinder von den strengen religiösen Fastenvorschriften zu befreien und Anstalten für verwaiste und uneheliche Kinder einzurichten. Doch alle solche Maßnahmen zur »Kinderaufzucht« scheiterten mehr oder weniger an der Einstellung der Eltern ihren Kindern gegenüber, die, traut man den Quellen, nicht nur gleichgültig, sondern oft sogar feindselig gewesen sein muß.

Das Rußland jener Zeit war ein vom Feudaladel beherrschter Agrarstaat, gestützt auf Autokratie und Orthodoxie, dessen soziale Struktur sich im wesentlichen aus der dienenden Schicht der ungebildeten und ausgebeuteten Bauern und Leibeigenen (Muschiks) und aus dem privilegierten Geburts- und Amtsadel sowie dem Mittelstand der Kaufleute und Beamten zusammensetzte. **»Rußland ist für den Beobachter das merkwürdigste Land, weil man in ihm die tiefste Barbarei neben der höchsten Civilisation findet«**, bemerkte Astolphe de Custine anläßlich einer Reise durch Rußland 1839. Erst durch die Reform von 1861 mit ihren sozialen, wirtschaftlichen und kulturellen Folgeerscheinungen verschwand die Leibeigenschaft, und das alte patriarchalisch geprägte System mit seiner **obschtschina** (Dorfgemeinschaft) begann sich unter dem Ansturm des Kapitalismus, der schnell an Boden gewann, langsam aufzulösen.

Der Leidensweg russischer Kinder begann vielfach schon kurz nach der Geburt; es war durchaus üblich, den Säugling nach dem ersten Bad sechs bis zwölf Monate lang in mehreren Tüchern fest zu schnüren. Um den Kopf wickelte man den **izgolovnik**, ein dreieckiges Tuch aus Leinen oder Baumwolle, von dem zwei Enden über der Brust gekreuzt und auf dem Rücken verknotet wurden; den Unterleib hüllte man in eine Stoffwindel, die **podguznik** hieß; mit der **pelenka**, einem weiteren Tuch, wurde der Rumpf mitsamt den Armen fest umwickelt. Trotz heftiger Einwände sowohl von Medizinern als auch von Vertretern der Intelligenzija gegen das Wickeln verteidigten die Eltern diese Praxis beharrlich: sie schütze vor Verletzungen, und das Kind werde durch heftige Bewegungen weniger leicht erschüttert oder erschreckt. Die Kritiker warfen ein, das Wickeln verursache häufig Striemen, Quetschungen und Geschwüre; ja, es verforme nicht nur den kindlichen Körper, sondern habe gewiß auch Einfluß auf das moralische Verhalten des Kindes. Das Gefühl, in seinen Bewegungen eingeengt zu sein, würde im Kind, so der fortschrittliche Publizist Nikolai Nowikow, die **»Saat des Zornes«** säen. Allen Warnungen zum Trotz aber hielt man noch bis ins 20. Jahrhundert am Wickeln der Säuglinge fest, wohl mehr aus Gewohnheit denn aus Notwendigkeit.

Zusätzlich zu den Gefahren, denen das Kind bei der Geburt, beim Wickeln und Füttern ausgesetzt war (man ging beispielsweise davon aus, daß der Säugling schon ab der fünften Woche Brotstückchen, Buchweizen- oder Gerstengrütze vertrug), wurde es auch einer Reihe von Abhärtungsprozeduren unterzogen, die nicht selten tödlich endeten. **»Auch die Einwohner Moskaus kennen Mühsal vom Mutterleib an«**, heißt es in einem Reisebericht aus der Mitte des 18. Jahrhunderts. **»Sie gewöhnen ihre**

Kinder daran, extreme Hitze und Kälte, Hunger, Durst und Arbeit zu ertragen. Sie waschen die Neugeborenen in kaltem Wasser und rollen sie auf Eis und Schnee; und wenn sie das nicht überleben, weinen ihnen ihre Mütter keine Träne nach.« Durchaus üblich war es, Kinder im Winter in ungeheizten Kirchen (bei einer Außentemperatur von oft minus 30 Grad und mehr) zu taufen und sie dabei, dem Ritus entsprechend, nackt dreimal ins eiskalte Wasser zu tauchen. Der bereits zitierte Lomonossow trat energisch gegen diesen Brauch auf und nannte Priester, die daran festhielten, »Henker«. Die Leute seien so abergläubisch gewesen, hieß es, daß sie vermutlich die Wirksamkeit der heiligen Handlung bezweifelt hätten, wäre das Wasser erwärmt worden. In weiten Teilen des Landes wurden Säuglinge und Kleinkinder ohne Bedenken auch in die Dampfbäder mitgenommen. Der Dampf, der beim Aufgießen des Wassers auf die glühenden Steine entstand und den Raum erfüllte, konnte leicht die empfindliche Haut verbrühen, die noch dazu mit nassen Birkenzweigen gegeißelt wurde.

Um die Mitte des 19. Jahrhunderts stellte der russische Geschichtsforscher Nikolai Kostomarow fest: »Zwischen Eltern und Kindern herrschte ein Geist von Sklaverei, und zwar unter dem Deckmantel heiliger patriarchalischer Beziehungen. Der Gehorsam des Kindes war eher sklavisch als kindgerecht, und die elterliche Macht wurde – bar jeden ethischen Wertes – zu blindem Despotismus.« (Peter der Große übrigens ließ seinen eigenen Sohn, den Zarewitsch Alexej Petrowitsch, zu Tode foltern, weil er gegen das Verbot seines Vaters, altrussische Traditionen zu pflegen, aufbegehrt hatte.)

Ein Handbuch praktischer Lebensweisheit aus dem 16. Jahrhundert, also aus der Zeit Iwans des Schrecklichen, der *Domostroj* (»Haushaltung«), erfreute sich noch im 19. Jahrhundert großer Beliebtheit (Gogol empfahl den *Domostroj* als Ratgeber, der »einen mit dem Besten im russischen Menschen vertraut machen« könne); er forderte die rohe und brutale Behandlung der Kinder geradezu heraus. »Man soll die Kinder belehren und strafen«, so einer der Ratschläge, »und ihnen mit vernünftiger Begründung auch Wunden zufügen. Züchtige deinen Sohn von seiner Kindheit an, und er wird der Trost deines Alters sein. Werde nicht schwach, wenn du den Kleinen schlägst. Auch wenn du ihn mit einem Stock züchtigst, wird er nicht sterben, sondern gesund sein. Indem du seinen Körper schlägst, erlösest du seine Seele vom Tode. [. . .]

Dienern und Kindern soll man, je nach ihrer Schuld, einen Verweis erteilen und ihnen Wunden auflegen, aber nachher soll man mit ihnen gnädig sein. Wenn aber bei der Frau, beim Sohn oder bei der Tochter Wort und Verweis nichts vermögen, so soll man sie mit einer Pletka [einer aus Schnur geflochtenen kleinen Peitsche] züchtigen, aber nicht vor Menschen, sondern in der Einsamkeit. Und aufs Ohr, ins Gesicht soll man nicht schlagen, auch mit der Faust nicht in die Herzgegend; und mit dem Fuß soll man nicht treten, auch mit dem Stab nicht prügeln, überhaupt nicht mit eisernen oder hölzernen Gegenständen. Und wenn die Schuld groß ist, so soll man der fehlbaren Person das Hemd ausziehen, sie an den Händen halten und mit der Pletka höflich-sanft züchtigen.«

Die Eltern, im besonderen die Väter, betrachteten ihre Kinder als Wesen, die man bloß ernähren und durch furchterregende Strenge leiten, aber nicht verstehen müsse. Der aus altem baltischem Geschlecht stammende Baron Nikolai von Wrangel, der um die Mitte des 19. Jahrhunderts aufwuchs, meinte in seinen Memoiren, daß die harte Disziplin, einschließlich der Prügel, die er von seinem Vater bezog, nur eine Gesellschaft widerspiegle, in der Härte ein moralisches Prinzip geworden war. Wohlwollen zu zeigen, bedeutete Schwäche, und Grausamkeit wurde mit Stärke verwechselt. Sein Vater habe ihm nur dann Mitleid gezeigt, wenn er krank war. Er konnte sich, so Wrangel, »wahrscheinlich nicht einmal vorstellen, daß es noch andere Leiden gab«. Wrangel schloß aus seinen Kindheitserfahrungen, daß man Kindern in der russischen Gesellschaft keine Seele zugestehe. Meist erlöste erst der Tod der Eltern die Töchter und Söhne von der Pflicht, sich ihrem Willen und ihrer Willkür zu unterwerfen.

Als düster und einsam beschrieb auch der Schriftsteller Alexander Herzen, 1812 als unehelicher Sohn des Gutsbesitzers Jakowlew und einer Württembergerin, Luise Haag, geboren, in seinen Erinnerungen seine Kindheit, der es an Trost und Ermunterung durch den Vater fehlte. »Spott, Ironie und kalte, bissige äusserste Verachtung«, schreibt er, »waren die Instrumente, die er wie ein Künstler handhabte. Er gebrauchte sie gleichermaßen gegen uns wie gegen die Dienerschaft.« Herzen suchte Zuflucht bei den Dienstboten, unter denen er sich »ganz frei« fühlte. »Alle Kinder lieben die Dienstboten; die Eltern verbieten ihnen den näheren Umgang mit ihnen, aber die Kinder gehorchen den Eltern nicht, denn im Dienstbotenzimmer ist es lustig, während es im Wohnzimmer langweilig ist.« Herzen beschreibt, warum sich Kinder und Dienstboten zueinander hingezogen fühlten: »Die Kinder hassen den Aristokratismus der Erwachsenen und ihre wohlwollend-herablassende Art, weil sie klug sind, und sie verstehen sehr gut, daß sie für die Erwachsenen

Kinder, in den Augen der Dienstboten dagegen Personen sind.«

In Fjodor Dostojewskijs ***Aufzeichnungen aus dem Kellerloch*** (1866) quälen den Autor Erinnerungen an die »**Zuchthausjahre**« seiner Schulzeit. Die Person des Verfassers der Aufzeichnungen ist zwar erdacht, wie Dostojewskij in einer Fußnote bemerkt, aber »**nicht nur denkbar, sondern unausbleiblich, wenn man jene Verhältnisse in Betracht zieht, unter denen sich unsere Gesellschaft gebildet hat**«. Von seinen entfernten Verwandten, von denen der Knabe abhängig war, ist er in eine Schule gesteckt worden: »**... ich wurde einfach abgeschoben, verwaist, durch ihre Vorwürfe bereits verschüchtert, schon nachdenklich, schweigsam und scheu um mich blickend.**«

Auch der Held in Iwan Gontscharows Roman ***Oblomow*** (1859), Ilja Iljitsch, der im wohlhabenden Gutsbesitzermilieu im russischen Tiefland an der Wolga aufwächst, vergleicht seine Schulzeit mit einem »**Kerkerdasein**« und einer »**Strafe, die der Himmel unserer Sünden wegen zugelassen hat**«. Er beklagt »**Strenge, Herumsitzen, Büffeln, Aufgaben machen, nicht herumlaufen, keinen Unfug treiben, nicht lustig sein dürfen**«, und fragt sich: »**Wozu alle diese Hefte, auf die man eine Unmenge Papier, Zeit und Tinte verschwendete? Wozu Lehrbücher? Wann soll man leben? Wann soll man endlich dieses Kapital an Wissen, dessen größter Teil im Leben überhaupt nicht zu gebrauchen ist, in Umlauf setzen? [...]**

Und auch die Geschichte kann einen nur traurig stimmen: da lernt und liest man, daß es Jahre voller Not und Drangsal gab, die Menschen unglücklich waren; aber sie nehmen alle ihre Kräfte zusammen, arbeiten, hetzen, leiden unsäglich und schuften, nur um wieder bessere Zeiten herbeizuführen. Die kommen auch: da könnte

die Geschichte wirklich ein bißchen verschnaufen; aber nein, wieder steigt drohendes Gewölk auf, wieder stürzt der ganze Bau zusammen, wieder arbeiten und hetzen sie... Die besseren Zeiten bleiben nicht stehen, sie laufen davon, und das Leben fließt weiter, fließt immer weiter, und immer wieder Ruin und Verderben ...«

Einige Jahre nach dem Erscheinen von Gontscharows Roman ***Oblomow***, im März 1868, wurde Alexej Maximowitsch Peschkow alias Maxim Gorki als Sohn armer Leute in Nischnij Nowgorod an der Wolga geboren. Der Vater starb an der Cholera, und die unglückliche Mutter mußte mit dem vierjährigen Alexej in ihr Elternhaus zurückkehren, wo beide Entsetzliches erwartete. In seiner autobiographischen Trilogie (***Meine Kindheit,*** 1913; ***Unter fremden Menschen,*** 1917; ***Meine Universitäten,*** 1923) beschwört Gorki die Vergangenheit herauf, und es fällt ihm schwer zu glauben, wie er in ***Meine Kindheit*** schreibt, daß sich alles wirklich so zugetragen habe; »ich möchte manches leugnen, es einfach nicht wahrhaben – zu reich an Grausamkeiten und Härte war das finstere Leben. Aber die Wahrheit steht über dem Erbarmen, und ich erzähle schließlich nicht von mir, sondern von jenem engen, stickigen Kreis unheimlicher Eindrücke, in dem der einfache russische Mensch lebte und – bis auf den heutigen Tag – lebt.«

Das Haus des Großvaters, eines Färbers, wo Alexej aufwächst, ist »von der hitzigen Atmosphäre einer Feindschaft aller gegen alle erfüllt; sie vergiftete die Erwachsenen, und selbst die Kinder nahmen leidenschaftlich an ihr Teil.« Die Mutter kann dieses Leben nicht aushalten, reist eines Tages fort und läßt ihr Kind im Stich. So wächst Alexej unter dem Regiment des grausam-tückischen, bigotten Großvaters auf, der seine Familie tyrannisiert und Frau und Kinder schlägt. Zuflucht findet das Kind allein bei der gütigen Großmutter. Die Strenge des Großvaters bekommt Alexej zum ersten Mal zu spüren, als er sich gemeinsam mit seinem Vetter Sascha, dem Sohn von Onkel Jakow, als Färber versuchen will. Sascha hat den Einfall, das weiße Feiertagstischtuch aus dem Schrank zu nehmen und in den Indigobottich zu tauchen. Dabei werden die beiden von Zyganok, einem Findelkind, das in die Familie aufgenommen wurde, überrascht und beim Großvater verraten. Das Unvermeidliche tritt ein: »Am Sonnabend, vor dem Abendgottesdienst, holte mich jemand in die Küche; dort war es dunkel und still. Ich erinnere mich, daß die Türen zum Flur und zu den Zimmern fest verschlossen waren, erinnere mich der grauen Trübe eines Herbstabends, an das Geräusch des Regens, der draußen vor den Fenstern fiel. Vor dem schwarzen Ofenloch saß auf der breiten Bank Zyganok, böse und sich selber nicht ähnlich; der Großvater stand in der Ecke vor einem Zuber, suchte aus einem Eimer mit Wasser lange Ruten heraus, maß sie aneinander, legte sie zusammen und schwang sie durch die Luft, daß es pfiff. Die Großmutter, die irgendwo im Dunkeln blieb, schnupfte geräuschvoll Tabak und schalt: ›Freut sich auch noch ... der Quälgeist ...‹

Jakows Sascha saß in der Mitte der Küche auf einem Stuhl, wischte sich mit den Fäusten die Augen und jammerte mit fremder Stimme wie ein alter Bettler: ›Vergeben Sie mir, um Christi willen ...‹

Unbeweglich, wie aus Holz, standen die Kinder Onkel Michails, Bruder wie Schwester, Schulter an Schulter hinter dem Stuhl.

›Ich vergebe dir, aber erst, nachdem ich dich gezüchtigt habe‹, entgegnete der Großvater und ließ die feuchte

Rute durch seine Faust gleiten. ›Los, laß mal die Hosen herunter!‹

Er sprach sehr ruhig, und weder der Laut seiner Stimme noch das Gezappel des Jungen auf dem knarrenden Stuhl oder das Schlurfen von Großmutters Füßen störte die Stille, die in der halbdunklen Küche unter der niedrigen, verräucherten Decke herrschte und die ich nie vergessen werde.

Sascha stand auf, knöpfte die Hosen ab, ließ sie bis an die Knie herunter und ging geduckt und stolpernd zur Bank – er hielt dabei die Hosen mit den Händen fest. Es war sehr peinlich, das mit anzusehen, auch mir zitterten dabei die Knie.

Es wurde jedoch noch schlimmer, als er sich schicksalsergeben mit dem Gesicht nach unten auf die Bank legte, während Wanka, nachdem er ihn unter den Armen und am Hals mit einem breiten Handtuch an die Bank gefesselt hatte, sich über ihn beugte und ihn mit seinen schwarzen Händen an den Fußgelenken ergriff.

›Lexej‹, rief der Großvater, ›komm näher! Nun, hörst du nicht? Sieh dir an, wie das ist, wenn man Dresche kriegt... Eins!‹

Er holte aus – nicht allzuweit – und ließ die Rute auf den nackten Körper niedersausen, Sascha schrie auf.

›Hab dich nicht so‹, sagte der Großvater, ›das tut nicht weh! So ist es schon etwas anderes!‹

Und er schlug zu, daß auf der Haut sofort ein roter, rasch anschwellender Striemen entstand und mein Vetter lang anhaltend heulte.

›Das schmeckt wohl nicht?‹ erkundigte sich der Großvater und hob und senkte gleichmäßig die Hand. ›Gefällt dir nicht?‹

Wenn er ausholte, hob sich in meiner Brust alles zugleich mit seiner Hand; wenn sie niederging, schien auch ich in die Tiefe zu stürzen.

Sascha winselte mit entsetzlich dünner, abstoßender Stimme: ›Ich tu's nicht wieder... Ich habe doch das mit dem Tischtuch gesagt... Ich habe es gesagt...‹

Ruhig, als läse er den Psalter, erklärte der Großvater: ›Wer andere anzeigt, ist damit nicht entschuldigt! Der Denunziant bekommt die Peitsche als erster. Da hast du's – für das Tischtuch!‹

Die Großmutter stürzte auf mich zu, nahm mich auf die Arme und schrie: ›Lexej geb ich nicht her! Ich gebe ihn nicht her, du Scheusal!‹

Sie trat mit dem Fuß mehrmals gegen die Tür und rief: ›Warja, Warwara!‹

Der Großvater stürzte ihr nach, warf sie zu Boden, entriß mich ihr und trug mich zur Bank. Ich wand mich in seinen Armen hin und her, zerrte an seinem roten Bart und biß ihn in den Finger. Er brüllte, preßte und stieß mich und warf mich schließlich auf die Bank, so daß ich mir das Gesicht aufschlug. Ich erinnere mich an sein wildes Geschrei: ›Bindet ihn an die Bank! Ich schlag ihn tot!‹

Der Großvater schlug mich, bis mir die Sinne schwanden, und mehrere Tage war ich krank – ich lag bäuchlings auf einem breiten und heißen Bett, in einem kleinen, einfenstrigen Zimmer, in dessen Ecke vor einem Heiligenschrein mit vielen Ikonen ein rotes Ewiges Lämpchen glomm.

Die Tage der Krankheit waren für mein ganzes Leben bedeutsam. Ich bin wohl in ihrem Verlauf stark gereift und habe etwas Besonderes empfunden. Seit jenen Tagen begann ich, die Menschen mit unruhiger Aufmerksamkeit zu beobachten, und mein Herz wurde, als hätte man die Haut von ihm abgezogen, ungemein empfindlich für jede Kränkung und jeden Schmerz, den eigenen wie den fremden.«

Mit zehn Jahren Vollwaise, wurde Alexej Peschkow – ein trotziges, verschlossenes, jähzorniges Kind – aus dem Haus des Großvaters mit den Worten entlassen: »Nun, Lexej, du bist keine Medaille, an meinem Hals ist nicht der rechte Platz für dich, geh unter die fremden Menschen ...« Und er ging.

Auch Tolstoi schrieb – am Beginn seiner literarischen Karriere – seine Kindheits- und Jugenderinnerungen (*Kindheit – Knabenjahre – Jünglingsalter,* 1852–1857); allerdings ist die Atmosphäre, in der sein Held Nikólenka heranwächst, eine glücklichere. Kurz nach der Vollendung dieses Romans beschäftigte Tolstoi der Gedanke, eine Schule für die Kinder seiner Leibeigenen zu eröffnen; im Herbst des Jahres 1859 begann er auf seinem Gut in Jasnaja Poljana das Vorhaben in die Tat umzusetzen – ein Entschluß, der gewiß mit Tolstois ausgeprägten pädagogischen Ambitionen zusammenhing (»Ich kann gar nicht sagen,« heißt es in einem seiner Briefe, »wie sehr ich meine Arbeit [in der Schule] liebe und wie sehr ich mich in ihr heimisch fühle«). Neben seiner Schulmeistertätigkeit, bei der ihn zeitweise seine Frau und seine beiden ältesten Kinder unterstützten, die er aber immer wieder unterbrach, um sich dem Schreiben zu widmen, verfaßte er eine ABC-Fibel (»ein Musterbeispiel ihrer Gattung und eine Illustration von Tolstois Erziehungsideen«, wie es in einer Biographie heißt) und vier »Lesebücher« für Bauernkinder, ein Buch *Über Erziehung und Bildung* (deutsche Erstausgabe 1902); außerdem engagierte er sich für die Verbesserung der Landschulen in seinem Bezirk. »Wenn ich ein Schulhaus betrete«, schrieb er an seine Freundin »Oma«, »und diese Schar von zerlumpten, schmutzigen und abgehärmten Kindern sehe mit ihren klaren Augen und ihrem oftmals engelhaften Gesichtsausdruck, bin ich verwirrt und von Entsetzen gepackt wie ein Mann, der Menschen ertrinken sieht. Oh, meine Liebe! wie könnte man sie zurückreißen, und wer soll zuerst, wer später zurückgerissen werden? Und hier ertrinkt ja das teuerste was wir besitzen, nämlich jene geistige Fähigkeit, die bei Kindern so auffällig ist!«

Seinen eigenen Kindern scheint Tolstoi dennoch kein besonders guter Lehrer gewesen zu sein. Sein Sohn Lew äußerte sich dazu in ***Die Wahrheit über meinen Vater*** (1923): »Mein Vater gab uns gerne selbst Mathematikstunden, denn das war seine Lieblingswissenschaft. Er gab uns Aufgaben, und wehe dem von uns, der sie nicht lösen konnte. Bei solchen Gelegenheiten wurde er wütend, weinte und bekam Anfälle von Verzweiflung. Sein Zorn bewirkte, daß wir ganz durcheinander gerieten und überhaupt nichts mehr schreiben konnten.«

Im Jahre 1858 erschien der Roman ***Die Kinderjahre Bagrows des Enkels*** von Sergej Timofejewitsch Aksakow, in dem sich die Erlebnisse und Eindrücke des jungen Aksakow spiegeln (im Anschluß an seinen ersten autobiographischen Roman ***Eine Familienchronik***, der zwei Jahre früher herauskam und die Geschichte seiner Vorfahren erzählt). Den Decknamen Bagrow wählte der Schriftsteller, um seine adelige Familie in der Öffentlichkeit nicht bloßzustellen; er bekannte aber, die Geschichte folge »den Linien des tatsächlichen Geschehens«. Serjoscha, der junge Bagrow alias Aksakow, erinnert in vielem an den Nikólenka aus Tolstois ***Kindheit***. Die Bagrows leben als Gutsbesitzer nahe der Stadt Ufa im südlichen Ural. Der Sohn Serjoscha, ein äußerst sensibles Kind mit einer instinktiven Beobachtungsgabe, erhält zunächst im Haus der Eltern Unterricht im Schreiben durch Herrn Wassiljewitsch, den Lehrer der Volksschule. Etwas später, aus Gründen, die Serjoscha nicht begreiflich sind, muß er die Volksschule besuchen, die am anderen Ende der Stadt in einem kleinen hölzernen Gebäude untergebracht ist. Er wird vom Lehrer Wassiljewitsch in Empfang genommen, der ihn an der Hand in einen großen, unsauberen Raum führt, der von Lärm und Geschrei erfüllt ist. »Die Schulstube«, erinnert sich Aksakow, »stand voller Pultreihen mit Bänken, wie ich sie nie gesehen hatte. Vor der ersten Pultreihe befand sich eine große, schwarze viereckige Tafel auf Stützen. An der Tafel stand ein Knabe mit einem Stück angespitzter Kreide in der einen Hand und mit einem schmutzigen Lappen in der anderen. Die Hälfte der Bänke war mit Knaben unterschiedlichen Alters besetzt. Vor ihnen auf den Pulten lagen Hefte, Bücher und Schiefertafeln. Die Schüler waren zum Teil groß und erwachsen, zum Teil kleine Jungen. Viele hatten keine Jacken an, und viele waren wie Bettler gekleidet.

Matwej Wassiljewitsch führte mich zur ersten Pultreihe, befahl den Schülern, enger zusammenzurücken, und ließ mich am Ende der Bank Platz nehmen. Er selbst setzte sich auf einen Stuhl vor einem kleinen Tisch, in geringer Entfernung von der schwarzen Tafel. Alles war für mich ein ganz neues Schauspiel, das ich voller Teilnahme und Neugier betrachtete. Plötzlich rief Matwej Wassiljewitsch mit einer so erregten Stimme, wie ich sie noch nie bei ihm gehört hatte, und mit erhobenem Ton: ›Das weißt du nicht? – Auf die Knie!‹ Der an der Tafel stehende Knabe legte ganz ruhig die Kreide und den schmutzigen Lappen auf den Tisch und ließ sich hinter der Tafel auf die Knie nieder. Dort knieten bereits drei Knaben, die ich anfänglich nicht bemerkt hatte und die sehr vergnügt waren. Sowie ihnen der Lehrer den Rücken zuwandte, fingen sie an, sich zu stoßen und einander zu hauen.« Die Klasse übt gerade Rechnen, und der Lehrer fährt fort, das Wissen der Schüler zu prüfen und die Aufgaben für die nächste Stunde zu geben. Serjoscha versteht von allem nichts.

»Nachdem Matwej Wassiljewitsch die Aufgabe gestellt hatte, rief er die Schuldiener. Sie kamen zu dritt, bewaffnet mit Rutenbündeln, und begannen die knienden Knaben auszupeitschen. Bei diesem schrecklichen, abstoßenden Schauspiel kniff ich die Augen zusammen und steckte die Finger in die Ohren. Meine erste Regung war davonzulaufen, aber ich zitterte am ganzen Körper und wagte nicht, mich zu rühren. Als die Schreie und die grausamen Ausrufe des Lehrers, die mein Gehör trotz der mit den Fingern verstopften Ohren erreichten, verstummt waren, öffnete ich die Augen und erblickte rings um mich ein lebhaftes, lärmendes Durcheinander.« Der Lehrer begleitet den verwirrten Serjoscha aus dem Klassenzimmer und fragt: »Nun, hat Ihnen die Schule gefallen?« Als er keine Antwort bekommt, fügt er hinzu: »Sie haben doch wohl keinen Schreck bekommen? Bei uns geht es jeden Tag so zu.«

Wieder daheim, berichtet Serjoscha der Mutter mit Tränen in den Augen, was er in der Schule Schreckliches erlebt hat. Sie versucht ihn zu beruhigen, indem sie ihm das Erlebte deutlich macht. »Dem kindlichen Verstand und Gemüt fiel es schwer, sich mit dem Gedanken zu versöhnen, daß der von mir erblickte Vorgang keine besondere Untat war, daß solche Handlungen nicht nur erlaubt seien, sondern von ihm [dem Lehrer] in

Ausübung seiner Pflichten verlangt würden, daß selbst die Eltern der ausgepeitschten Knaben dem Lehrer für seine Strenge und die Knaben es ihm mit der Zeit danken würden; daß Matwej Wassiljewitsch mit tierischer Stimme schimpfen, seine Schüler schlagen und zugleich ein ehrenhafter, guter und stiller Mensch sein könne. Viel zu früh bekam ich diesen niederschmetternden Eindruck und diese furchtbare Lehre; sie wühlte die Klarheit und Ruhe meiner Seele auf.«

Zwischen 1872 und 1880 unternahm ein französischer Geschichtsschreiber, Anatole Leroy-Beaulieu, mehrere Reisen durch Rußland. Seine Eindrücke über die familiären Verhältnisse und patriarchalischen Gewohnheiten, die er in ***Das Reich der Zaren und die Russen*** festhielt, scheinen geeignet, das bisher gewonnene Bild abzurunden:

»Nach alter russischer Sitte ist der Vater der Familie unumschränkter Herr in seinem Hause, wie der Zar in der Nation, oder – nach einem alten Sprichwort – wie der Chan in der Krim. [...] Wie der Zar, schien der Vater vom Himmel eine Art göttlichen Rechtes erhalten zu haben, gegen das sich zu erheben eine Gottlosigkeit gewesen wäre. [...] Im Adel ist diese väterliche Gewalt durch die lange Berührung mit dem Westen und dem modernen Individualismus abgenutzt und abgestumpft; es sind nur einige äußerliche Gebräuche übrig geblieben, wie die rührende slawische Sitte, nach jeder Mahlzeit den Eltern die Hand zu küssen. Im Volk aber, beim Bauer wie auch beim Kaufmann, waren die alten Traditionen bis dahin lebendig geblieben. [...]

Beim russischen Volk stützt sich die väterliche Gewalt auf ein religiöses Gefühl; sie ist mit der Ehrfurcht vor dem Alter verbunden. [...] Der Mann aus dem Volk grüßt die Männer von höherem Alter, als dem seinigen, mit der Anrede ›Vater‹ oder ›Onkel‹; in allen Lagen, im öffentlichen wie im privaten Verkehr, erweist er ihnen eine ehrfurchtsvolle Ergebenheit. Dieser Respekt der Jugend vor der Ehrwürdigkeit und Erfahrung des Alters war bis vor Kurzem die Grundlage des inneren Selfgovernments der Bauerngemeinden. ›Wo die weißen Haare sind, da ist die Vernunft, da ist das Recht‹ heißt es mit vielen Varianten in volkstümlichen Sprichwörtern. Von einem Greis, zumal von seinem Vater, ertrug der Russe alles mit Unterwürfigkeit. Durch eine Straße Moskaus gingen an einem Feiertag zwei Muschiks, der eine in reifem Alter, der andere bereits von der Last der Jahre gebeugt. Der letztere, der offenbar getrunken hatte, belästigte seinen Genossen mit Vorwürfen und ließ den Beleidigungen Schläge folgen. Der jüngere, stärkere, ließ ihn gewähren, setzte den Gewalttätigkeiten des Greises nur Entschuldigungen und Bitten entgegen und sagte, als man sie trennen wollte: ›Laßt nur, es ist mein Vater.‹ Dergleichen Züge sind nicht selten. Da aber jede Tugend leider diejenigen, die aus ihr Vorteil ziehen, zum Mißbrauch verleiten kann, war auch die so hoch verehrte väterliche Gewalt mitunter in eine wahre Tyrannei ausgeartet. Unter dem doppelten Vorbild des Despotismus der Leibeigenschaft und des Despotismus des Staates spielte der ungebildete und grobe Vater in seiner Hütte den Herrn und Selbstherrscher; er überschritt oft die natürlichen Grenzen seiner Rechte, und der durch Sitten und Leibeigenschaft zu Gehorsam erzogene Sohn wußte nicht immer seine Manneswürde oder die Würde seiner Frau geltend zu machen. Die väterliche Gewalt hatte sich beim Muschik nur zu oft unter dem schweren Druck der Leibeigenschaft verhärtet.« Der bereits zitierte Besucher Rußlands, Astolphe de Custine, schreibt: »Die Milde heißt bei einem durch die Herrschaft des Schreckens verhärteten Volke Schwachheit; nichts entwaffnet es; unter rücksichtsloser Strenge beugt es die Knie, bei der Verzeihung würde es den Kopf emporrichten; man kann es nicht überzeugen, nur unterjochen; des Stolzes ist es nicht fähig, aber es kann kühn sein; es empört sich gegen den Schmerz und gehorcht der Rohheit, die es für Kraft hält.«

Seit Beginn des 19. Jahrhunderts nahm der Einfluß der russischen Intelligenzija, jener gebildeten Schicht, die individuelle Werte über traditionelle stellte, auf das soziale und kulturelle Leben im Lande mehr und mehr zu. Betrachtet man einzelne Biographien dieser Gesellschaftsschicht, wie beispielsweise jene von Wissarion Belinskij, Petr Kropotkin, Nikolai Tschernyschewski oder Michail Bakunin, aber auch jene von herausragenden Frauen wie Wera Figner oder Sofia Perowskaja, so stellt man fest, daß sie von ihren Eltern unkonventionell erzogen und liebevoll unterstützt und gefördert wurden. Viele dieser jungen Männer und Frauen empfanden die herrschenden Verhältnisse als unerträglich und drängten danach, sie zunächst durch Reformen, später dann durch Revolutionen zu ändern.

Zwischen Angst und Liebe

»Denn wo das Strenge mit dem Zarten,
wo Starkes sich und Mildes paarten,
da gibt es einen guten Klang.«

SCHILLER: Das Lied von der Glocke

Wir befinden uns im 18. Jahrhundert, dem Zeitalter der Aufklärung, in dem sich, ausgehend von England (**»age of enlightenment«**) und Frankreich (**»siècle des lumières«**), die größte geistige Umwälzung seit der Reformation vollzog, unter Berufung auf den Humanismus sowie auf die Philosophie und das naturwissenschaftliche Weltbild des 17. Jahrhunderts. Mit dem Begriff der Aufklärung verbindet sich die Vorstellung, daß die Vernunft das Kennzeichen des Menschen darstelle, mit deren Hilfe ihm nach Immanuel Kant der **»Ausgang aus seiner selbstverschuldeten Unmündigkeit«** gewiesen werden könne. **»*Sapere aude!* Habe Mut, dich deines eigenen Verstandes zu bedienen!«** Als einzige und letzte Instanz sei allein die Vernunft befähigt, über Wahrheit und Falschheit von Erkenntnissen zu entscheiden; also gelte es, allen autoritätsbezogenen, irrational bestimmten Denkweisen, jeder Metaphysik und allem Aberglauben abzuschwören.

Dementsprechend waren Erziehung und Bildung dieser Epoche geprägt vom Rationalismus. Natürliche (= vernünftige) Erziehung sollte den Fortschritt garantieren, die »**Verbrüderung der Menschheit**« (Weltbürgertum), den »**Ewigen Frieden**« (Kant), aber auch das eigene Glück (Eudämonismus) und die Wohlfahrt aller fördern. Dieser pädagogische Optimismus brachte nicht nur neue Schul- und Erziehungseinrichtungen hervor, sondern er zeigte sich auch im Bestreben, den Bildungsgedanken auf alle Volksschichten auszudehnen.

Großen Einfluß auf den Erziehungsenthusiasmus der Aufklärung übten zweifellos die Schriften des englischen Arztes und Philosophen John Locke aus. In seinen ***Gedanken über Erziehung,*** im Jahre 1693 veröffentlicht, fordert er eine naturgemäße, auf eigene Wahrnehmung und Anschauung des Kindes eingestellte Ausbildung von Leib und Seele (allerdings nur für Knaben der höheren Stände). Der nüchterne, kühl abwägende, kluge, selbstsichere und energische Mensch ist Lockes Ideal. »**Non humaniora, sed utilia**«, nicht auf edles Menschentum, sondern auf das unmittelbar Nützliche zielte diese Erziehung ab. Wichtiger als die Ansammlung von Wissen erschien ihm die Charakterbildung: »**Tugend also,**« so Locke, »**reine Tugend ist der schwierige und wertvolle Teil, der in der Erziehung erstrebt werden muß, und nicht rührige Keckheit oder irgendwelche kleinen Künste der Weltklugheit.**« Der »**Wesensgrund**« aller Tugend bestehe darin, »**daß ein Mensch imstande ist, sich selbst seine eigenen Wünsche zu versagen, seinen eigenen Neigungen entgegenzutreten und lediglich dem zu folgen, was die Vernunft ihm als das beste anweist, mag auch die Begierde in andere Richtung gehen**«. Unerläßliche Voraussetzung für den Erfolg einer »**rechten**« Erziehung sei es, »**den Körper kräftig und tüchtig**« zu erhalten, so daß er imstande sei, »**Mühsal und Beschwernis**« zu ertragen, dem »**Geist zu**

gehorchen« (»mens sana in corpore sano«) und dessen **»Befehle auszuführen«.** Zu den bewährten Mitteln körperlicher Abhärtung zählte Locke: **»viel frische Luft, körperliche Bewegung und Schlaf, einfaches Essen, keine alkoholischen Getränke und sehr wenig oder gar keine Medizin, nicht zu warme und enge Kleidung, besonders Kopf und Füße kühl halten und die Füße oft an kaltes Wasser gewöhnen und der Nässe aussetzen.«** Die körperliche Züchtigung – eines der beliebtesten Erziehungsmittel seiner Zeit – hielt Locke mit der Würde des vernünftigen Menschen für unvereinbar, er warnte allerdings vor Verzärtelung und Zügellosigkeit ebenso wie vor Entmutigung und Verhärtung der Seele. **»Wer ein Mittel gefunden hat, wie der Geist eines Kindes munter, tätig und frei zu erhalten und zu gleicher Zeit abzulenken ist von mancherlei Dingen, zu denen er Neigung fühlt, und wiederum hinzuführen auf andere, die ihm nicht zusagen, wer, sage ich, diese verschiedenen Widersprüche zu vereinen weiß, der hat meiner Meinung nach das wahre Geheimnis der Erziehung erschlossen.«**

In Frankreich griff besonders Jean-Jacques Rousseau die Ideen von John Locke auf, doch stellte er das Emotionale über das Rationale. Natürlichkeit und Ursprünglichkeit des Lebens waren das Ziel seiner Sehnsucht, **»Zurück zur Natur«** das Heilmittel für alle Unzulänglichkeiten seiner Zeit, die er in einer verdorbenen Kultur, einer unsittlichen Gesellschaft, einer haarspalterischen Wissenschaft und einem tyrannischen Staat zu sehen meinte. Im Jahre 1762 erschien ***Emil oder Über die Erziehung,*** eine Mischung aus Roman, Traktat und pädagogischer Utopie. Im dritten Buch (von insgesamt fünf in Lebensabschnitte gegliederten Büchern) stellt der Autor tadelnd fest: **»Unsere Begierde zu unterrichten und unsere Pedanterie treibt uns immer** dahin, Kinder Dinge zu lehren, die sie viel besser durch sich selbst lernen würden: Die Jahre der Munterkeit vergehen unter Tränen, unter Bestrafungen, unter Androhungen, in der Sklaverei. Man quält den Unglücklichen um seines Besten willen.« Und Rousseau appelliert an Eltern und Erzieher: »Menschen, seid menschlicher! Dies ist eure erste Verpflichtung. Seid es in jeder Lage, für jedes Alter. Liebt die Kindheit; begünstigt ihre Spiele, ihre Vergnügungen, ihren liebenswürdigen Instinkt.«

Goethe nannte ***Emil*** ein »Naturevangelium«, Johann Heinrich Pestalozzi ein »Traumbuch«; der häufigste Einwand lautete allerdings, daß Rousseau vorwiegend Theoretiker gewesen sei, dessen Leben mit seinem Werk nicht übereinstimme. So stellte Jean-Paul Sartre in ***Was ist Literatur*** (1958) sarkastisch die Frage, wer wohl »den Humanismus eines Rousseau ernst nehmen« könne, »da Jean-Jacques seine Kinder ins Asyl gebracht hatte«.

In den Erziehungsreformern der deutschen Aufklärung, die sich Philanthropen nannten, um schon durch diesen Begriff ihre menschenfreundliche Gesinnung zum Ausdruck zu bringen, fand Rousseau seine eifrigsten Adepten. Der Überzeugung ihrer Zeit entsprechend, vertrauten die »Menschenfreunde« (zu deren wichtigsten Vertretern Johann Bernhard Basedow, Christian Gotthilf Salzmann, Friedrich Eberhard von Rochow, Joachim Heinrich Campe, Ernst Christian Trapp und Christian Heinrich Wolke gehörten) darauf, daß der Mensch von Natur aus gut sei. Durch »vernünftig-natürliche« Erziehung sollten die Kinder auf ein »gemeinnütziges, patriotisches und glückseliges Leben« (Basedow) vorbereitet werden. An der Bildung des Intellekts war ihnen ebenso gelegen wie an körperlicher Ertüchtigung, die vor »zu großer Reizbarkeit an Leib und Seele« bewahren und verhindern sollte, daß »die Kinder

Sklaven der Wollust« würden. Ihr Bestreben war es, in einem Wechselbad aus Zuwendung und Bevormundung, mit Methoden, die uns heute zum Teil nicht nur recht hausbacken, sondern auch brutal, autoritär und besitzergreifend erscheinen, tüchtige, praktische, fleißige, aufgeklärte Bürger heranzuziehen, auf deren Fügsamkeit und Nützlichkeit man bauen konnte.

In seiner Schrift ***Vorstellung an Menschenfreunde und vermögende Männer über Schulen und Studien und ihren Einfluß in die öffentliche Wohlfahrt,*** die sechs Jahre nach Rousseaus ***Emil*** 1768 erschien und in Deutschland viel Beifall und finanzielle Gönner fand, entwarf der Hauslehrer und Gymnasialprofessor Johann Bernhard Basedow einen vollständigen Reformplan für das Erziehungswesen und legte damit den Grundstein für den »Philanthropismus«. Basedow kritisierte vor allem das nach wie vor unter dem Einfluß der Kirche stehende Schulwesen, das den Anforderungen des aufgeklärten Jahrhunderts nicht mehr entspreche, aber auch die traditionelle häusliche Erziehung. Mit den »vernünftigen Patrioten des menschlichen Geschlechts und der Staaten« war er sich darüber einig, daß die »Glückseligkeit des Staates« von der »Glückseligkeit der Bewohner« abhänge; die Glückseligkeit der Bewohner aber könne nur über die Bildung des Herzens zur Tugend erreicht werden, und die öffentliche Tugend hänge ab von der »gewöhnlichsten Erziehung aller und vom Unterricht derer, welche in den vornehmeren Ständen die Sitten und das Schicksal der übrigen bestimmen werden«. Es bedürfe daher »großer Schulen für den gemeinen Haufen« und »kleiner Schulen (weil sie nicht so zahlreich sein können wie die großen) für die Kinder der gesitteten Einwohner«, womit die vornehmen Stände gemeint waren.

Geistiges Zentrum des Philanthropismus wurde Dessau, wo Basedow auf Wunsch und mit Unterstützung des Landesherrn Leopold Friedrich Franz, Herzog von Anhalt-Dessau, eine »**Pflanzschule der Menschheit**«, Philanthropin genannt, errichten ließ, die im Jahre 1774 ihre Tore öffnete. Die Zöglinge in der Musteranstalt Dessau (unter ihnen die zwei Kinder Basedows) wurden »**Pensionisten**« genannt. Schon ihre Aufmachung (bequeme Beinkleider und Matrosenjacken, kurzes Haar, offener Kragen, keine Kopfbedeckung) betonte das Hygienisch-Natürliche und stach von der üblichen Kleidung ab. »**Wir suchen**«, verkündete Basedow, »**die Pensionisten besonders zur Tugend und zur Geschicklichkeit und Zufriedenheit in den gewiß zuweilen erfolgenden Schicksalen des Lebens zu gewöhnen.**« Gewöhnen mußten sich die Zöglinge auch an einen streng geregelten Tagesablauf, der in der Regel siebzehn Stunden dauerte und um viertel vor sechs Uhr begann; da wurde die **Reveille** (Weckruf) geschlagen. Gleich danach inspizierte ein Lehrer die Stuben und »**bemerkt diejenigen, welche er in irgendeiner Sache der Nachlässigkeit schuldig findet**«. Unter Aufsicht wuschen sich die Schüler und kleideten sich an; dann versammelten sie sich im **auditorio** zur Morgenandacht; erst danach wurde gefrühstückt. Der Unterricht begann im Winter um acht, im Sommer um sieben Uhr. Das folgende Beispiel ist dem Stundenplan für die erste Klasse der »**größeren Zöglinge**« (Vierzehn- bis Sechzehnjährige) entnommen:

»**Von 8–9 Uhr Bildung des Geschmacks und des deutschen Stils von Professor Trapp [Ernst Christian Trapp, dem Theoretiker unter den Philanthropen], über gewählte Teile aus Ramlers *Balleur*, aus Schützens *Lehrbuch zur Bildung des Geschmacks und des Verstandes,* aus Sulzers *Vorübungen.* Dieses nur in den drei ersten**

Tagen der Woche. In den drei folgenden wird die natürliche Religion und Moral, über Basedows natürliche Weisheit im Privatstande, vom Professor Trapp gelehrt.

Von 9–10 Uhr Tanzen bei Tänzer, Reiten bei Bereiter Schrödter unter der Aufsicht von Feder und Hauber abwechselnd die ganze Woche durch außer Mittwoch und Sonnabend. Jenes geschieht im *auditorio IV*, dieses auf der hochfürstlichen Reitbahn.

10–12 Uhr. In der lateinischen Sprache lehrt Basedow in seinem Hause entweder die alte Historie (mit dem Zubehör) oder die praktische Philosophie nach Ciceronis *libris de officiis.*

12–13 Uhr. Tischzeit.

13–14 Uhr. Mäßige Leibesübungen, als Dreschen, Hobeln und Tischlern in denen von unserem Landesvater eingeräumten Zimmern des fürstlich Dietrich'schen Palastes.

Von 14–15 Uhr Montag und Dienstag: Geographie von Hauber über Pfennigs Geographie. Mittwoch: Kenntnis des menschlichen Körpers und etwas Chemie bei dem hochfürstlichen Hofrat und Leib-Medicus Kretzschmar in seinem Hause, wo die Präparate und die Instrumente vorhanden. In den drei letzten Tagen Übung im mathematischen Zeichnen bei Professor Wolke [Christian Heinrich Wolke, Mitbegründer des Philanthropin Dessau].

15–17 Uhr. Übung in der französischen Sprache und in der Universalhistorie von Professor Trapp, über Schröckhs Universalhistorie und über *Histoire universelle par Méllot* in fünf Tagen. Am Sonnabend hält Hauber in dieser Stunde ein Zeitungs-Kollegium, um die Staatsverfassungen und merkwürdigen Begebenheiten den Erwachsenen nach und nach bekannt zu machen.

Vergnügungen der Kinder und der Jugend (aus J. B. Basedows *Elementarwerk*). Oben: Soldatenspiele. Der Bogenschütze. Die Kegelschieberinnen, der Aufsetzer. – Unten: Tänzer und Tänzerinnen. Der zuschauende Großvater.

Oben: Der Steckenreiter. Der auf dem Schaukelpferde. Der Kinderwagen. Das Schaukeln im Seile. – Unten: Mancherlei Spiele mit Puppen.

Vergnügungen der Kinder und der Jugend.
Oben: Das Besuchspiel. – Unten: Der Reifen, der Brummkreisel, der Kreisel, der Drachen.

Oben: Die blinde Frau. – Unten: Der Ball und der Federball.

Vergnügungen der Kinder und der Jugend.
Oben: Der Kahn und das Fischangeln. Das Baden und Schwimmen.
Unten: Das Spazieren zu Fuße, zu Pferde und im Wagen.

Oben: Der Schlitten, der Handschlitten, die Schlittschuhe.
Unten: Das Billardspiel, die Spieler, die Zuschauer, der Aufwärter.

Vorstellung der ersten Triebe der Menschen.
Oben: Trieb der Sinnlichkeit an dem Knaben, der einen Apfel essen will; an dem anderen, der an einer Zitrone riecht; an vielen, die die Musik gern hören, an einem, der nach den Sonnenstrahlen sieht; an einem anderen, welchen der Dornstich schmerzt. – Unten: Der Trieb zur Nachahmung an einem kleinen Professor und seinen Zuhörern.

Oben: Der Trieb der Neugierde an denen, welche einem Seiltänzer und einem Harlekin, der einen Affen auf der Achsel hat, zusehen; und an dem Knaben, der unglücklicherweise versucht, ob er allein im Kahn fahren könne. Unten: Der starke Trieb zum Leben an einem Manne, der sich gegen einen Rasenden wehrt; an einem anderen, der vor einem wütenden Stier auf eine Mauer klettert; an einem anderen, der sich im Wasser auf einer Tonne zu retten sucht.

17–18 Uhr. Mathematik von Buße, über Eberts nähere Anweisung zu den philosophischen und mathematischen Wissenschaften in den ersten drei Wochentagen; in den letzten drei Wochentagen die Physik nach Erxlebens Naturlehre.

18–19 Uhr. Einige Kenntnisse des Himmels und der Erde bei Wolke nach Schmids Buche von den Weltkörpern, zweimal in der Woche; viermal Griechisch bei Damer über Rektor Strohts *chrestomathia graeca,* über *Timo* und *Xenophontis memorabilia Socratis.*«

Unterstützt wurde der Unterricht durch eine Reihe von lehrreichen Spielen, nach Meinung Basedows ein vorzügliches Mittel, um die Zöglinge unauffällig zu lenken. Es gab Übungen, die das Erlernen der Sprache in Wort und Schrift mit der Einübung in elementare bürgerliche Verhaltensweisen zwanglos verbanden, etwa das »Namensspiel«, das »Buchstabierspiel«, das »Spiel des Arbeiters«, das »Spiel des Lastträgers«, das »Botenspiel«, das »Gedächtnisspiel« oder das »Spiel der Mäßigung«, bei dem es darum ging, sich im Bewußtsein einer späteren Belohnung in Entsagung zu üben. Das »Kommandierspiel« wiederum sollte das Gedächtnis wie den Gehorsam schulen helfen: »Einer sagt allen, was sie tun sollen... Bald kommandiert dieser, bald jener... Zuweilen gewinnt der, der das Gesagte am geschwindesten und besten tut, eine Rosine oder etwas anderes.« Am Anfang des Spiels kommandierte der Lehrer noch selbst: »Wenn ich sage: Wo ist dies und das? so greift es an, wie ihr seht, daß ich's mache. Wo ist der Kopf, die Brust, der Unterleib? – Marschiert! – Halt! Achtung! Streckt vor den rechten Arm, den linken Arm, das rechte Bein, das linke Bein, nun beide Beine! Das könnt ihr nicht. Da liegt Fritz, ha, ha!... Pfui, was höre ich? Es war der kleine Franz.

Einen solchen Schall muß man nicht in Gesellschaft machen. Wärterin, bringen Sie Franz an den Abort!« Nun wird ein Kind aufgefordert, »Befehlshaber« zu spielen: »Achtung, ihr alle! Macht die Gebärden, die ich euch sage; tragt Wasser, hackt Holz, pflanzt, säet, begießt, jätet, beschneidet die Hecken! Achtung, ihr Mädchen! Spinnet, nähet, klöppelt! Schälet Rüben, wiegt Gewürz!« und so fort.

Belohnt wurde in Form von »Meritenpunkten« und »Lobbilletts«, »gewöhnliche Bestrafungen für Fehler und Laster« hatten einen Abzug von Punkten zur Folge, oder die Umwandlung einer Studierstunde in eine Stunde Handarbeit (weil sie bloß »mechanisch« sei und nicht »geistig«), oder »Langeweile in einem ganz ledigen Zimmer, wo man nicht aus dem Fenster sehen kann und in der Nähe das angenehme Geräusch der sich vergnügenden oder studierenden Jugend gehört wird«, oder »ein Fallhut [eine gepolsterte Kleinkindermütze], ein Kinderstuhl und hölzernes Gerät bei Tische«. Von den »Pensionisten« vor dem zwölften Lebensjahr wurde »der blinde oder klostermäßige Gehorsam« gefordert, der, wenn er durch »menschlichere Mittel« nicht mehr möglich schien, »auch durch Leibesstrafen« erzwungen wurde. Jeden Monat gab es einen »Kasualtag«, an dem die Zöglinge bis vierzehn Uhr fasten mußten, danach bis abends nur »trockne Kost und Wasser« bekamen, ferner in kalten Stuben oder unter »unangenehmem Himmel (doch in guter Kleidung)« sich aufhalten und die Nacht auf dem Boden oder auf Streu schlafen mußten – und trotzdem zufrieden bleiben sollten.

Vier Jahre nach der Eröffnung der Dessauer Anstalt legte Basedow die Leitung wieder nieder, da es an Lehrern und den versprochenen Geldspenden fehlte, und widmete sich fortan ganz der Schriftstellerei. Am 25. Juli 1790 starb der umstrittene Reformer, der als »**unstete, ruhmredige, lästerliche, zanksüchtige**« Persönlichkeit beschrieben wird, in Magdeburg. Seine letzten Worte sollen gewesen sein: »**Ich will seziert sein zum Besten meiner Mitmenschen.**« Goethe, der Basedows große Geistesgaben bewunderte, vermerkt in ***Dichtung und Wahrheit***, »**... er war nicht der Mann, weder die Gemüter zu erbauen noch zu lenken**«.

Das Dessauer Philanthropin fand nicht nur Beachtung und Beifall, sondern auch ablehnende Kritik. Während Immanuel Kant die Anstalt in seinen pädagogischen Schriften als »**Experimentalschule**« lobend erwähnte, die »**gewissermaßen den Anfang machte, die Bahn zu brechen**« für die Entwicklung des aufgeklärten Menschen, fiel das Urteil Johann Gottfried Herders wenig schmeichelhaft aus. »**Mir kommt alles erschrecklich vor, wie ein Treibhaus, oder vielmehr wie ein Stall voll menschlicher Gänse**«, schrieb er in einem Brief an Johann Georg Hamann und fügte über Basedow hinzu: »**und ihm, den ich persönlich kenne, möchte ich keine Kälber zu erziehen geben, geschweige Menschen.**« Johann Gottlieb Schummel, Schriftsteller und Gymnasialprofessor, der 1776 an einem aufsehenerregenden öffentlichen Examen in Dessau, zu dem Basedow alle »**verständigen Weltbürger**« eingeladen hatte, teilnahm und darüber berichtete, spottete in seinem Roman ***Spitzbart. Eine komi-tragische Geschichte für unser pädagogisches Jahrhundert*** (1779) über die Dessauer »**Idealenkrämer**«, die aus der Anstalt einen »**Backofen**« gemacht hätten, in dem die Kinder zwanzigmal schneller zu Verstand kommen sollten als anderswo.

Am Philanthropin war eine Zeitlang als Religionslehrer Christian Gotthilf Salzmann tätig, der neben Basedow als der wohl wichtigste und originellste Vertreter des Philanthropismus genannt wird. Der Sohn eines Predigers aus Sömmerda in Thüringen, früh gewöhnt an Fleiß, Frömmigkeit und Naturbetrachtung, studierte Theologie, übernahm später eine bescheidene Pfarrei und heiratete mit sechsundzwanzig Jahren die erst vierzehnjährige Tochter eines Amtskollegen, mit der er fünfzehn Kinder hatte. Von seinen strenggläubigen Amtsgenossen wegen seiner aufklärerischen Gesinnung vielfach angefeindet, gab Salzmann schließlich seine Predigerstelle auf und folgte einem Ruf an das Philanthropin. Dort vermißte er jedoch die kollegiale Auseinandersetzung und den fehlenden Familiencharakter und beschloß, selbst eine Erziehungsanstalt zu gründen. Mit kräftiger Unterstützung des Herzogs von Gotha-Altenburg kaufte er das Landgut Schnepfenthal bei Gotha und zog im März 1784 mit seiner Familie dort ein. Hier sollten Kinder des Adels wie des Bürgertums, fern von den verderblichen Einflüssen einer sich auflösenden Feudalgesellschaft, zu nützlichen Mitgliedern der bürgerlich-industriellen Gesellschaft erzogen werden. Aus einer Eingabe an seinen herzoglichen Gönner erfahren wir, was Salzmann am Herzen lag: gesunde Körpererziehung durch Sinnesübungen, Leibesübungen, gesunde Ernährung, Körperhygiene, Arbeitsunterricht; eine vorurteilsfreie Verstandeserziehung durch Einführung des Zöglings in die Natur und die Geschichte des Menschen, vor allem in die Gegenwartsgeschichte, sowie durch Erlernen der Sprachen, besonders der neueren; eine das Gute bejahende und durchsetzende Gesinnungserziehung, die der »**Glückseligkeit**« des Menschen diene. »**Das Hauptbuch, das hierbei zugrunde gelegt wird, ist die Natur**«; durch Betrachtung und Bearbeitung der Natur also sammle der Zögling Erfahrungen, denn »**an der Natur können alle Kräfte, die uns Gott gab, am sichersten und nützlichsten geübt**

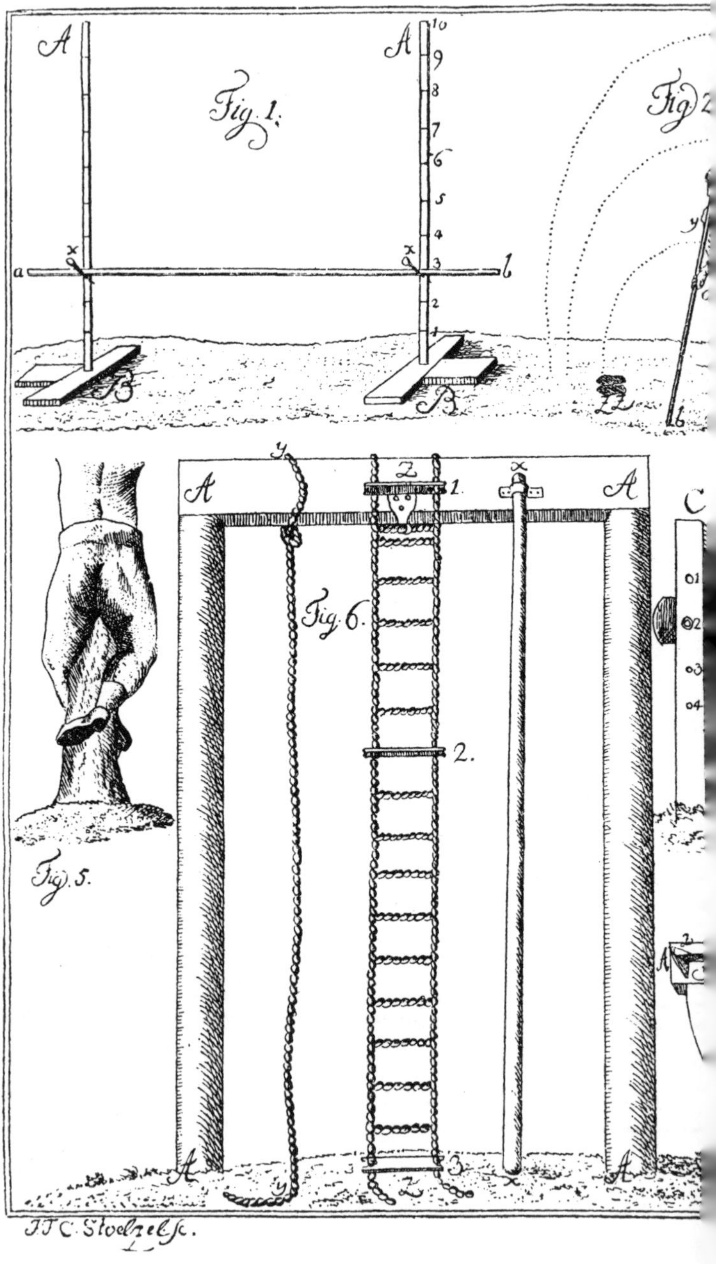
Fig. 1.
Fig. 2
Fig. 5.
Fig. 6.
J. T. C. Stoelzel sc.

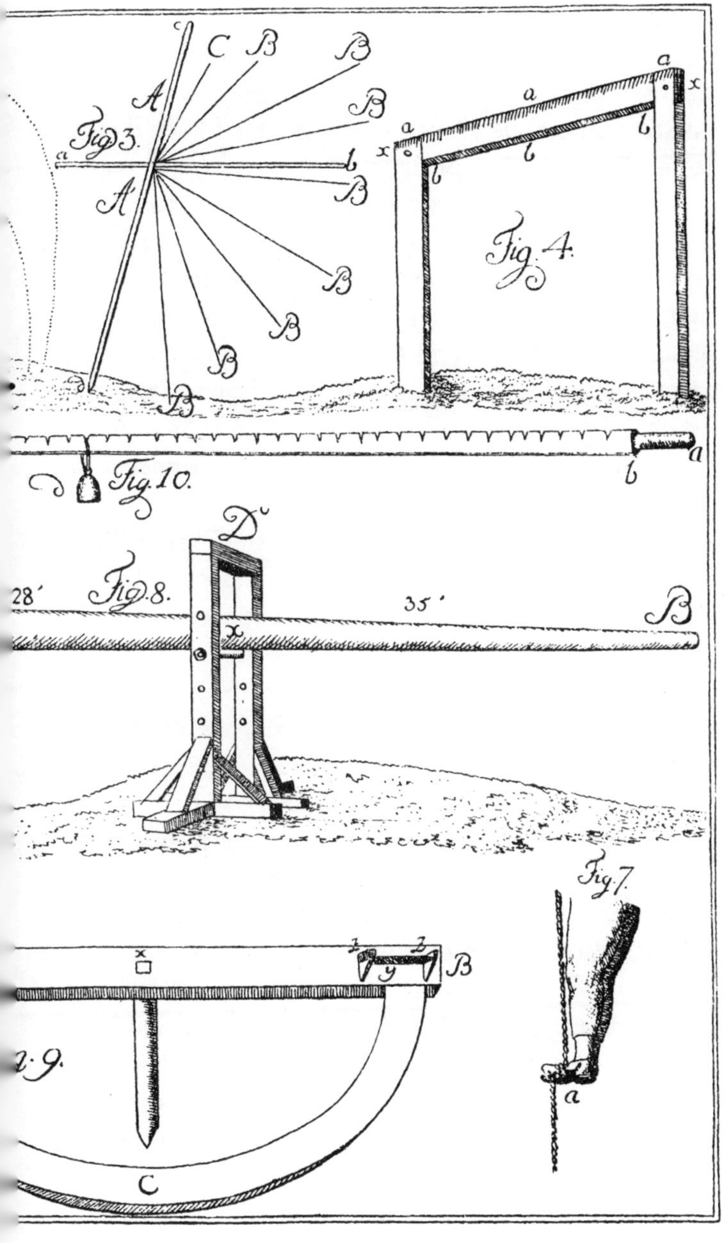
Fig. 3.
Fig. 4.
Fig. 10.
Fig. 8.
Fig. 7.

werden«. Mit dem Sendungsbewußtsein der Aufklärer verkündete Salzmann: »Da wird eine Erziehung begründet, wie sie noch nicht war seit Anbeginn der Welt. Da entsteht eine neue Menschenart, die Heil über die spätesten Generationen bringt.«

Die ersten Zöglinge waren vier seiner eigenen Kinder und Karl Ritter (der spätere Begründer der wissenschaftlichen Geographie), der mit seinem älteren Bruder Johann und mit seinem bisherigen Hauslehrer Johann Christoph Friedrich GutsMuths in die Anstalt eintrat. GutsMuths, der »Erzvater der Turnerei«, treuer Freund und engster Mitarbeiter Salzmanns, war fünfzig Jahre lang Turn- und Geographielehrer in Schnepfenthal. Sein Buch *Gymnastik für die Jugend,* das 1793 in der anstaltseigenen Offizin erschien, war die erste systematische Darstellung der »Turnkunst«. Gleich auf der ersten Seite erinnert GutsMuths den Leser daran, daß eine gesunde Seele in einem starken, gesunden Körper schon seit Jahrhunderten die Hauptabsicht der Erziehung sei. »Wie mag es aber kommen«, fragt er, »daß wir auf die Ausbildung des Körpers so wenig denken, ungeachtet wir mit unwidersprechlicher Gewißheit wissen, daß den Schwachen und Kränklichen, den Weichling und Verzärtelten nichts, gar nichts, weder Geld noch Ordensband, weder Gelehrsamkeit noch Tugend vor den traurigen Folgen schützen, die aus seinem Zustand für ihn entstehen?« Mangel an Bewegung weise überall in der Natur auf »Schwäche, Verdorbenheit, Leblosigkeit und Tod«. Und »von Kränklichen und Schwachen läßt sich gewöhnlich keine heroische Liebe fürs Vaterland, keine Aufopferung fürs allgemeine Beste und zur Hilfe des Nebenmenschen, kein männlicher Mut, keine unerschütterliche Wahrheitsliebe, kein hohes Emporstreben zu edelmütigen Taten erwarten.«

»Gymnastik«, macht er klar, »ist Arbeit im Gewand jugendlicher Freude. Arbeit, weil ihr Zweck keineswegs in unedlem Zeitvertreib zu suchen, sondern in Veredlung des Körpers zu setzen ist.« GutsMuths verachtete die ausschließlich intellektuelle Erziehung der Vergangenheit, weil der Mensch nicht bloß Geist sei, sondern ein »verkörperter Geist«, und er rief aus: »Es lebe der physische Mensch!; gesund, stark, robust; mit einem Geiste von großer Heiterkeit und gesundem Menschenverstande.« Die »gewöhnlichen Erziehungseinrichtungen« verurteilte der Turnbegeisterte als »Treibhäuser der Weichlichkeit und Wollust«, in denen man bloß auf »Vermeidung des üblen Wetters, auf Warmhalten, Einhüllen, ja wohl gar auf Purgieren, Schwitzen, Aderlassen« bedacht sei. »Verzärtelte Kinder sind als Männer Sklaven«, zitierte GutsMuths aus einem Brief der Theano, der Gattin des Pythagoras, an ihre Freundin Eubula. Salzmann, der Praktiker, pflichtete ihm bei und fand es gleichfalls angezeigt, »alle Sorgfalt auf eine körperliche Abhärtung der Kinder« zu verwenden.

Nach all dem verwundert es nicht, daß in Schnepfenthal der körperlichen Ertüchtigung überaus große Beachtung geschenkt wurde. Oberster Grundsatz der »physischen Erziehung« war: »Bilde alle Anlagen im physischen Menschen aus zur möglichsten Schönheit und vollkommensten Brauchbarkeit des Körpers, als Lehrer und Diener des Geistes.« Unter den Begriff »pädagogische Leibesübungen« fielen sowohl »eigentliche gymnastische Übungen« (wie Laufen, Springen, Voltigieren, Ringen, Fechten, Stabweitsprung, Klettern, Seil- und Mastbaumklimmen, Balancieren fremder Körper, Haltung des Gleichgewichts) als auch »Arbeiten in der Handfertigkeit« (wie Tischlern, Drechseln, Korbflechten, Papparbeiten) und »gesellschaft-

liche Jugendspiele« (wie Fangen, Schaukeln, Drachensteigen, Reifenspielen, »Der Plumpsack geht um«). GutsMuths gilt als der erste Turnpädagoge, der gymnastische Übungen »nach der Uhr um die Wette« machen ließ. Der Kampf jeder gegen jeden wurde zum Prinzip erhoben, »einer eifert dem anderen nach« und »sucht den anderen zu übertreffen«; allein die Bestleistung zählte. Da gab es zum Beispiel eine Übung am Querbalken, die auf die Stärkung der Arme und Hände für das Klettern abzielte. Die Knaben standen auf Fußtritten unter dem Querbalken, den sie mit verschränkten Händen umfaßten; auf ein Kommando wurden die Fußtritte weggezogen; nun hingen sie, und »mit jeder Minute wächst die Last, mit jeder der Schmerz in den Händen. Das Gesicht überzieht allmählich eine Röte, welche die Anstrengung hervortreibt. Jetzt entfaltet der eine, dann der andere, der dritte die Hände und springt mit einem leisen Ah! zu Boden. Die Stärkeren und Härteren blicken lachend auf sie herab und bleiben noch. Interessant werden an diesen letzteren die Züge der männlichen Selbstüberwindung, der Verachtung des drückenden Schmerzes und der ausharrenden Geduld. Zur sechsten, achten, ja bis zur zwölften und fünfzehnten Minute dauert der Kampf, die Schwächeren sinken, der Sieger folgt ihnen bald und gewinnt den Preis.«

In Schnepfenthal wurden Kinder unter sechs und nicht über zehn Jahre alt aufgenommen; jüngere seien zu schwach und bedürften zuviel weiblicher Pflege, ältere aber, so Salzmann, »möchten schon einen zu bestimmten Charakter haben, als daß er sich nach meinem Plane beugen ließe«. Die Zöglinge durften ferner weder »gebrechlich« noch »dumm« sein. Jeder neu Eintretende erhielt ein junges Obstbäumchen zum Anpflanzen und zur

weiteren Pflege sowie ein Gemüsebeet. Im Sommer standen die Zöglinge bereits um vier Uhr früh auf, im Frühling und Herbst um fünf, im Winter dagegen um sechs Uhr. Nach der Morgenandacht und dem Frühstück besorgten die Kinder ihre kleinen Ämter, fütterten die Haustiere und bereiteten sich auf ihre Morgenlektionen vor. Unterrichtet wurden je nach Alter Religion und Moral, Naturgeschichte, Geographie und Geschichte, Mathematik, Geometrie und Physik, kaufmännisches Rechnen, Schönschreiben, Hand- und Planzeichnen, Musik, Sprachen wie Deutsch, Latein und Französisch (auf ausdrücklichen Wunsch auch Englisch, Italienisch und Griechisch). Zur Übung des Geschmacks, des Witzes und des Scharfsinns wurden »**witzige Epigramme**« gelesen und »**gute Rätsel und Charaden**« aufgegeben, Beurteilungen des Schönen und Häßlichen in der Kunst vorgenommen und Vergleiche zwischen Kunst und Natur angestellt. Um das Gedächtnis zu üben, mußten die Schüler zum Beispiel im botanischen Unterricht innerhalb eines halben Jahres an die zweitausend Pflanzennamen in ihrer lateinischen oder griechischen Bezeichnung auswendig lernen oder sich längere Textstellen aus der klassischen Literatur einprägen.

Zum Leben in Schnepfenthal gehörten auch Wanderungen und Exkursionen. Auf mehrtägigen Fußmärschen in Begleitung eines Erziehers lernten die Zöglinge die Umgebung kennen, denn, so Salzmann, »**alles Plaudern des Kindes, das seine Heimat nicht kennt, von dem Karpatischen Gebirge, von der Regierungsform und den Einkünften in Frankreich und China ist weiter nichts als Starengeschwätz**«. Unterwegs übten sie sich in naturkundlichen und geographischen Beobachtungen und besichtigten Landwirtschaften, Werkstätten und »**Plätze, wo Maschinen aufgestellt**« waren. In Gesprächen »**mit der** produzierenden Menschenklasse«, davon war Salzmann überzeugt, könnten die Schüler »oft mehr an nützlichen Kenntnissen und Fertigkeiten erwerben als in dem Hörsaale manches Philosophen«. Die Reisen dienten freilich auch der Abhärtung; man übernachtete im Freien oder zumindest »auf einem sehr leichten Unterbette«, marschierte viel und übte sich im Fasten, »bloß um zu zeigen, daß man Herr über sich selbst, über seine Begierden sein könnte«. Die Erfahrungen und Beobachtungen wurden anschließend im Unterricht ausgewertet, es wurde »von jedem Zögling eine Reisebeschreibung entweder in deutscher, lateinischer oder französischer Sprache verfertigt, in welcher die Orte bemerkt, durch welche die Gesellschaft gegangen ist, die Abenteuer, die ihr aufgestoßen sind, die Merkwürdigkeiten aus dem Pflanzen-, Tier- und Mineralreiche, die Erzeugnisse des menschlichen Fleißes, die sie wahrgenommen, die Personen, deren Bekanntschaft sie gemacht hat«. Auch mit den Mädchen wurden solche Reisen unternommen, »um Natur, Kunst und den Menschen immer besser kennenzulernen.« Salzmanns Schützlinge, die im Jahr oft »über 100 Meilen« zu Fuß zurücklegten, zeigten sich angeblich gerade nach solchen Ausflügen »zu jedem Geschäfte weit munterer, als wenn sie ununterbrochen bei demselben hätten sitzen müssen. Jede Arbeit wird ihnen nun leichter.«

In Salzmanns Erziehungsanstalt wurde im kleinen eine Ordnung erprobt, wie sie einmal für die Gesellschaft verbindlich sein sollte. Die Ameisen galten dabei als Sinnbild der Ordnung, jeder Ameisenhaufen als »ein Wohnsitz der Gesundheit, Reinlichkeit, Tätigkeit und Folgsamkeit, die in vielen menschlichen Gesellschaften vermißt werden«. Auf dem Titelblatt der Originalausgabe seines

Ameisenbüchleins (1806), einer Anweisung zur Erziehung der Erzieher, stand der Spruch Salomos (VI, 6) »Gehe hin zur Ameise, du Fauler, siehe ihre Weise an und lerne.«

Der soziale Status innerhalb der Gemeinschaft wurde nicht durch die gesellschaftliche Stellung der Eltern bestimmt, sondern durch individuelle Leistungen erreicht. Beim Eintritt in die Anstalt gehörte der Zögling der Ordnung der »Kinder« an; er rückte in die Ordnung der »Knaben« auf, wenn er sich selbst binnen dreißig Minuten fertig anziehen, waschen und kämmen konnte, nicht mehr bei jeder Kleinigkeit weinte, nicht mehr naschhaft und ungehorsam war und wenn er gut schreiben und lesen konnte. Ähnlich wie in Basedows Anstalt gab es in Schnepfenthal eine »Meritentafel«, die im Betsaal hing und auf der die Namen der Zöglinge aus der Ordnung der »Knaben« standen. Für jeden Beweis der Aufmerksamkeit und des Fleißes bekam der »Knabe« von seinem Lehrer einen oder mehrere Zettel (Billett) mit dem Aufdruck: »Für Fleiß«. Hatte nun ein Schüler fünfzig Billetts erworben, wurde hinter seinem Namen auf der Tafel ein gelber Nagel eingeschlagen. Fünfzig eingeschlagene Nägel bedeuteten die Beförderung in den Stand des »Jünglings« (»Jünglinge« trugen Uniform mit Kragen und hatten Zutritt zur Bibliothek) und die feierliche Verleihung des »Ordens des Fleißes«. Auf dem Orden (den Salzmann später wegen heftiger Kritik abschaffte) waren die Symbole von Schnepfenthal eingeprägt: in der Mitte ein Spaten und an den Kreuzbalken die Buchstaben D. D. u. H. (Denken, Dulden und Handeln). Der »Jüngling« erhielt zwar keine Billetts mehr, wurde aber einige Zeit beobachtet, »ob er auch ohne dieses Leitungsmittel seine Geschäfte ordentlich verrichte und die gesellschaftlichen Pflichten erfülle«. Bestand er diese Probe, so wurde er zum »**Offizier**« ernannt und in die Gesellschaft der Erwachsenen aufgenommen.

Als Mittel zur moralischen Besserung gab es natürlich auch Strafen (hätten doch die Zöglinge, so Salzmann, »**ein Gesetz in den Gliedern, das mit dem Sittengesetz im beständigen Widerspruch**« stehe): »**Unordnung, Unreinlichkeit, nachlässige Verwaltung der Ämter**« ahndete Vater Salzmann mit Geldstrafen, »**Unfleiß**« und »**Pflichtvergessenheit**« mit dem Abzug von Billetts und der Zurücksetzung bei der Ämtervergabe, »**Bosheit**« und »**vorsetzlichen Ungehorsam**« bei »**Kindern**« mit einigen Rutenhieben (allerdings distanzierte er sich später von der körperlichen Züchtigung), bei »**Knaben**« mit dem Verlust einer großen Anzahl Billetts und bei »**Jünglingen**« mit der »**Degradierung zur Knabenklasse**«.

Da nun einmal das Geld, wie Salzmann verkündete, der **nervus rerum gerendarum** sei, wollte er seine Schützlinge schon früh durch Umgang mit Geld »**für die Welt**« bilden. Er verbat sich Geldspenden der Eltern an ihre Kinder, die sich in Schnepfenthal ihr Taschengeld selbst erwerben mußten, und zwar auf »**die Art, wie man es sich in der Welt erwerben muß: durch Arbeit**«. Jeder Zögling bekam entweder ein »**Amt**«, wofür er bezahlt wurde, oder er übte einen »**Handel**« aus, bei dem er etwas verdienen konnte. Ämter waren zum Beispiel, »**die Orgel zum Morgengesange und das Klavier bei dem Tischgesange zu spielen; mit der Trommel das Zeichen zum Aufstehen und zu den Mahlzeiten zu geben; die Tinte für einen Lehrsaal zu besorgen; einen Tisch mit Wasser zu versorgen; jeden Posttag die eingelaufenen Briefe abzuholen und zu verteilen ... usw.**« Gehandelt wurde mit »**Papier und Pappe, mit Federn, Federmessern und Tinte, mit Bleistiften, Pinseln und Farben**« und

»So gehts wenn man lügt.«
Aus: Chr. G. Salzmann: *Konrad Kiefers Bilderbüchlein.* Schnepfenthal 1803.

dergleichen. Über die Ein- und Ausgaben wurde genau Buch geführt. Die »**Cassen**«, die der »**Pflegevater**« unter seiner Aufsicht hatte, wurden von Zeit zu Zeit von diesem geprüft, jede Vernachlässigung zog Geldstrafen nach sich.

Die Abende nach dem Abendessen (das nur aus kalter Küche bestand, um das »**Blut nicht zu erhitzen**«) verbrachten die Schnepfenthaler mit »**musikalischen Vorträgen**« und »**nützlichen Spielen**«, wie beispielsweise dem sogenannten »**Afferospiel**« zur Unterscheidung des Nominativ und Akkusativ und der Geschlechter im Lateinischen. Um zweiundzwanzig Uhr im Sommer und eine Stunde früher im Winter gingen die Zöglinge schließlich zu Bett, was aber nicht hieß, daß das wachsame Auge des Erziehers nun ruhen durfte. Denn unter dem doppelten Schutz der Dunkelheit und der Bettdecke hätte sich der Unerfahrene an sich selbst vergreifen können. Im Bett, darüber gab es für Salzmann keinen Zweifel, geschahen die meisten Ausschweifungen. Gemeint war natürlich die Onanie, die »**schändliche Seuche der Selbstbefriedigung**«, von der Salzmann überzeugt war (»**Gott ist mein Zeuge**«), »**daß unser ganzes Vaterland davon angesteckt ist und daß Millionen dadurch entweder in der Blüte ihrer Jahre dahingerafft oder ihr Leben friedlos gemacht**« werde. Selbst wenn die Menschen an der »**Beschädigung der Geschlechtsorgane**«, wie Salzmann die Masturbation gern umschrieb, nicht starben, so würden sie durch den »**Entzug der edelsten Säfte**« doch »**untüchtig gemacht**«. Es gab wenig, was nicht verdächtigt wurde, die Selbstbefriedigung zu stimulieren: zum Beispiel Pfänderspiele, die Hände in den Hosentaschen, langes Stillsitzen in der Klasse oder bei der Predigt, das Reiten und Klettern. Stille, Dunkelheit, Wärme, fürchtete Salzmann, würden »**die wollüstigen Gaukeleien der Einbildungskraft**« begünstigen. Die Toiletten malte er sich als »**Grab der Unschuld**« aus; die Betten, eine Quelle der Gefahr schlechthin, ließ er mit harten Roßhaarmatratzen, sogenannten Keuschheitsmatratzen, belegen, und die weichen »**Federbetten**« ersetzte er durch rauhe Baumwolldecken; die Klassiker Ovid (»**Wir trachten nach dem Verbotenen**«), Horaz, Terenz oder Sueton sowie so manche Mythologien verbannte er als schändlich, schlüpfrig und anstößig aus der Bibliothek.

Um der kindlichen Sexualität auf die Schliche zu kommen, ließen sich die exaltierten Tugendwächter subtile Mittel zur Ausforschung einfallen. »**Ein verdächtig gewordenes Kind**«, riet Salzmann, »**mache man einige Tage zum beständigen Gegenstand seiner Aufmerksamkeit.**« Durch seine seelische und körperliche Angegriffenheit würde sich der kleine Lusttäter meist von selbst verraten. Die »**glasartigen Augen, das Zittern der Glieder, die Ängstlichkeit oder die Merkmale einer vorhergegangenen Entblößung**« würden den Wissenden mißtrauisch machen. Diese erste Gelegenheit »**benutze man auf der Stelle und lasse dem entdeckten Verbrecher ja keine Zeit, sich zu sammeln und Entschuldigungen zu erdichten**«. Aus Rücksicht auf die seelische Zerrüttung des Verirrten gelte es, so Salzmann, einen behutsamen Weg einzuschlagen. Indem man den Besserungswürdigen »**mit möglichster Zärtlichkeit anredet, ihn umarmt, von seiner Liebe versichert, von den großen Erwartungen spricht, die man sich von ihm gemacht habe**«, gewinne man am ehesten sein Vertrauen. Man nehme das Kind beiseite und beschwöre es, ohne die Onanie beim Namen zu nennen: »**Sieh, ich habe bemerkt, daß du deine Schamteile oft betastest – du weißt gewiß nicht, wie verletzbar sie sind! Tausend Kinder werden dadurch kränklich, elend, sterben vor der Zeit.**« Man könne Knaben durchaus sagen, daß »**durch ihre Abschweifungen der Stoff zu ihrer Nachkommenschaft verschwendet werde**« und ihre Mannbarkeit auf dem Spiel stehe, wenn sie sich nicht fortan beherrschten. Wenn nun dieses Kind in Zukunft sich »**vergesse**«, dann könne ein »**einziger Blick voll Ernst und Wehmut schon vieles tun**«.

Wenn aber der »**Wollüstling**« weder durch Blicke noch durch gutes Zureden zur Vernunft zu bringen war, wenn Diäten, eiskalte Bäder, Arzneien, Trinkkuren mit Essigwasser und dergleichen wirkungslos blieben, dann wandte man damals (allerdings nicht bei Salzmann in Schnepfenthal) weit handfestere Maßnahmen an. Ein Blick in das Kuriositätenkabinett jener Behelfe, die Masturbation vereiteln sollten, läßt an der vielgepriesenen Vernunft der Pädagogen, Ärzte und Moralisten zweifeln. So bandagierte man etwa den Penis oder riet zu Handschuhen mit Metallspitzen; man band Riemen mit kleinen Glöckchen um die Arme und Beine oder ein Körbchen aus engmaschigem Drahtgeflecht vor die Genitalien; man erzeugte künstlich Blasen auf der Vorhaut und legte bei Nacht Metallringe mit Zähnen oder Stacheln um den Penis, die diesen, wenn er erigierte, stachen; eine andere Vorrichtung ließ bei einer allfälligen Erektion ein Glöckchen im Zimmer der Eltern ertönen. Für Mädchen dachte man sich diverse Arten von Keuschheitsgürteln aus; im schlimmsten Fall entfernte man die Klitoris oder verätzte Teile der kleinen und großen Schamlippen. Als das zuverlässigste Mittel gegen das »Laster« galt indes die **Infibulation**, ein bis ins 19. Jahrhundert gebräuchlicher chirurgischer Eingriff, bei dem die Vorhaut des Penis oder, allerdings seltener, die großen Schamlippen bei Mädchen durch einen Messingdraht **(Fibula)** verschlossen wurden. Besonders Joachim Heinrich Campe, Philanthrop, Erzieher der Brüder Wilhelm und Alexander von Humboldt und kurze Zeit Direktor bei Basedow in Dessau, lobte und empfahl diesen Eingriff als sicherstes Mittel, **»die Selbstschändung unmöglich«** zu machen. Salzmann erinnerte sich in seiner Streitschrift ***Über die heimlichen Sünden der Jugend*** (1785), von der ***Infibulation*** zwar gehört zu haben, war sich aber sicher, **»daß so ein Mittel die Seele nicht bessere«**.

Medizinisch untermauert wurde diese Masturbationshysterie durch den prominenten Lausanner Arzt Simon-André Tissot und sein Werk ***De l'onanisme***, das in deutscher Übersetzung ab dem Jahr 1760 vorlag ***(Von der Onanie oder Abhandlung über die Krankheiten, die von der Selbstbefleckung herrühren)***. Mit Tissot, als Wohltäter der Menschheit gefeiert, wurde der Mythos des »Masturbationsirreseins« in Umlauf gebracht. Er warnte seine Leser, daß das Masturbieren nicht nur eine Fülle von schweren körperlichen Gebrechen wie Schwindsucht, Trübung des Augenlichts oder Impotenz hervorrufen könne, sondern auch die Verstandeskräfte schwäche. Die Onanie, so sein bizarrer Gedankengang, treibe nämlich mehr Blut zum Gehirn als der Geschlechtsverkehr, was schlicht zum Wahnsinn führe, weil die große Menge an Blut die Nerven dehne und sie dadurch schwäche. (Übrigens vertraten noch bis zum Ende des 19. Jahrhunderts Ärzte wie William Acton in England oder Richard von Krafft-Ebing in Deutschland die Lehre, daß im Grunde alle Perversionen das nahezu unvermeidliche Resultat der Masturbation im Kindesalter seien.)

Ganz im Sinne Rousseaus galten die Ratschläge der Philanthropen vor allem dem männlichen Teil des aufstrebenden Bürgertums; die Erziehung der Mädchen sollte von den Müttern wahrgenommen werden, da den Töchtern später jene Aufgabe zukomme, die ihre Mütter erfüllten, nämlich »Vorsteherinnen des Hauswesens« zu sein. Am »ruhigen und häuslichen Leben«, schreibt Rousseau im *Emil*, sollten die Mädchen Geschmack finden, darum müßten sie die »Süßigkeiten desselben von Kindheit an schmecken lernen«. In Schnepfenthal bestand zwischen den Jahren 1786 und 1790 ein von Christian Karl André geleitetes eigenes Institut für Mädchen, das den Zweck verfolgte, »überhaupt Mädchen die Kunst zu lehren, ihres Lebens froh zu werden, und insbesondere ihnen durch eine darauf angelegte Bildung Fähigkeit zu geben, rechte vortreffliche Gattinnen und Mütter dereinst zu werden«. Salzmann übersetzte zwar das Werk ***Vindication of the Rights of Women*** der englischen Schriftstellerin und Vorkämpferin der Frauenemanzipation und Volkserziehung, Mary Godwin (geborene Wollstonecraft), distanzierte sich aber von ihrer Forderung nach weiblicher Unabhängigkeit. Dennoch kritisierte er in seinen Schriften die bestehenden Mädchenschulen, da diese »fast durchgängig Leuten übergeben werden, die man für unfähig hält, Knaben zu unterrichten«.

Salzmann hinterließ ein voluminöses schriftstellerisches Werk, und es gab kaum ein Thema, zu dem er nicht in eifernder und tendenziöser Sprache Stellung nahm. Neben den bereits erwähnten Schriften verfaßte er pädagogische Weisheiten, Nachrichten aus Schnepfenthal für Eltern und Erzieher, Anekdoten, Lieder, volkstümliche Erzählungen sowie unterhaltend-belehrende Romane: für Jugendliche ***Joseph Schwarzmantel*** und ***Heinrich Glaskopf***, für Gebildete den sechsbändigen ***Carl von Carlsberg***, für Handwerksburschen ***Constants curiose Lebensgeschichte und sonderbare Fatalitäten***, fürs Volk ***Conrad Kiefer*** und ***Sebastian Kluge***, für Bürger und Bauern eine ***Christliche Hauspostille***, für einfache Bauern ***Ernst Haberfeld***. Und seine philanthropischen Ideen über Menschenglück faßte er in dem Werk ***Über die Erlösung der Menschen vom Elend durch Jesum*** zusammen.

In der von Christoph Martin Wieland herausgegebenen Zeitschrift ***Der Neue Teutsche Merkur*** findet sich im August 1798 ein Brief abgedruckt, in dem ein Augenzeuge über das »Salzmannsche Erziehungsinstitut zu Schnepfenthal« berichtet. »Sie wissen«, beginnt der Brief, »daß ich die Schnepfenthaler Erziehungs-Anstalt unter den größten Merkwürdigkeiten zähle, die ich auf meinen Durchflügen durch Teutschland gesehen habe.« Über Salzmann notiert der Verfasser: »Sein Ansehen hat etwas Patriarchalisches. In seinem Gesicht wie in seiner Haltung ist etwas Abgespanntes, Leidendes; sein Äußeres wie seine Sitten sind äußerst schlicht. Ein gewisses in sich gekehrtes, wohl gar finsteres und verschlossenes Wesen nimmt nicht im ersten Augenblick für ihn ein; aber ein freundlicher, gutmütiger Zug in seinem Gesicht zieht doch bald näher an, und im Familien- und Freundeskreis heitert sich seine Stirn auf, und der Ernst verwandelt sich in muntere Jovialität. Gegen seine Kinder und Pflegesöhne ist er ganz das, was dort vom Odysseus gerühmt wird: ein lieber, gütiger Vater, und daher hängen sie auch mit Herzlichkeit an ihm.« Dem Besucher fiel auf, daß das »weibliche Publikum, auf welchem die ganze Last eines so weitläufigen Haushalts liegt, wenig an der Gesellschaft teilnehmen kann. Sie haben ihre Geschäfte und ihren Tisch für sich und mischen sich nur bei Familienfesten unter den Schwarm der Männer und Knaben.« Die isolierte Lage der Anstalt auf dem Land erschien dem Reisenden als großer Nachteil. »Der Knabe, ja wohl der Erzieher selbst, der nicht in der Lage ist, täglich von Fremden, von Menschen der höheren Stände und feineren Weltsitten gesehen und bemerkt zu werden, oder sich in Verhältnissen mit ihnen abzuschleifen, läßt sich allmählich gehen, er vernachlässigt sein Äußeres, kommt in Gefahr in eine bäurische Plumpheit zu geraten, und wird sich Anstand, Höflichkeit und ein zuvorkommendes Wesen schwer zu eigen machen.« Der Briefschreiber vermißte zwar einen »propädeutischen Unterricht« in der Philosophie, eine Einführung in die Logik, die Seelenlehre, die Ästhetik für die älteren Zöglinge und einen allgemeinen Unterricht über die »bürgerliche Verfassung und die Gesetze derselben«, kam aber am Schluß zu der Überzeugung, »daß hier junge Leute sehr gute Kenntnisse einsammeln können, und daß sie wirklich im Ganzen sehr gut unterrichtet sind. Neben wissenschaftlichen Kenntnissen«, fährt er fort, »bemerkte ich auch mit Vergnügen andere Fertigkeiten der jungen Leute, zum Beispiel im Zeichnen, im Landkartenmachen, im Modellieren von Gerätschaften, im Lackieren und dergleichen. Betriebsamkeit und Gewandtheit in praktischen Geschäften kann man überhaupt als das Charakteristische dieser Zöglinge ansehen.«

In einer seiner Schriften bestätigte Salzmann übrigens jene These, die damals unter dem Begriff Gereokomie bekannt war, wonach Männer, die in einer »jugendlichen Atmosphäre leben und weben«, wesentlich älter würden als solche, die im »Dunstkreis der Erwachsenen arbeiten«. Diese »unleugbare Erscheinung« wurde den »Ausdünstungen« der jungen Menschen zugeschrieben, die eine Verdünnung der »zähwerdenden Blutmasse« der alternden Körper bewirkten. Christian Gotthilf Salzmann war immerhin siebenundsechzig Jahre alt, als er am 31. Oktober 1811 starb.

Der Weg des Kriegers bedeutet, zu sterben

Dieser finstere Satz stammt aus einer Samurai-Lehre des 18. Jahrhunderts, dem ***Hagakure*** des Yamamoto Tsunetomo, und er deutet eine der radikalsten Interpretationen des Sittenkodex der Kriegerklasse, des **bushido**, an: Der Krieger sollte gleichsam mit dem Tod verschmelzen – er sollte so leben, als gäbe es keinen nächsten Tag, als wäre er bereits tot. Auch der überlieferte Spruch »**Bedenkt, daß die Pflicht schwerer wiegt als ein Berg, der Tod jedoch leichter als eine Feder**« suggeriert jene Selbstverleugnung, aus der sich alle für den Samurai notwendigen Tugenden wie Ehre, Loyalität, Tapferkeit, Disziplin oder Opferbereitschaft zu ergeben schienen. Im **bushido** waren alle diese Tugenden kanonisiert, deren Aneignung, in Verbindung mit dem Erlernen der Kampfkünste, zur Erziehung des Samurai gehörte.

Yamamoto Tsunetomo, der Schöpfer des ***Hagakure***, gehörte als Samurai dem Nabeshima-Clan an; als im Jahre 1700 sein Fürst starb, wollte er, wie es dem Geist der unbedingten Treue und Hingabe entsprach, rituellen Selbstmord begehen, was ihm aber untersagt wurde. Er durfte sich aus der Öffentlichkeit zurückziehen, schor sich den

Kopf und wurde buddhistischer Mönch. Noch während des Zweiten Weltkriegs wurde das ***Hagakure*** japanischen Soldaten als Pflichtlektüre verordnet, um ihren Kampfgeist zu stärken, und durch den Schriftsteller Mishima Yukio kam es noch einmal zu Ehren; er entdeckte in der Sammlung von Belehrungen und Anekdoten eine Philosophie des Lebens, die, wie er in seiner Einführung in das ***Hagakure*** schreibt, von ihm Besitz ergriffen habe und die er leben wolle. Im ***Hagakure***, erläutert uns Mishima, »**besitzt der Tod eine so wunderbare, so frische Helle wie zwischen Wolken der blaue Himmel. Das stimmt, ins Moderne gewendet, seltsamerweise mit dem Image jener *Kamikaze*-Spezialeinheiten überein, die während des Krieges als die grausamsten Angriffswaffen galten. Und weil man ihnen vorwarf, die unmenschlichsten Angriffe geflogen zu haben, wurde den dabei umgekommenen jungen Männern nach dem Krieg lange Zeit verunglimpfend nachgesagt, sie seien ›einen schmählichen Tod‹ gestorben. Indessen waren diese jungen Männer, die sich für das Land in den sicheren Tod stürzten, von einem Geist beseelt, der, in der ununterbrochenen Kette japanischer Tradition, den vom *Hagakure* so überzeugend klar vertretenen Vorstellungen von Tun und Sterben am nächsten kam.**«

Mishima, ein Nachkomme des legendären Kriegeradels, ertrug die Seichtigkeit der Nachkriegszeit nicht und wählte als letzte Konsequenz den »**Weg des Kriegers**«: Als am 25. November 1970 ein von ihm vorbereiteter Putschversuch gegen den Staat (und für eine Restauration des »wahren« Japan mit dem Kaiser im Mittelpunkt) mißlang, zögerte er nicht, sich mit dem Schwert den Bauch aufzuschlitzen, worauf ihn sein Freund und Mitverschwörer Morita enthauptete.

Jene Epoche, in der das ***Hagakure*** entstanden war und die als Blütezeit der Kriegerklasse gilt, obwohl sie eine relativ friedliche war, wird als Tokugawa-Zeit, Edo-Zeit oder »Zeit der Shogune« bezeichnet. Die Tokugawa waren eine Familie des Schwertadels, die Japan fast drei Jahrhunderte lang bis ins Jahr 1867 als Shogune regierten. Sitz der Zentralmacht, des Shogunats, und Residenz der Tokugawa-Sippe war die Stadt Edo, das heutige Tokio. Das gesamte Land war in Domänen aufgeteilt, die von Lehensherren, den **daimyo**, verwaltet wurden.

Der erste Tokugawa-Shogun hieß Ieyasu, ein im Feuer unzähliger Schlachten gestählter Kriegerfürst, der 1603 an die Macht kam und das durch Bürgerkriege zerrissene Land despotisch befriedete. »**Pax Tokugawa**« hat man diesen Frieden genannt, der ein bewaffneter war, ein Frieden unter Kriegsrecht, unter Aufsicht der Kriegerklasse. Diese stand in der Hierarchie der streng getrennten und reglementierten japanischen Klassengesellschaft an erster Stelle; dann kamen die Bauern, die Handwerker und zuletzt die Kaufleute, denn so notwendig der Handel auch war, er galt als unwürdige Tätigkeit. Der schon längst von der Herrschaft ausgeschlossene Kaiser (**tenno**), sein Hofadel und die buddhistischen wie auch schintoistischen Priester standen außerhalb dieser Klassenstruktur. Das Führen eines Wappens oder das Tragen zweier Schwerter (eines kurzen und langen) war ebenso ein Vorrecht der Kriegerklasse wie die rituelle Selbsttötung. Seit dem 13. Jahrhundert (Kamakura-Zeit) war diese Form des Freitods kodifiziert worden, wurden die zu treffenden Entscheidungen, die Gesten, die es zu vollziehen, die Gefühle, die es zu zeigen galt, vorgeschrieben. Der »aktive« Selbstmord durch **seppuku** (oder, wie bei uns geläufig, **harakiri**) war der höchste Ausdruck des freien Willens, seine Ehre zu wahren, der natürliche Tod vielleicht zwar leichter, aber unbedeutend. Das galt auch für Frauen, die sich nicht durch **seppuku** töteten, sondern sich die Kehle mit einer kurzen Klinge durchbohrten.

Der erste Theoretiker des **bushido**, Yamaga Soko, ein konfuzianischer Moralist, stellte sich Mitte des 17. Jahrhunderts die Frage nach der Funktion des Samurai: »**Niemals hat man von ihm verlangt zu arbeiten; das ist gut für die niederen Klassen – und nun, seit Frieden herrscht, verbietet man ihm zu kämpfen!**« Ist er ein bloßer Schmarotzer (wie mehrfach von westlichen Wissenschaftlern behauptet wurde)? Nein, sagt Yamaga, er hat eine wesentliche Aufgabe zu erfüllen; es ist seine Pflicht, sich zum Lehrmeister des ganzen Volkes zu machen, indem er mit gutem Beispiel vorangeht und sich und die anderen überwacht: »**Verstößt jemand aus einer der drei Klassen des gemeinen Volkes gegen die moralischen Grundsätze, bestraft ihn der Samurai an Ort und Stelle und macht sich so im ganzen Land zum Hüter der Moral.**« Doch diese Strenge allein hätte das Ansehen der Samurai nicht aufrechterhalten können, wären sie nicht selbst ihr erstes Opfer gewesen. Ohne Unterlaß mußten sie beweisen, daß sie sich selbst nicht schonten. Nachlässigkeit wurde als erniedrigend empfunden, als eine Schande, die nur der Tod sühnen konnte. Wer für seine Ehre mit dem Leben einstand, konnte schwer der Lüge bezichtigt werden.

»**Man wird von diesen Schwertkämpfern verlangen**«, schreibt der Japankenner Maurice Pinguet über die Anfänge der Tokugawa-Zeit, »**die Befriedigung, die der Pflichterfüllung entspringt, zu kultivieren und alle Zeichen der Achtbarkeit offen zu demonstrieren. Die Gewalt soll nunmehr zur Disziplin erstarren. Mit imposanten Gebärden, tiefer Stimme, gesetztem Gang und**

zeremonieller Haltung wird der Samurai aus seinem ganzen Körper das Theater seiner Würde machen.«

Die Erziehung der Samurai war sehr stark vom Buddhismus, besonders vom Zen-Buddhismus, und Konfuzianismus geprägt und in dem bereits erwähnten Regelwerk, dem **bushido**, und in den Gesetzen des ersten Shogun Tokugawa Ieyasu festgeschrieben. Waren die Samurai vor der Tokugawa-Zeit eine ausschließlich in den Kriegskünsten geschulte Kaste gewesen, so verfügte Ieyasu nun, die rein körperliche und militärische Ausbildung **(bu)** mit der Bildung des Geistes **(bun)** zu verbinden. Der künftige Krieger lernte fortan nicht nur, mit dem Schwert, der Hellebarde, dem Speer, mit Pfeil und Bogen oder mit Feuerwaffen umzugehen, ein Pferd gewandt zu beherrschen, Festungen und Schanzen zu bauen oder die Technik der Selbstverteidigung ohne Waffen **(Jiu-Jitsu)** anzuwenden, sondern er wurde auch in den Fächern Etikette, Lesen, Schreiben, Rechnen, Musik, Literatur und Geschichte unterrichtet. Für die Erziehungsarbeit standen, von kleineren Unterschieden und Veränderungen während der Tokugawa-Zeit abgesehen, Tempel-, Haus- und Daimyat- sowie Shogunatschulen zur Verfügung, in die Knaben meist ab dem achten Lebensjahr eintraten und wo sie, je nach Samuraiklasse, bis zum vierzehnten beziehungsweise zwanzigsten Lebensjahr blieben. Oft waren es bedeutende Gelehrte, wie der bereits erwähnte Yamaga Soko, die den Bildungsstätten ihren Charakter verliehen. In allen Schulen galt als oberster Grundsatz die Bildung des Charakters der heranwachsenden Kriegerklasse. Die eindringliche Erziehung zur Tugendhaftigkeit, die »**Bildung des Herzens**«, wie Yamaga Soko es nannte, war auch vorbeugend gemeint, waren doch die geschulten und waffentragenden Samurai der einzige Stand, der dem Feudalsystem politisch gefährlich werden konnte. Nach dem **bushido** wurden vom Samurai fünf Haupttugenden bedingungslos gefordert: Loyalität, Lauterkeit, Weisheit, Höflichkeit und Wohlwollen, wobei die Treuepflicht gegenüber dem Shogunat beziehungsweise Lehnsherrn **(daimyo)** an erster Stelle des Tugendkanons stand (»**Herr und Diener sollen unzertrennlich sein wie Wasser und Fisch**«); erst dann kam die Verpflichtung den Eltern gegenüber, vor allem dem Vater. Ein traditionelles Sprichwort in Japan besagte, daß die drei beängstigendsten Erscheinungen im Leben Feuer, Erdbeben und Vater seien. Zweifellos schwand die Furcht vor dem Vater mit dem Eintritt in das Erwachsenenalter, das im allgemeinen schon mit fünfzehn Jahren begann, dennoch bestand die Bindung noch nach dessen Tod weiter; vor dem Familienaltar hatten Sohn wie auch Tochter dem Vater Rechenschaft zu geben, als wäre er noch im Raum anwesend.

Eine Definition des Begriffs Lauterkeit gab der Pädagoge und Schriftsteller Inazo Nitobe 1899 in seinem Buch über den **bushido**, in dem er den abendländischen Lesern die Seele seines Landes zu erläutern versuchte: »**Jene Apotheose der Lauterkeit, der Konfuzius [...] Ausdruck gibt, schreibt ihr übernatürliche Kräfte zu, ja, sie identifiziert sie beinahe mit dem Göttlichen. ›Lauterkeit ist der Anfang und das Ende aller Dinge; ohne Lauterkeit wäre nichts.‹ Er verweilt dann mit großer Beredsamkeit auf ihrer weitreichenden und ausdauernden Natur, ihrer Fähigkeit, Veränderungen ohne Bewegung hervorzurufen und durch ihr bloßes Vorhandensein mühelos ihren Zweck zu erreichen.**« Lauterkeit bedeutete aber auch Hingabe ohne Servilität. Keine Gefälligkeit gegenüber den Launen des Herrn; der Samurai gehorchte ihm nur in dem, was zu befehlen ihm zukam. Im ***Hagakure*** findet sich dafür ein treffendes Beispiel: Erst zwanzig Jahre alt und doch von einem langen Marsch ermüdet, bittet der Fürst Nabeshima einen seiner Männer, ihm aus einem Ast einen Stock zu schneiden; als der Vasall ihm diesen reichen will, reißt ihm ein anderer, älterer Gefolgsmann den Stock aus der Hand: »**Willst du einen Schwächling aus unserem Herrn machen? Man darf ihm nicht alles geben, worum er bittet. Beweise in Zukunft etwas mehr Urteilskraft.**«

Zum Zeichen der Mißbilligung einer Handlung des Lehnsherrn oder aus Protest gegen dessen Unverstand war es durchaus üblich, daß der Samurai den Freitod wählte, gewissermaßen als Mahnung an den Herrn und als Erinnerung an seine Verantwortung. Unterlassener Protest konnte als Untreue und moralische Schwäche ausgelegt werden; auch das hätte die Selbsttötung verlangt.

Der Logik von Fatalismus und Ehre entsprachen die von der Kriegerklasse geforderten Eigenschaften wie Mut, Tapferkeit, Stärke und Ausdauer. Die Erziehungmethoden zur Erlangung dieser Eigenschaften, bereits in sehr frühem Alter angewandt, muten uns heute roh und grausam an. So wurden die Söhne der Samuraifamilien mit Mühseligkeiten und Strapazen, mit Hunger und Kälte traktiert; sie mußten vor Sonnenaufgang aufstehen und mit leerem Magen ihre Leseübungen vortragen, sie wurden als Boten in Gegenden geschickt, die ihnen fremd waren, oder sie mußten einzeln oder in kleinen Gruppen die Nächte im Freien verbringen. Den Kindern wurde aufgetragen, unheimliche Orte, wie Höhlen, Bestattungsplätze oder Hinrichtungsstätten, aufzusuchen, um ihre Furchtsamkeit überwinden zu lernen, denn, so das ***Hagakure***, »**es darf nicht vorkommen, daß ihnen wegen mangelnder Umsicht der Eltern schon angst wird vor dem Donnergrollen**«. Nach einer vollzogenen Hinrichtung verlangte man von den Samuraikindern, nachts den Richtplatz aufzusuchen, um als Zeichen ihrer Anwesenheit eine Münze im Mund des rumpflosen Kopfs zurückzulassen.

Im ***Hagakure*** ruft sich Yamamoto Tsunetomo die Erziehung seines älteren Bruders in Erinnerung, der fünf Jahre alt war, als ihm der Vater befahl, einen Hund zu töten, und fünfzehn, als er einen zum Tode verurteilten Menschen köpfen sollte: »Damals mußte man, ob man wollte oder nicht, einen Kopf abschlagen, bevor man vierzehn oder fünfzehn Jahre alt war. Bereits als Heranwachsender erhielt der Fürst Katsushige von seinem Vater Naoshige den Befehl, sich in dieser Praxis zu üben. Es heißt, daß er dabei einmal sogar zehn Leute auf einen Schlag enthauptete. So verhielten sich damals Personen von Rang, während heutzutage selbst die Kriegersöhne niederen Ranges gar nicht mehr wissen, was es heißt, einen Kopf abzuschlagen: ein schwerwiegender Mangel. Man könnte es entbehren, sagt man, einen gefesselten Mann zu enthaupten, denn es sei schließlich nicht heldenhaft, sondern falsch; man mache sich nur die Hände schmutzig... nichts als Ausreden! In Wirklichkeit gibt man meiner Ansicht nach die Tapferkeit auf, um sich nur noch für die hübschen Dinge zu interessieren, etwa dafür, sich die Nägel zu polieren... Untersucht die tiefen Gefühle derjenigen, denen es zuwider ist zu töten! Weil es ihnen an Mut fehlt, nehmen sie Zuflucht zu schönen Reden und geben allerlei Gründe an, weshalb sie nicht töten wollen. Doch weil es sich dabei sehr wohl um etwas Unentbehrliches handelt, gab der Fürst Naoshige den Befehl, sich darin zu üben. Ich selbst ging früher zum Üben gelegentlich zum Richtplatz von Kase, wodurch ich eine außerordentliche Fertigkeit erlangt habe. Ekel zu empfinden, ist nichts als ein Zeichen der Feigheit.«

(Yamamoto spricht hier eine Gepflogenheit an, wonach man enthauptete Leichen den Samurai überließ, die mangels Gelegenheit, an lebendigem Fleisch üben zu können, den Toten die Glieder abhacken durften.)

Ein wesentlicher Aspekt der Selbstverleugnung war die Selbstkontrolle, zu der die Kriegerklasse erzogen wurde. Wer seine Gemütsbewegungen durch Gesten, Mienenspiel oder gar Worte zeigte, der verstieß gegen den Sittenkodex. Nach dem Gesetz waren es sieben Empfindungen, die es hinter der Maske stoischen Gleichmuts zu verbergen galt: Freude, Zorn, Trübsinn, Habgier, Kummer, Furcht und Erstaunen. Das ging so weit, daß ein Samurai, der seinen Gesichtsausdruck für zu klug hielt, vor dem Spiegel übte, um ihn zu ändern. Es war eine ins Äußere gewandte Moral, auf die das ***Hagakure*** im folgenden Beispiel zu sprechen kommt: »Bei den Übungen hinsichtlich der äußeren Erscheinung empfiehlt es sich, ständig in den Spiegel zu schauen. Nachdem ich mir mit dreizehn Jahren das Haar hatte hochbinden lassen, schloß ich mich für ein ganzes Jahr ins Haus ein. Denn alle in der Familie hatten gesagt: ›Der Knabe da hat ein so kluges Gesicht, daß er gewiß scheitern wird. Scharfsinnige sind dem Fürsten vor allem zuwider.‹ So beschloß ich, meinen Gesichtsausdruck zu verändern, und Tag für Tag probte ich dies vor dem Spiegel. Als ich nach Verlauf des einen Jahres wieder hervorkam, befand ein jeder, ich müsse an der Auszehrung leiden, und ich dachte für mich, daß dies also die Grundlage des Dienstes beim Fürsten sei. Wer die Klugheit auf dem Gesicht trägt, dem ist irgendwie nicht recht zu trauen. Wenn es an einer gewissen Gelassenheit und Korrektheit fehlt, kann die äußere Erscheinung nicht als schön bezeichnet werden. Am besten ist eine ehrfurchtsvolle, dabei feste und ruhige Art.« Ogasawara, den Inazo Nitobe als einen bedeutenden Lehrer für Umgangsformen der Tokugawa-Zeit erwähnte, faßte die angestrebte Wirkung eines ehrfurchtgebietenden Benehmens so zusammen: »Das Ziel aller Etikette besteht darin, euren Geist so zu bilden, daß selbst, wenn ihr ruhig dasitzt, es der ungehobeltste Raufbold nicht wagt, eure Person anzugreifen.«

Das starke Bewußtsein der persönlichen Würde und des eigenen Werts trug wesentlich zur Schaffung jenes Ehrgefühls bei, das die Kriegerklasse prägte. Die von Kindheit an eingeflößte Furcht vor der Schande war so groß, daß schon das Kind oder der Jugendliche unaufhörlich Beweise seiner körperlichen und sittlichen Standhaftigkeit zu geben gezwungen waren. Es hieß, das Ehrgefühl sei der Boden, auf dem alle Tugenden, alle guten Eigenschaften und Sitten zusammentreffen; doch oft wurden im Namen der Ehre blutige Taten verübt, die im bushido keine Rechtfertigung fanden. »Es lag in ihrem Stand begründet«, schreibt Maurice Pinguet, »daß all diese Schwertkämpfer lebhaft, ungeduldig, streit- und vor allem rachsüchtig waren. Das *Hagakure* enthält unzählige Erzählungen von Blutrachen und gewalttätigen Zusammenstößen, die in aller Regel mit *seppuku* endeten. Unter der Oberfläche des allgemeinen Friedens brodelten die Sitten der Krieger fort.«

Als das Tokugawa-Regime Japan ausländischen Einflüssen öffnete, revoltierte der allem Fremden gegenüber ablehnend und sogar feindlich eingestellte Schwertadel; der daraufhin entbrannte Bürgerkrieg endete mit der Restauration des Kaisers. In der darauffolgenden Meiji-Ära wurden die Vorrechte der Samurai nach und nach abgeschafft. Viele von ihnen traten als Beamte in den Staatsdienst oder als Militärs in die Streitkräfte ein. Andere gingen in die Industrie, lernten ein friedliches Gewerbe, manche wurden sogar Händler und entsagten der Gewohnheit ihrer Klasse, das Geld zu verachten. Ihr Nimbus aber wirkte weiter, indem der **bushido**, ihr Sittenkodex, allen zugänglich gemacht wurde. Die Kinder Japans sollten zunächst als Schüler, dann als Rekruten, wenn sie männlichen Geschlechts waren, und schließlich als Mitarbeiter in der aufstrebenden Industrie Samurai im Geiste werden.

Leben ist Streben und nicht bloß Dasein

In den Standardwerken der Erziehungsgeschichte werden Daniel Gottlob Moritz Schrebers pädagogische Schriften nicht erwähnt. Allein die Schrebergartenbewegung, die zwar nach ihm benannt, aber erst nach seinem Tod (im November 1861) gegründet wurde, erinnert an den Mann, der seine Arbeit »**Dem Heile künftiger Geschlechter**« widmete. Schreber war nicht nur ein bekannter und angesehener Arzt in Leipzig, Dozent für innere Medizin und Heilmittellehre, Direktor einer orthopädischen und heilgymnastischen Anstalt, sondern auch ein bigotter Erziehungsfanatiker, dem Charisma und beträchtlicher Einfluß auf seine und nachfolgende Generationen nachgesagt werden und der immer wieder stolz darauf hinwies, seine pädagogischen Methoden auch auf die eigenen Kinder angewandt zu haben. Alfons Ritter, einer seiner Biographen, der 1936 Schreber seine Dissertation widmete und Adolf Hitler bewunderte, sah in Schreber einen geistigen Vorläufer des Nationalsozialismus. Tatsächlich decken sich viele Ansichten Hitlers mit jenen Schrebers, der unermüdlich predigte, die »**unedlen Keime der menschlichen Natur, das Unkraut**«, seien rechtzeitig mit »**Rastlosigkeit und**

Nachdruck« zu verfolgen und auszurotten. Seine Ideen der Volkserziehung und Körperkultur brachte er mit missionarischem Eifer unters Volk, das er für »schlaff« und »kraftlos« hielt. Er selbst war, wie der amerikanische Psychoanalytiker William G. Niederland (von dem noch die Rede sein wird) in seinem Buch ***Der Fall Schreber*** erwähnt, »ein kleinwüchsiger Mann, in seiner Jugend körperlich unterentwickelt und von schwacher Gesundheit. Durch ausdauerndes Training, große Anstrengung und methodische Muskelübungen erreichte er es, ein robuster Mann, ausgezeichneter Turner, Schwimmer und Reiter zu werden.«

Von den zahlreichen theoretischen Schriften und praktischen Ratgebern bietet sich das 1858 in Leipzig erschienene Werk ***Kallipädie oder Erziehung zur Schönheit durch naturgetreue und gleichmässige Förderung normaler Körperbildung, lebenstüchtiger Gesundheit und geistiger Veredelung und insbesondere durch möglichste Benutzung specieller Erziehungsmittel*** an, Schrebers Gedanken zur Erziehung vom Säuglingsalter bis zur Adoleszenz kennenzulernen.

Schon im Vorwort macht der Autor deutlich: »Unter den hochwichtigen Lebensfragen der Menschheit steht die Erziehung der aufwachsenden Generationen oben an. Selbst sehr mangelhafte Naturmitgabe ist oft in staunenerregender Weise ausgleichbar durch wohlberechnete Erziehung, wovon die augenfälligsten maßgebenden Beispiele in den immer höher steigenden Resultaten der Erziehungsanstalten für Taubstumme, Blinde, Blödsinnige, Cretinen, sittlich verwahrloste Kinder u. s. w. zu erblicken sind. Die glücklichste Naturmitgabe ist aber der Verkümmerung preisgegeben, wenn die erziehende Entwicklung derselben fehlt.«

Am Beginn einer langatmigen Einleitung stellt Schreber »tiefgreifende Mängel und Lücken« fest, »einesteils in Bezug auf die *körperliche* Entwicklung, andernteils in Bezug auf die Entwicklung dessen, was man *Charakter, Geistesstärke, edle Willenskraft* nennt. *Beides – die physische und moralische Lebensfähigkeit – sind aber gerade die wesentlichsten Grundlagen einer harmonischen Gesamtentwicklung und allseitigen Veredelung der menschlichen Natur, mithin die Grundbedingungen zur Erreichung des bestimmungsgemäßen Lebenszieles und des wahren Lebensglückes.*«

Er beklagt eine allgemeine »Herabgekommenheit« in »*physischer* Hinsicht«: »Nicht nur, daß im Allgemeinen die Häufigkeit der tausenderlei Kränkeleien und ausgebildeten Krankheiten und Gebrechen in relativer Zunahme begriffen ist, auch der ganze Bildungstypus der letzten Generationen zeigt unverkennbar ein allmähliches Sinken.« Bestätigt werde dies durch die »Militäraushebungen«, wo man »das Herabgehen des Militärmaßes« und »die relativ immer häufiger werdenden Untüchtigkeitsfälle« beklage; ferner durch hohe Kindersterblichkeit in den ersten Jahren, eine »allgemein verbreitete körperliche Hinfälligkeit und geringere Leistungsfähigkeit der übrigen Lebensalter, namentlich im Vertragenkönnen von Strapazen aller Art; das vorzeitige Altern, die Abnahme der Erreichung sehr hoher Altersstufen«. Dringe man tiefer in »das Innere des Menschenlebens«, so offenbarten sich weitere Beweise: »körperlich begründete Lebensstumpfheit, Unzufriedenheit, Hypochondrie, Hysterie mehr oder weniger in allen Ständen und Verhältnissen«.

Diese »Herabgekommenheit« sei aber auch in »*moralischer* Hinsicht« zu beobachten. Auch hier begegnete

Schreber »überall Schwächezuständen, die mit den verwandten körperlichen Zuständen im innigsten Zusammenhange stehen und sich gegenseitig und wechselweise bedingen. Anstatt hochherziger Gesinnungen, fester edler Bestrebungen, untrübsamer Zufriedenheit, lebensfrischer Heiterkeit, mutvoller Tatkraft: entweder moralische Stumpfheit und Schlaffheit, oder haltloses Schwanken zwischen den Extremen der erregenden und deprimierenden Leidenschaften; selbstsüchtige Engherzigkeit, Kleinmut, Verzagtheit, Mangel an Ausdauer bei Durchführung von Entschlüssen oder bei Eintritt von Widerwärtigkeiten, Prüfungen und Gefahren; vorherrschender Hang zur Weichlichkeit und Sinnlichkeit – kurz Charakterlosigkeit in jeder Hinsicht.« Und trete nun, »wie es notwenig im Laufe des Lebens liegt, das Schicksal mit ernsten Prüfungen und Schlägen so oder so an solche Menschen heran, so ist, eben weil der höhere Gesichtspunkt, der innere Halt, die selbständige höhere Geisteskraft fehlt, dumpfes, lebenvernichtendes Erstarren oder Verzweiflung die unausbleibliche Folge. Zu einer heldenmütigen Ergebung in das Unabänderliche können sich diese Unglücklichen nicht zusammenraffen.« Schrebers Resümee: Die gründliche Abhilfe der »summarisch angedeuteten physischen und moralischen Mängel und Gebrechen der Jetztwelt« könne »selbstverständlich nirgends anders gesucht werden, als da, wo der Mensch eben zum Menschen gebildet werden soll – in der Erziehung«.

Schreber erinnert die Eltern, daß »der Segen guter Erziehung« von Generation zu Generation fortwirke, und daß »ein gut erzogenes Kind dereinst als Vater oder Mutter die gleichen Grundsätze auf seine Kinder anwenden und vererben wird. [...]

Mann und Frau müssen sich, wie überhaupt, so ganz besonders bei Leitung der Kindererziehung, gegenseitig ergänzen. Der Vater übertrage der Mutter von seiner Willenskraft und Festigkeit, die Mutter dem Vater von ihrer Sanftmut, Geduld und – Selbstverleugnung.«

Vater Schreber kritisiert »die mangelhafte väterliche Mitwirkung am Erziehungsgeschäfte«, denn »wo also eine planmäßige, auf Grundsätzen ruhende Erziehung gedeihen soll, da muß vor allem der Vater die Zügel der Erziehung in der Hand haben. Prüft man genau und unparteiisch, so muß man die Hauptverantwortlichkeit für das gesammte Erziehungsresultat stets dem Vater zuerkennen. Denn er hat vermöge seiner in der allgemeinen Weltordnung ihm angewiesenen Stellung die Macht oder soll sich wenigstens die Macht schaffen, um alle die mancherlei Schwierigkeiten und Hindernisse, welche sich einer konsequenten Durchführung der Erziehungsgrundsätze in den Weg zu stellen pflegen (z. B. Schwächen und Unverstand in den engeren und weiteren Kreisen der Umgebung der Kinder) durch entschiedene Festigkeit zu besiegen.«

Im folgenden Kapitel stellt Schreber bereits für das erste Lebensjahr des Kindes klar fest, worauf es ihm ankommt: *»Unterdrücke im Kind alles, halte von ihm fern alles, was es sich nicht aneignen soll; leite es aber beharrlich hin auf alles, was es sich angewöhnen soll. [. . .]* Als die ersten Proben, an denen sich die geistig erzieherischen Grundsätze bewähren sollen, sind die durch *grundloses Schreien* und *Weinen* sich kundgebenden Launen der Kleinen zu betrachten. Das Schreien hat jetzt eine andere Bedeutung als beim Neugeborenen in den ersten Lebenswochen. Hat man sich überzeugt, daß kein richtiges Bedürfnis, kein lästiger oder schmerzlicher Zustand, kein Kranksein vorhanden ist, so kann man sicher sein, daß das Schreien eben nur der Ausdruck einer Laune, einer Grille, das erste Auftauchen des Eigensinnes ist. Man darf sich jetzt nicht mehr wie anfangs ausschließlich abwartend dabei verhalten, sondern muß schon in etwas positiverer Weise entgegentreten: durch schnelle Ablenkung der Aufmerksamkeit, ernste Worte, drohende Gebärden, Klopfen an's Bett (bei welchen Eindrücken das Kind meistens innehält, stutzt und das Schreien einstellt) oder wenn dieses alles nicht hilft – durch, natürlich entsprechend milde, aber in kleinen Pausen bis zur Beruhigung oder zum Einschlafen des Kindes beharrlich wiederholte körperlich fühlbare Ermahnungen. Eine wesentliche Bedingung ist das Durchführen dieses Verfahrens bis zur Erreichung des Zweckes. Das Kind bekommt so – aber auch nur auf diese Weise – ungeachtet seines nur dämmernden Gefühlslebens doch den Eindruck der Abhängigkeit von außen und lernt oder vielmehr gewöhnt sich – sich zu fügen. Halbe Maßregeln (d. h. Nachlassen vor Erreichen des Zweckes) wirken meist nur aufreizend, nicht dämpfend.

Eine solche Prozedur ist nur ein- oder höchstens zweimal nötig und – man ist Herr des Kindes für immer. Von nun an genügt ein Blick, ein Wort, eine einzige drohende Gebärde, um das Kind zu regieren. Man bedenke, daß man dadurch dem Kind selbst die größte Wohltat erzeigt, indem man ihm viele seinem Gedeihen hinderliche Stunden der Unruhe erspart und es von allen jenen inneren Quälgeistern befreit, die außerdem gar leicht zu ernsteren und immer schwerer besiegbaren Lebensfeinden emporwuchern.«

Schädliche Einflüsse auf die Kinderpflege seien ferner »*übertriebene* Besorgnis der Umgebung des Kindes«,

»allerhand Liebkosungen« zur Besänftigung, weil daraus Launen des Kindes entstünden, »welche gar bald zu jener üblen Gewohnheit werden, die das Erziehungsgeschäft ungemein erschwert und dem späterhin bestimmten hervortretenden trotzigen Sinne einen unglaublich starken Zuwachs verleiht«.

Eine in ihren Konsequenzen sehr wichtige Regel sei jene, »daß auch erlaubtes Begehren des Kindes stets nur dann erfüllt werde, wenn das Kind in freundlich harmloser oder wenigstens ruhiger Verfassung ist, niemals aber mitten im Schreien oder unbändigen Gebaren [...], selbst wenn zum Beispiel das wohlbegründete und rechtzeitige Bedürfnis nach der regelmäßigen Nahrung die Veranlassung wäre – [...] denn es muß vom Kind der leiseste Schein ferngehalten werden, *als könne es durch Schreien oder unbändiges Benehmen seiner Umgebung irgend etwas abzwingen.* Im Gegenteile erkennt das Kind sehr bald, daß es nur durch das entgegengesetzte Benehmen, durch *Selbstbeherrschung*, seine Absicht erreicht. [...]

Durch die zuletzt erwähnte Gewöhnung hat das Kind bereits einen merklichen Vorsprung erreicht in der Kunst zu *warten* und ist vorbereitet auf eine andere für die Folge noch wichtigere, auf die Kunst *sich zu versagen.* [...] Es kann fast als selbstverständlich betrachtet werden, daß jedem unerlaubten Begehren, sei dieses nun ein dem Kinde selbst nachteiliges oder nicht – eine unbedingte Verweigerung mit ausnahmsloser Konsequenz entgegengesetzt werden müsse. Das Verweigern allein ist aber noch nicht alles, sondern man muß zugleich darauf halten, daß das Kind das Verweigern ruhig hinnehme und nötigenfalls durch ein ernstes Wort, eine Drohung und dergleichen dieses ruhige Hinnehmen zu einer festen Gewohnheit machen. Nur keine Ausnahme gemacht! [...] Nur so erleichtert man dem Kinde die heilsame und unentbehrliche Gewöhnung an Unterordnung und Regelung seines Willens, an Selbstunterscheidung des Erlaubten und des Nichterlaubten, nicht aber durch zu ängstliches Erziehen ... [...]

Unsere ganze Einwirkung auf die Willensbildung des Kindes erstreckt sich zur Zeit auf die Gewöhnung an ***unbedingten Gehorsam***, worauf dasselbe durch Anwendung der bisher aufgestellten Grundsätze schon sehr vorbereitet ist. Als allgemeine Regel ist folgende festzuhalten: Quäle das Kind nicht durch zu häufiges Verlangen, z. B. des Kußgebens, des Handgebens, der Veränderungen seiner Lage u. s. w., aber ***was du einmal verlangst, das setze durch in jedem Fall***, mag das Verlangen noch so unbedeutend sein, selbst nötigenfalls mit Gewalt. Es darf dem Kinde der Gedanke gar nicht aufkommen, dass sein Wille herrschen könne, vielmehr muss die Gewohnheit, seinen Willen dem Willen der Eltern oder Erzieher unterzuordnen, in ihm unwandelbar befestigt werden, was nur durch ausnahmslose Konsequenz möglich ist. Mit dem Gefühle des Gesetzes vereinigt sich dann das Gefühl der Unmöglichkeit, dem Gesetze zu widerstreben: der kindliche Gehorsam, die Grundbedingung aller weiteren Erziehung ist auch für die Folge fest begründet.«

Haben nun die Eltern Doktor Schrebers Ratschläge befolgt, »so werden sie bald durch den Eintritt jenes schönen Verhältnisses belohnt, wo das Kind fast durchgehend nur mit einem elterlichen Blick regiert wird«.

Die nächste Altersperiode, auf die es einzuwirken galt, war jene von zwei bis sieben Jahren. Märchen und Fabeln schienen Schreber dabei als Erziehungshilfe völlig ungeeignet, da sie im kindlichen Gemüt nur »**unreines Geistesblut**« erzeugten und das »**Festwurzeln der Wahrhaftigkeit der Gesinnung**« erschwerten. Was ihm vorschwebte, waren »**Erzählungen aus dem reichen Bilderbuche des realen Lebens der Gegenwart, harmlose, einfache, liebliche oder mit einer gesunden Moral verknüpfte Genrebilder, dazwischen zur Abwechselung einfach lustige, komische Geschichtchen!**«

Der Volkserzieher Schreber hegte keinen Zweifel, daß das »**Selbstgefühl**« des Kindes darauf beruhe, daß es nicht gegen die Disziplin trotze oder rebelliere. »**Fast bei jedem Kinde aber, selbst dem bestgezogensten, taucht wenigstens einmal die Erscheinung der *Widerspenstigkeit* oder des *Trotzes* auf – ein Überbleibsel der natürlichen Rohheit, welche das erwachende Selbstgefühl nach der falschen Richtung zieht. Meist fällt dies gegen das Ende des zweiten Jahres. Das Kind verweigert plötzlich und oft in überraschender Weise gerade da, wo es seit lange schon die vollste Willigkeit gezeigt hat, den Gehorsam. Die Veranlassung dazu mag sein welche sie wolle, eine bedeutendere oder an sich ganz gleichgültige – gleichviel, es kommt alles darauf an, *daß der Trotz gebrochen werde*, und zwar auf der Stelle bis zur Wiedererlangung des vollen Gehorsams, nötigenfalls durch fühlbare Züchtigung. [...]**

Wenn einem Kind geheißen ist, etwas mit der einen bestimmten Hand zu überreichen, es beharrt aber eigenwillig darauf, statt dieser die andere Hand dazu zu nehmen – was in der Welt könnte wohl gleichgültiger sein, als das Äußere dieser Handlung: der vernünftige Erzieher aber wird nicht eher ruhen, als bis die Handlung dem Geheiße vollkommen entsprechend ausgeführt, und der unreine Beweggrund ihr genommen ist.«

Das nächste Kapitel behandelt das achte bis sechzehnte Lebensjahr, das »Lern-Alter«, und Schreber stellt fest: »War die Erziehung während der beiden früheren Altersperioden in richtiger Weise geleitet worden, [...] ist manche Lücke noch zu füllen, manche Unebenheit auszugleichen, – so ist doch, sowohl auf körperlicher wie geistiger Seite, in den Hauptpunkten *ein guter fester Grund gelegt*, auf dem sich mit erhöhter Sicherheit weiter bauen läßt.« Was aber mit Kindern tun, »welche die ersten sieben Lebensjahre durchlaufen sind und ihrem ganzen Wesen nach zu den *verzogenen, falsch gearteten* gerechnet werden müssen?« Da helfe nur »Nachhilfe« und »Ausbesserung«, eine für das weitere »Erziehungsgeschäft« um ein »Bedeutendes schwerere Arbeit. Dessenungeachtet muss in jedem Falle das irgend noch Mögliche versucht werden, denn die Entfernung eines jeden einzelnen Zweiges oder Blattes vom Unkraute ist ein wichtiger Gewinn für's Leben. Die am Kinde haftenden Folgen der Mängel und Fehler in der Erziehung sind als krankhafte Zustände zu betrachten.« Alle Gattungen von Erziehungsmitteln (Ablenkungen, ernste und heitere Beschäftigungen, Ermahnungen, Lob, Tadel, Strafe) seien anzuwenden, um die »schlechte Richtung« ganz abzuschneiden. Dabei sei »auf alle nur mögliche Weise dahin zu wirken, daß das Kind von der Freude an der eigenen Besserung recht durchdrungen und gehoben werde. Wohl verstanden, es darf aber nur eine edle, reine Freude sein.«

Um den Körper »zu möglichst schöner, edler Form und zu voller, dauerhaft fester Lebensfähigkeit« auszubilden und gegen »Normwidrigkeiten« vorzusehen, dachte sich Schreber eine Reihe von (orthopädischen) Apparaten und Geräten aus. Während der Wachstumsperiode des

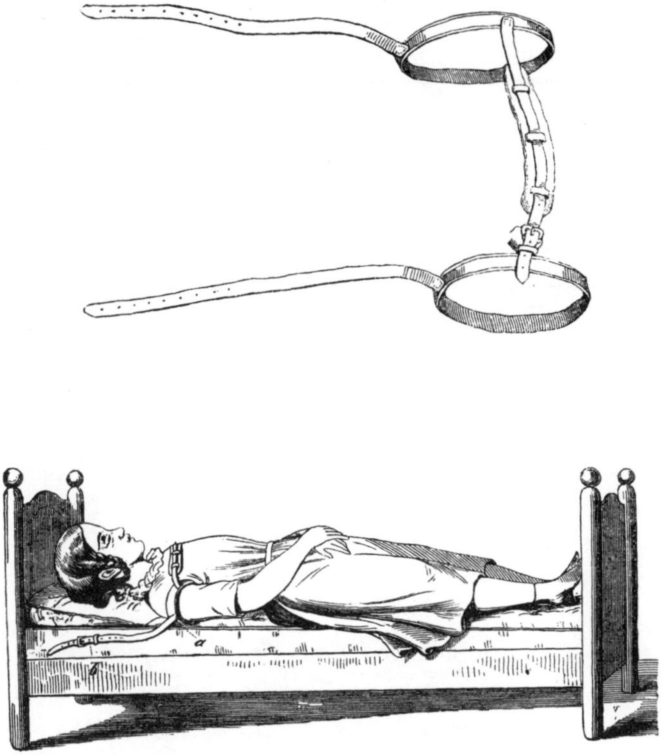

Schulterriemen zur Sicherung der korrekten Rückenlage des schlafenden Kindes.

Kindes habe zum Beispiel die Art der Lage beim Schlafen entscheidenden Einfluß auf die Körperbildung. Die Rückenlage entspreche »allen Gesundheitsrücksichten am vollkommensten« (würde doch der Körper eines Kindes, wenn es zu lange auf einer Seite liege, an dieser Seite geschädigt). »Wenn bei einem Kinde, welches bereits das siebente oder achte Jahr überschritten hat, irgend eine von der Rückenlage abweichende gesundheitswidrige Art des Liegens im Schlafe zur vorwaltenden Gewohnheit geworden ist«, dann helfe nur »die einfachste und doch den Zweck vollkommen erfüllende Vorkehrung«: zwei ringförmige Schulterriemen, die am Bett des Kindes befestigt wurden. Sie umfaßten, wenn die Arme hindurchgestreckt waren, die Schultern und wurden durch einen Riemen über der Brust miteinander verbunden. Damit sollte »jedes Umwälzen nach der Seite verhindert« werden. (Es erstaunt, daß eine ähnliche Praxis noch in einem Ratgeber aus dem Jahre 1978 zu finden ist. Autor ist der Anthroposoph und Arzt Wilhelm zur Linden, der in seiner Schrift *Geburt und Kindheit* der Frage nachgeht, ob das Kind nachts in einem Gurt liegen solle oder nicht. »Läßt man Kinder von etwa einem dreiviertel Jahr an ohne Gurt«, meint er, »so wälzen sie sich vor dem Einschlafen willkürlich im Bett herum, sie liegen mehr auf als unter der Bettdecke, und die Folgen sind ewig Erkältungen der Atmungsorgane oder der Blase. Gewöhnt man aber solche Kinder frühzeitig an den Gurt, der, wenn er richtig konstruiert und im Bett unter der Matratze befestigt ist, dem Kind jede seitliche Bewegung, aber nicht das Aufrichten oder gar Stehen, frei erlaubt, so wird es keine Beengung empfinden und zu ruhigeren Bewegungen und einem ruhevolleren Schlaf kommen.«)

Das »Vorfallenlassen der Schultern und des Kopfes«, so Schreber, sei ein unmißverständlicher Ausdruck für »Schlaffheit, Dummheit und Feigheit«. Seine Antwort darauf war die Konstruktion eines Schulterbandes, das aus einem nicht allzu elastischen Ledergurt bestand, in dem wattierte Metallfedern eingearbeitet waren, die den Gurt spannten und ihm einen sicheren Halt gaben. Getragen wurde das Schulterband unter den Kleidern, in Form einer Achterschleife um die Schultern. »Anfangs schnallt man es lose und nach und nach bis zu dem erforderlichen Grade, wo die Schultern in der richtigen Stellung sind, zusammen. Man läßt es so lange den ganzen Tag über tragen, bis man die Überzeugung gewonnen hat, daß die Gewohnheit geregelt ist.«

Im Kampf gegen die unerwünschte Schlaffheit kam Schrebers Erfindungsgeist nicht zur Ruhe. Sein nächster Streich war ein Kopfhalter, der als »Erinnerungsmittel für die straffe Kopfhaltung« angelegt werden mußte. Eine Kombination von Gummi- und Lederband wurde an einem Ende in die Haare des Kindes geklemmt, das andere Ende an der Unterwäsche festgeknöpft. Jedesmal, wenn das Kind den Kopf nicht gerade hielt, wurde es an den Haaren gerissen. »Das Bewußtsein, daß der Kopf über einen gewissen Punkt hinaus sich nicht neigen kann«, versicherte Schreber, »wird bald so zur Gewohnheitssache.«

Das »Gehen mit durchgestecktem Stabe« war eine weitere »methodische« Übung, um »ein kräftiges Zurückhalten der Schultern und eine straffe Streckung des Rückens« zu bewirken, »wenn an Kindern der jetzigen Altersperiode [achtes bis sechzehntes Lebensjahr] noch fehlerhafte Gewohnheiten der Fußstellung bei den verschiedenen Bewegungen haften, oder ein auf Muskelschlaffheit beruhendes unvollkommenes Heben der Füße beim Ausschreiten (der schleifende, latschende Gang) bemerkbar ist.«

Dem schlaffen Kinderkörper konnte Schreber mit straffenden Maßnahmen begegnen, den Gefahren der asymmetrischen Körperbildung durch diverse Übungen, Bandagen oder sonstige Vorrichtungen. Doch wie der Gefahr beikommen, die gegen Ende dieser Altersperiode »von körperlicher Seite her dem sittlichen Charakter« drohte und die in ihrer vernichtenden Wirkung gar nicht zu unterschätzen war? Schreber wußte, wovon er sprach: »Es sind die mit der *geschlechtlichen Entwicklung verbundenen Triebe*, die zu »gefährlichen *stillen Verirrungen* führen können«, und er meinte natürlich die Masturbation, diese »schleichende Pest der Jugend«, die dumm, stumpfsinnig, lebensmüde, zeugungsunfähig und für Erkrankungen des Unterleibes und der Nerven anfällig mache. Für Schreber, der entschlossen und beharrlich gegen die Onanie zu Felde zog, war klar, »daß sowohl *alle unedlen und unmoralischen als auch alle niederdrückenden Leidenschaften immer sofort durch Ablenkung oder direktes Niederkämpfen im Keime erstickt werden müssen.* Im allgemeinen umfaßt dieser Grundsatz zunächst die sittlich vernünftige *Beherrschung der ganzen körperlichen Seite*, der *Sinnlichkeit* im weitesten Sinne des Wortes.« Als »Heilmittel« und »Kur« empfahl er einen Zyklus von gymnastischen Übungen, wie beispielsweise Axthauen und Sägebewegungen, Armwerfen und Armstoßen, in »hartnäckigen« Fällen kalte Sitzbäder vor dem Schlafengehen, Kaltwasserklistiere und kalte Abreibungen der Schamgegend. (Kursive Hervorhebung in den Zitaten durch Schreber.)

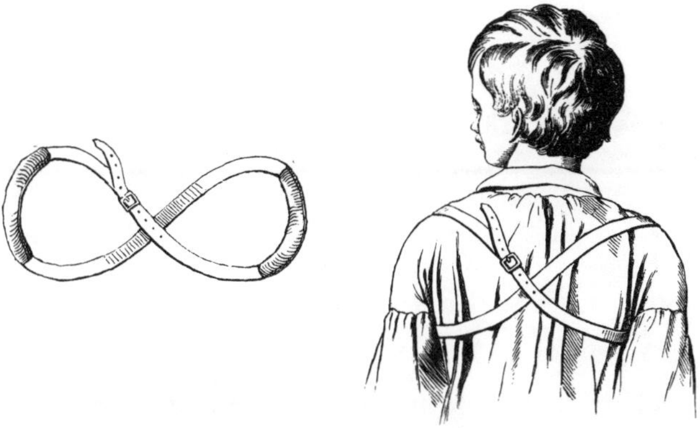

Das *Schulterband* (die schraffierten Teile der linken Abbildung sind die Metallfedern).

»Gehen mit durchgestecktem Stabe.«

Der *Schrebersche Geradhalter* sollte jeden Versuch des »Schiefsitzens, des Vorfallens mit Oberkörper und Kopf, des Andrückens der Brust oder des Unterleibes« beim Schreiben und Zeichnen verhindern.

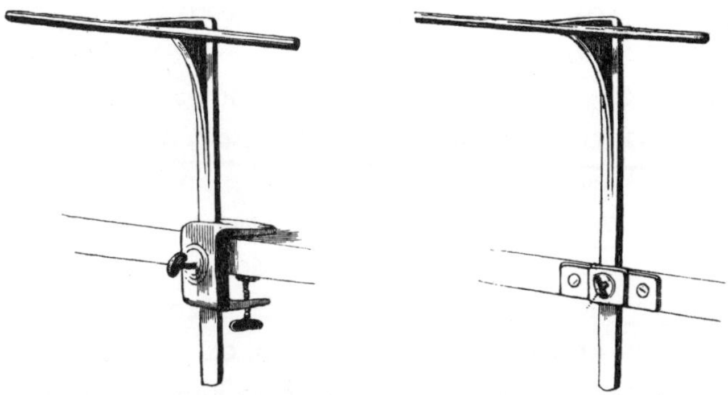

Der modifizierte *Geradhalter*. Links die tragbare Ausführung, rechts das Modell für die Schule, das am Pult angeschraubt wurde.

In der letzten Periode, vom siebzehnten bis zum zwanzigsten Lebensjahr, ist der Knabe Jüngling, das Mädchen Jungfrau geworden, und »die Hauptaufgabe der Erziehung ist zu Ende. Ihr Erfolg ist entschieden so oder so.« Noch einmal beschwört der Volkserzieher Schreber den »Sieg des Geistes über die Materie« und wie wichtig es für den Charakter sei, »daß derselbe schon im Jünglings- und Jungfrauenalter eine Schutzmauer bildet gegen das krankhafte Vorherrschen der gemütlichen Seite, gegen jene schwächliche Empfindsamkeit, die Krankheit unserer Tage, welche als die allgemeinste Ursache der zunehmenden Häufigkeit der Lebensmüdigkeit, der Geisteskrankheiten und Selbstmorde zu erkennen ist«.

Es entbehrt nicht einer gewissen Ironie, daß Moritz Schrebers Sohn Paul, Doktor der Rechte und ehemaliger Senatspräsident beim Oberlandesgericht in Dresden, insgesamt nahezu vierzehn Jahre seines Lebens (von 1884 bis zu seinem Tod 1911) in verschiedenen »Irrenkliniken« verbrachte. 1903 veröffentlichte er unter dem Titel ***Denkwürdigkeiten eines Nervenkranken*** im Verlag Oswald Mutze in Leipzig seine Memoiren, worin er Einblick in seine gepeinigte Psyche, bizarren Wahnvorstellungen und halluzinatorischen Empfindungen gab. Mit der Schrift wollte Paul Schreber, wie er in der Einleitung meinte, den »Personen seiner Umgebung« wenigstens einen »ungefähren Begriff« von seinen religiösen Vorstellungen geben, damit sie von den »manchen scheinbaren Absonderlichkeiten« seines Verhaltens eine Ahnung hätten. Rezensiert wurden die ***Denkwürdigkeiten*** damals als ein klassischer Fall von Paranoia (heute würde man es als paranoide Schizophrenie bezeichnen). Es heißt, seine Angehörigen hätten so viele Exemplare wie möglich aufgekauft und vernichtet, doch

Der *Kopfhalter.*

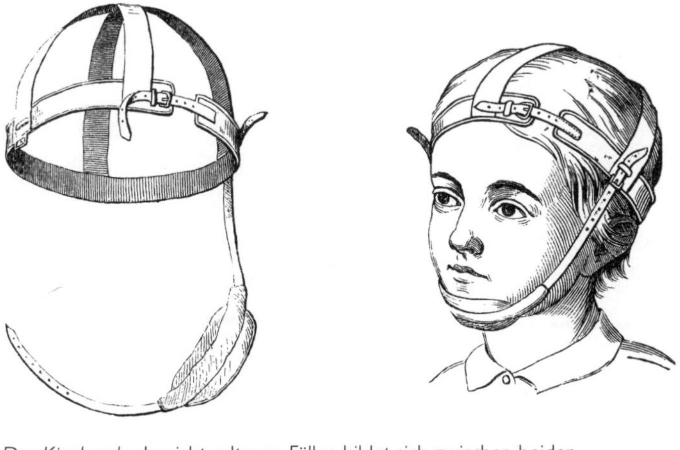

Das *Kinnband:* »In nicht seltenen Fällen bildet sich zwischen beiden Kinnladen ein Mißverhältnis durch vorherrschendes Wachstum der Unterkinnlade aus. Ich ließ ein Kinnband von weichem Leder fertigen, wie es die beistehende Abbildung darstellt.« D. G. M. Schreber.

landete ein Exemplar der ***Denkwürdigkeiten*** über Vermittlung eines Dresdner Arztes in der Wiener Berggasse bei Sigmund Freud. Das Ergebnis von Freuds Lektüre (der Schreber nicht persönlich kannte) war die Abhandlung ***Psychoanalytische Bemerkungen über einen autobiographisch beschriebenen Fall von Paranoia (Dementia paranoides),*** die er im Sommer 1911 (in Schrebers Todesjahr) veröffentlichte und die gewiß dazu beigetragen hat, den **»Fall Schreber«** zu einer der am häufigsten zitierten und diskutierten Fallgeschichten der modernen Psychiatrie werden zu lassen. Freuds analytische Studie stieß auf bewundernde Zustimmung wie auch auf rege Mißbilligung, und bis heute liegen sich Psychiater und Analytiker in den Haaren, ob Paul Schreber tatsächlich schizophren war und ob die Schuld an seiner »Nervenkrankheit« in den Erziehungspraktiken seines Vaters zu suchen war. Denn auch der um drei Jahre ältere Bruder Gustav habe, das berichtete die jüngste Schwester Klara, an einer progressiven Psychose gelitten; er jagte sich mit achtunddreißig Jahren eine Kugel durch den Kopf.

Auf die Bedeutung von Moritz Schrebers Erziehungsmaßnahmen für die Phantasiewelt seines Sohnes Paul ist häufig hingewiesen worden, vor allem von dem eingangs erwähnten Psychoanalytiker William G. Niederland. Paul Schreber muß während seiner **»Nervenkrankheit«** qualvolle und demütigende körperliche Erfahrungen erlitten haben, die er für **»Wunder«** hielt, welche Gott (der Vater) durch **»Strahlen«** an seinem Körper bewirke. Im XI. Kapitel der ***Denkwürdigkeiten***, das mit **»Schädigung der körperlichen Integrität durch Wunder«** überschrieben ist, heißt es im ersten Absatz: **»Seit den ersten Anfängen meiner Verbindung mit Gott bis auf den heutigen Tag ist mein Körper unausgesetzt der Gegenstand göttlicher**

Wunder gewesen. Wollte ich alle diese Wunder im einzelnen beschreiben, so könnte ich damit allein ein ganzes Buch füllen. Ich kann sagen, daß kaum ein einziges Glied oder Organ meines Körpers vorhanden ist, das nicht vorübergehend durch Wunder geschädigt worden wäre, keine einzige Muskel, an der nicht durch Wunder herumgezerrt würde, um sie je nach der Verschiedenheit des damit verfolgten Zweckes entweder in Bewegung zu setzen oder zu lähmen. Noch bis auf den heutigen Tag sind die Wunder, die ich allstündlich erlebe, zum Teil von solcher Beschaffenheit, daß sie jeden anderen Menschen in tödlichen Schrecken versetzen müßten; [...] In dem ersten Jahre meines Aufenthalts auf dem Sonnensteine [Sanatorium in Pirna bei Dresden] aber waren die Wunder so bedrohlicher Natur, daß ich fast unaufhörlich für mein Leben, meine Gesundheit oder meinen Verstand fürchten zu müssen glaubte.« In einer Fußnote fügt Schreber hinzu: »Dies, wie der ganze Bericht über die an meinem Körper verübten Wunder, wird natürlich allen anderen Menschen über die Maßen befremdlich klingen, so daß man geneigt sein wird, darin nur die Erzeugnisse einer krankhaft erregten Einbildungskraft zu finden. Demgegenüber kann ich nur versichern, daß kaum irgendeine Erinnerung aus meinem Leben für mich sicherer ist, als die in diesem Kapitel erzählten Wunder. Was kann es auch Gewisseres für den Menschen geben, als das, was er an seinem eigenen Körper erlebt und empfindet?«

Dem Analytiker Niederland fiel bei der näheren Untersuchung der Eigenart dieser Wunder – von der angedrohten Entmannung bis zur Entfernung innerer Organe und Veränderung der ganzen Statur – die »auffällige Ähnlichkeit zwischen den in den *Denkwürdigkeiten* aufgezählten

Wundern und den Manipulationen auf, die Schreber unter den Händen des Vaters erlebt haben muß«.

So ist in diesem Kapitel weiter zu lesen: »Eins der abscheulichsten Wunder war das sogenannte *Engbrüstigkeitswunder,* das ich mindestens einige Dutzend Male erlebt habe; es wurde dabei der ganze Brustkasten zusammengepreßt, so daß der Zustand der durch die Atemnot verursachten Beklemmung sich dem gesamten Körper mitteilte. [. . .]

Es war – neben dem *Engbrüstigkeitswunder* – wohl das abscheulichste aller Wunder; der dafür gebrauchte Ausdruck war, wenn mir recht erinnerlich ist, *Kopfzusammenschnürungsmaschine*. In meiner Schädeldecke war nämlich durch die vielen Strahlenzüge usw. ungefähr in der Mitte eine wahrscheinlich nicht von außen, aber doch von innen sichtbare tiefe Spalte oder Zäsur entstanden. Zu beiden Seiten dieser Spalte standen die ›kleinen Teufel‹ und preßten durch Andrehen einer Art von Schraubenkurbel meinen Kopf in der Art einer Schraubenpresse zusammen, so daß mein Kopf zeitweise eine nach oben verlängerte, fast birnenförmige Gestalt gewann. Der Eindruck auf mich war natürlich ein äußerst bedrohlicher, zuweilen auch mit sehr empfindlichen Schmerzen verbunden. Zeitweise wurde wieder zurückgeschraubt, meist aber nur ›sehr lässig‹, so daß der zusammengepreßte Zustand immer einige Zeit anzudauern pflegte.«

Zwischen diesen beiden beschriebenen Wundern und den von Vater Schreber angewandten Verfahren, die als »Gürtel für das schlafende Kind«, als »Schulterband« und als »Kinnband« erwähnt und gezeigt wurden, scheint ein Zusammenhang zu bestehen. Das trifft auch auf das »Kopfhalter« genannte elastische Band zu, das den Knaben vermutlich jedesmal an den Haaren riß, wenn er den Kopf nicht gerade hielt. Paul Schreber berichtet in Kapitel XV: »... daß ich jedes Wort, das mit mir oder in meiner Nähe gesprochen wird, jede noch so geringfügige, mit irgendwelchem Geräusch verbundene Handlung eines Menschen z. B. das Öffnen der Türschlösser auf meinem Korridor, das Klinken an der Tür meines Zimmers, das Eintreten eines Pflegers in dasselbe usw., zugleich mit einem gegen meinen Kopf geführten, ein gewisses Schmerzgefühl verursachenden Streich empfinde; das Schmerzgefühl äußert sich als ein ruckhaftes Zerren in meinem Kopfe, das [...] eine sehr unangenehme Empfindung hervorruft und jedesmal – so ist wenigstens das Gefühl, das ich habe – mit dem Abreißen eines Teils der Knochensubstanz meiner Schädeldecke verbunden sein mag.«

Der Analytiker Niederland nimmt an, daß Paul Schreber bereits erhebliche Traumatisierungen erlitten haben muß, als er drei oder vier Jahre alt war. »Daß die schädlichen Auswirkungen eines derart frühen ›gadget experience‹ [Apparat-Erlebnis]«, so Niederland, »nicht bereits in Schrebers Kindheit manifest wurden, mag verschiedene Gründe haben. Ein Grund mag in der Tatsache liegen, daß der Vater, bei all seiner zwanghaften Rigidität und autoritären Strenge, seine mechanischen Vorrichtungen und andere Methoden körperlicher und geistiger Einengung nicht ununterbrochen anwandte, d. h. nur für einige Tag- oder Nachtstunden. [...]

Ein weiterer wesentlicher Faktor scheint unmittelbarer mit der Psychopathologie des Vaters verknüpft zu sein. Sein Abwehrkampf gegen den eigenen Sadismus manifestiert sich häufig in seinen Handbüchern zur Kinderpflege. Dr. Schreber besteht z. B. darauf, daß alle manipulativen Praktiken und Zwangsmaßnahmen am kindlichen Körper ›iucunde‹ vorzunehmen seien, d. h. auf eine für das Kind angenehme und erfreuliche Weise. Die Auswirkungen dieser Prozedur auf die psychosexuelle Entwicklung des Kindes, die hierdurch erzeugte übermäßige Stimulation, die vorzeitige Störung libidinöser Bedürfnisse im allgemeinen, insbesondere die Betonung der homosexuellen Libido, die auffällige Mischung von einerseits brutal aufgezwungener, andererseits lustvoll induzierter Passivität – dies alles bedarf hier wohl keiner weiteren analytischen Ausführung. Es überrascht auch weiterhin nicht, unter den Vorschriften des älteren Schreber Ratschläge zur Verabfolgung von Klistieren ›als die mildeste Form von Abführmitteln‹ zu finden.«

Ein Detail zu Paul Schreber erscheint hier noch erwähnenswert: Wie sein Vater wurde auch er mit Hitler und dem Nationalsozialismus in Verbindung gebracht. Elias Canetti gibt in seinen Aufzeichnungen aus dem Jahre 1949 an, Schrebers ***Denkwürdigkeiten*** »gleich dreimal« gelesen zu haben und äußerst beunruhigt gewesen zu sein. »Ich glaube nicht«, notiert er, »daß jemals sonst ein Paranoiker [...] sein System so komplett und überzeugend dargestellt hat. Was habe ich alles bei ihm gefunden! Belege für einige der Gedanken, die mich seit Jahren beschäftigen: so den unlöslichen Zusammenhang zwischen Paranoia und Macht.« Und im nächsten Absatz heißt es: »... Schreber hat auch die Ideologie des Nationalsozialismus schon fertig als Wahn in sich getragen. Er betrachtet die Deutschen als das auserwählte Volk und sieht ihre Existenz gefährdet durch Juden, Katholiken und Slawen.« In seinem Werk ***Masse und Macht*** (1960) verarbeitete Canetti den »Fall Schreber« in zwei Teilkapiteln. Aus Schrebers Bericht ergebe sich »ein überaus klares Bild Gottes: Er ist nichts als Machthaber. Sein Reich hat Provinzen und Parteien. Die Interessen Gottes, wie sie kurz und schneidend bezeichnet werden, gehen auf eine Erhöhung seiner Macht. Dies und nichts anderes ist der Grund, warum er keinem Menschen das ihm gebührende Maß von Seligkeit vorenthalten würde. Unbequeme Menschen räumt er aus dem Wege. Es läßt sich nicht leugnen, dieser Gott sitzt als Spinne mitten im Netz seiner Politik.« Ein paar Seiten weiter heißt es: »Man wird nicht leugnen können, daß sein politisches System es einige Jahrzehnte später zu hohen Ehren gebracht hat. Es wurde in etwas roherer und weniger ›gebildeter‹ Fassung zum Credo eines großen Volkes. Es hat unter Führung eines ›Mongolenfürsten‹ zur Eroberung des europäischen Kontinents und um ein Haar bis zur Weltherrschaft geführt.«

Kinder im gefrorenen Land

Als Kind hörte Knud Rasmussen, Sohn einer Eskimo-Mutter und eines dänischen Vaters und auf Grönland aufgewachsen, oft Sagen von wilden Menschenfressern und gefährlichen Jägern, die weit im Norden, am Ende der Erde, leben, sich in Bärenhäute kleiden und von rohem Fleisch ernähren. Ihr Land sei immerdar von Eis umschlossen, und niemals dringe der Schimmer des Tages über die Felsen herein. Wer dort hin wolle, der müsse mit dem Südwind ziehen, bis ganz hinauf zum Herrn der nördlichen Stürme.

Rasmussen wurde Ethnograph und folgte dem Südwind. Zu Beginn unseres Jahrhunderts erforschte er Leben und Kultur jener Menschen, die sich selber **Inuit** (Menschen) nennen und deren Lebensraum die arktische Wildnis im hohen Norden unserer Erde ist, die sich von Ostsibirien über Alaska und Kanada bis nach Grönland erstreckt. Auf seine Reiseberichte ***Neue Menschen. Ein Jahr bei den Nachbarn des Nordpols, 1903/04,*** und ***In der Heimat des Polarmenschen. Die zweite Thule-Expedition 1916 bis 1918*** stützt sich dieses Kapitel, aber auch auf das Buch ***Die Eskimos*** (1927) des dänischen Ethnologen Kaj Birket-Smith, der Rasmussen auf seiner fünften Thule-Expedition (1921–1924) begleitete, die von Grönland quer durch Nordkanada bis nach Alaska führte. An dieser Expedition nahm auch der Däne Peter Freuchen teil, der 1906 zum ersten Mal auf Grönland landete und durch seine Eskimo-Romane bekannt wurde. Sein ***Book of the Eskimos*** (1961) bot sich gleichfalls als lohnende Quelle an. Alle drei Forscher gelten als exzellente Eskimokenner ihrer Zeit. – Ende des vorigen Jahrhunderts durchquerte der norwegische Polarforscher und spätere Friedensnobelpreisträger Fridtjof Nansen als erster das grönländische Binneneis. Über das Leben der Eskimo berichtete er in seinem Buch ***Eskimoleben*** (1891). Auch aus seinem Fundus stammen einige Zitate.

Die im wesentlichen einheitliche traditionelle Kultur der Eskimo war dem arktischen Milieu vortrefflich angepaßt und hatte eine Menge sinnreicher Gerätschaften und Techniken hervorgebracht. Ihr Lebensraum entlang des polaren Gürtels lag in der Zone mit den niedrigsten Temperaturen, und das weite, baumlose Land bot keinen Schutz gegen die Winterstürme, die mit unvorstellbarer Geschwindigkeit toben können (die Kälteeinwirkung auf den menschlichen Körper beträgt bei einer Lufttemperatur von beispielsweise fünfunddreißig Grad Celsius unter Null und einer Windgeschwindigkeit von nur fünfundsiebzig Stundenkilometer schon minus dreiundsiebzig Grad Celsius). Der Unterschied zwischen den Jahreszeiten ist so extrem wie nirgendwo anders. Im Winter hüllt die Polarnacht das Land mehrere Monate in Dunkelheit, während im Sommer, der etwa von Juni bis August dauert, die Sonne nicht untergeht. Dazwischen, im Frühling und Herbst, kehren Tag und Nacht in regelmäßigem Wechsel wieder.

Ihre Behausung, im Sommer Zelte aus Fellen, im Winter Häuser aus Steinen oder Torf und, vorübergehend, kuppelförmige Iglus (Häuser) aus Schneeblöcken, die als Zufluchtsort vor den erbarmungslosen Naturgewalten, aber auch vor Eisbären dienten, war ebenso wichtig wie die Beschaffung ausreichender Nahrung. Die arktischen klimatischen Verhältnisse haben nur einen dürftigen Pflanzenwuchs, aber eine große Vielzahl von Tieren, vor allem im Meer, hervorgebracht. Seit Jahrtausenden bestritten die Eskimo ihren Lebensunterhalt ausschließlich durch die Jagd auf Meeressäuger wie Robben, Wale und Walrosse, aber auch auf Karibus (wilde Rentiere), Moschusochsen, Eisbären, Fische und kleinere Tiere. Ihr Fleisch diente als Nahrung, ihre Felle wurden zu Kleidung, Boots- und Zeltüberzügen verarbeitet, ihr Fett speiste die Tranlampen und spendete Licht und Wärme. Selbst heute, wo die **Inuit** importierte Nahrungsmittel kaufen können, ist die Jagd die Grundlage ihres Lebensunterhalts. Als Verkehrs- und Transportmittel diente ihnen im Sommer an den Küsten der einsitzige **Kajak** oder der mehrsitzige, oben offene **Umiak**, im Winter der Hundeschlitten.

»Der Polareskimo«, lesen wir bei Rasmussen, **»beginnt und endet sein Leben auf Reisen. Schon als Neugeborener begleitet er seine Mutter im Rucksack. Niemand nimmt Rücksicht darauf, was für eine Jahreszeit ist; oft muß das jammernde Kleine über wilde Gletscher, durch Dunkel und Kälte getragen werden, und meist endet die Tragreise in einer kalten, eben errichteten Schneehütte. Kein Wunder, daß Mann und Frau häufig von Gicht vor der Zeit gekrümmt sind und nicht mehr weiter können. Das sind die natürlichen Folgen all der Tage, die man in Schneewehen bei plötzlichen Schneestürmen verbringen mußte, oder Erinnerungen an die vielen Male, da man auf Rentierjagden oder Vogelfang vom Unwetter überrascht wurde und wochenlang seine Zuflucht in einer feuchten, kalten Felsenhöhle nehmen mußte.«**

Das Temperament der Eskimo wird von den Reisenden als gleichmütig und gelassen beschrieben, ihr Wahrnehmungsvermögen als scharf und rasch. Allein von der Geschicklichkeit als Jäger und der Fähigkeit, mit Ausnahmesituationen fertig zu werden, hing ihre Überlebenschance ab. »**Das sind keine Leute,**« so Rasmussen, »**die den Kopf hängen lassen und davonlaufen, wenn sie Gefahren und der ewigen Hoffnungslosigkeit der Eispressungen begegnen.**« Übereinstimmend wird auch ihre Friedfertigkeit hervorgehoben. Diebstahl und Raub seien praktisch unbekannt. Mord, Hexerei und Streitigkeiten um Frauen bildeten die häufigsten Ursachen für Auseinandersetzungen. Gelang es den unbeteiligten Mitgliedern der Gruppe nicht, den Frieden wiederherzustellen, so wurde der Streit durch einen regelrechten Faustkampf, bei dem sich die Gegner mit Schlägen auf Schultern und Schläfen traktierten, ausgetragen. In Grönland, Kanada und rund um die Bering-See fanden zwischen den Streithähnen Singwettkämpfe statt. Jeder suchte den anderen lächerlich zu machen, indem er zur Trommel tanzte und mit höhnischen Liedern, die er vorher mit seinen Freunden einstudiert hatte, über Fehler und Schwächen seines Widersachers herzog. Nachdem sich die Gunst der Zuhörer dem einen oder dem anderen zugewandt hatte, galt der Streit als beigelegt. Mord konnte Blutrache nach sich ziehen, die oft zu Auseinandersetzungen ganzer Gruppen führte.

Die Eskimo glaubten an keinen Gott, den man anbetete, sondern ihren religiösen Vorstellungen lagen eine Reihe sagenhafter Erzählungen und traditioneller Gebräuche zugrunde, die man als Überlieferungen aus den »**alleräItesten Zeiten**« betrachtete. Die Vorfahren legten darin ihren ganzen Reichtum an Lebenserfahrung nieder, damit ihre Nachkommen nicht dieselben Fehler begingen und denselben Irrtümern verfielen wie sie. Diese Erzählungen und Legenden, die ungeschriebene »Literatur« der Eskimo, wurden von Generation zu Generation bereits den kleinen Kindern weitergegeben. Teils waren es einfache Schilderungen, teils Belehrungen für jene, die sich den Forderungen der Tradition nicht unterordnen wollten; es waren aber auch Berichte von Jägern, die sich in allen erdenklichen Gefahren bewährt hatten und die als Vorbild zur Nachahmung herausforderten. »Unsere Erzählungen«, zitiert Rasmussen einen Eskimo mit Namen Osarqaq, »sind Erlebnisse von Menschen, und daher sind es nicht immer schöne Dinge, die man zu hören bekommt. Aber es geht nicht an, eine Erzählung auszuschmücken, damit sie für den Zuhörer angenehm ist, wenn sie gleichzeitig wahr sein soll. Die Zunge soll ein Echo dessen sein, was geschildert wird, und darf sich nicht nach Laune und Geschmack eines Menschen richten. Dem Wort des Neugeborenen schenkt niemand Vertrauen, aber die Erfahrungen alter Geschlechter enthalten Wahrheit. Wenn wir unsere Sagen erzählen, so sprechen wir nicht aus uns selber, sondern die Weisheit der Väter spricht aus uns.«

Eine der unzähligen Schöpfungsgeschichten, die Rasmussen von einem Eskimo aus Nordalaska erzählt bekam, beginnt mit dem Satz: »Der Himmel entstand vor der Erde. Aber er war nicht älter; denn zu der Zeit, als dieser entstand, war auch die Erde schon im Begriff sich zu formen und eine feste Kruste zu bilden, noch ehe sie zu Land wurde.«

Da die Geschichte endlos lang ist, wollen wir sie kurzgefaßt nacherzählen: Im Land des Himmel lebte ein Wesen, Tulungersaq oder Vater Rabe genannt, der zum Ursprung von allem wurde. Der Rabe war kein gewöhnlicher Vogel, sondern eine heilige Lebenskraft, die in Gestalt eines Menschen zu leben begann; »er tastete im Dunkeln, und seine Taten waren zufällig, bis ihm offenbar wurde, wer er war und was er sollte.«

Er ließ die Finger über seinen Körper gleiten, fand sein Angesicht und fühlte, daß er Nase, Augen und Mund, Arme, Beine und Leib hatte. Er begriff, daß er ein selbständiges Wesen war und begann langsam und vorsichtig über den Lehmboden zu kriechen. Dabei entdeckte er einen harten Gegenstand, den er im Lehm vergrub. Daraus entsproß ein Busch, und Gras begann ringsum zu wachsen. Von einem plötzlichen Sausen begleitet, setzte sich ein federleichtes Wesen auf seine Hand, mit einem Schnabel und weichen Federn. Es war ein kleiner Sperling. Der Mensch kroch mit dem Sperling auf seinem Kopf weiter, fand Wasser und entdeckte, daß er auf einer Insel war, an deren Rand ein tiefer Abgrund klaffte. Er bat den Sperling, den Abgrund zu erkunden. Als der Sperling zurückkehrte, erzählte er, daß tief unten neues Land sei, das sich gerade zu festigen begonnen habe. Der Mensch beschloß, selbst in das Land des Abgrunds zu steigen. Er brach Zweige von dem Busch ab, heftete sie an seine Schultern, und die Zweige verwandelten sich in Flügel; Federn wuchsen aus seinem Körper, und aus der Stirn formte sich ein Schnabel. Als der Mensch nun seine ersten Flügelschläge tat, um in den Abgrund zu segeln, krächzte er »Qaoq, Qaoq!« und verwandelte sich augenblicklich in einen großen, schwarzen Vogel, der sich fortan »Rabe« nannte.

Das Land, aus dem er gemeinsam mit dem Sperling gekommen war, nannte er »Himmel«. Das Land des Abgrunds aber, das öde und kahl war, bepflanzte der Rabe in gleicher Weise wie das Land im Himmel. Als die Erde nun lebend und fruchtbar geworden war, erschuf der Rabe die Menschen.

»Vater Rabe ging umher und pflanzte Kräuter und Blumen. Da entdeckte er plötzlich einige Pflanzen mit Schoten, die er nie zuvor gesehen hatte. Er ging hin, um sie anzuschauen. Da öffnete sich die Schote, und ein Mensch hüpfte hervor, wohlgestaltet und völlig ausgewachsen.«

Der Mensch war erschaffen, und das erste, was Vater Rabe den Menschen zu essen gab, waren Beeren und Wurzeln, doch die reichten nicht aus. Deshalb schuf er allerlei Tiere auf der Erde, in der Luft und im Meer. Das sollte ihre Nahrung sein, wenn sie gelernt hätten, sie zu jagen, was nicht leicht war, denn es herrschte Dunkelheit. Da rief der Rabe den kleinen Sperling zu sich und sagte: »Fliege in die Welt hinaus und suche etwas, das die Erde erleuchten kann, so daß die Menschen einander sehen können und auch das Land ringsum und die Tiere, die sie jagen sollen.«

Der Sperling blieb unendlich lange aus, doch als er wiederkam, hatte er zwei Glimmersteine im Schnabel, in Blätter eingewickelt; ein Stück, das hell, und eines, das dunkel war. Und der Rabe brach ein kleines Stück von dem hellen Glimmer ab, warf es in die Luft, und sofort übergoß gleißendes Licht die Erde. Aus dem dunklen Glimmer entstand die Nacht, die den Tag regelmäßig abzuwechseln begann.

Nun kamen alle Freuden zu den Menschen. Der Rabe lehrte sie, Häuser zu bauen, die Schutz gegen Wind und Wetter boten, Kajaks und Fanggeräte herzustellen, um aufs Meer hinausfahren und jagen zu können.

»Und als die Erde so geworden war, wie sie sein sollte, versammelte der Rabe alle Menschen und sprach zu ihnen: ›Ich bin euer Vater, mir schuldet ihr euer Land und euer Leben, und mich dürft ihr nie vergessen.‹ Und dann hob er von der Erde ab und flog hinauf zum Himmel, wo es noch dunkel war. Hier warf er den Rest des hellen Glimmers aus, und wie ein gewaltiges Feuer überstrahlte das Licht die Erde, und Himmel und Erde waren erschaffen.«

Gab es Dinge in den (mythischen) Erzählungen, die man nicht verstand, so glaubte man sie trotzdem, »denn«, so hieß es, »wer kann beweisen, daß das, was er nicht begreift, falsch ist?«

Den festen Mittelpunkt der Eskimo-Gemeinschaft bildete die (Kern-)Familie, in der strikte Arbeitsteilung zwischen Mann und Frau herrschte. »Der Mann«, so Nansen, »hat sein schweres Leben auf der See als Jäger und Erwerber, doch wenn er mit seiner Beute ans Ufer kommt, hört seine Arbeit für die Aufrechterhaltung des Gemeinwesens in der Hauptsache auf. Hier wird er von seinen Frauenzimmern empfangen, die ihm an Land helfen, und während er sich von nun an nur um seinen Kajak und seine Waffen kümmert, liegt es den Weibern ob, die Beute nach Hause zu tragen; eine anstrengende Arbeit, bei der sie große Ausdauer zeigen. Die Frauen ziehen den Seehund ab und zerlegen ihn nach bestimmten Regeln, die Verteilung aber wird von der Hausfrau besorgt. Ferner müssen sie das Essen bereiten, die Felle zurichten, die Kajaks und die Frauenboote (Umiaks) damit beziehen, Kleider nähen und alle häuslichen Arbeiten verrichten. Außerdem bauen sie Häuser, schlagen die Zelte auf und rudern die Frauenboote.«

Nansen stellte überdies fest, »daß die Frauen weniger angesehen sind als die Männer« und daß »bei der Geburt eines Sohnes der Vater jubelt und die Mutter vor Freude strahlt, während bei der Geburt einer Tochter beide weinen oder doch jedenfalls sehr unzufrieden sind«. Denn »in dem Knaben sieht der Eskimo natürlich den künftigen Kajakmann und die Stütze der Familie in den alten Tagen der Eltern, also eine direkte Vermehrung des Betriebskapitals, während er andererseits der Meinung ist, daß es schon sowieso genug Mädchen auf der Welt gibt. Derselbe Unterschied macht sich daher auch bei der Erziehung geltend, indem die Knaben stets als die künftigen Versorger betrachtet werden, für die alles getan werden muß. Wenn die Eltern eines Knaben sterben, so ist bald für ihn gesorgt, da jeder ihn gern aufnimmt und so behandelt, daß er sich wohl fühlt. Nicht so mit den Mädchen. Verlieren sie ihre Eltern, so gibt man ihnen freilich reichlich zu essen, aber sie müssen sich mit den schlechtesten Kleidern begnügen und bieten oft einen jämmerlichen Anblick dar. Erreichen sie das heiratsfähige Alter, so nehmen sie jedoch ungefähr dieselbe Stellung ein wie die bessergestellten Mädchen; denn diese erhalten ja auch kein Erbe, und nun handelt es sich um Schönheit und Tüchtigkeit, was allein ihren Kredit bei dem jungen Mannsvolk hebt; fehlt es daran, so werden sie verachtet und verheiraten sich nie, da genug da sind, unter denen Musterung gehalten werden kann. Hierüber können sie sich jedoch nicht beklagen, da es den Männern in dieser Hinsicht auch nicht besser geht; denn können sie nicht Fänger werden, was manchmal vorkommt, so haben sie wahrhaftig keine große Aussicht, eine Frau zu bekommen und werden von allen verachtet.«

Meist heirateten die Männer, sobald sie durch die Jagd genügend Nahrung beschaffen konnten, um eine Frau zu erhalten, die Mädchen, wenn sie das Pubertätsalter erreicht hatten. Durchaus üblich war es, daß ein junger Mann dem Vater für die Erlaubnis, seine Tochter zu ehelichen, eine Harpune, einen Schlitten oder dergleichen als Gegenleistung geben mußte. Umgekehrt hatte auch ein tüchtiger Jäger seinen Preis, wollte ein Vater seine Tochter mit ihm verheiraten. Bisweilen konnte es vorkommen, daß ein guter Jäger oder Schamane einem Schwächeren die Frau wegnahm. Die Polygamie war bis zur Missionierung bei den tüchtigsten Jägern überall üblich, doch überstieg die Zahl der Frauen selten zwei.

»In der Regel«, so Nansen, »leben die Eheleute in außerordentlich gutem Einvernehmen. Ich habe nie gesehen oder gehört, daß zwischen Mann und Frau ein unfreundliches Wort fiel.« Birket-Smith erwähnt die allgemeine Sitte, »Frauen für längere oder kürzere Zeit auszutauschen; in solchen Fällen sind die beiden Gatten so weit davon entfernt, eifersüchtig aufeinander zu sein, daß man den Frauentausch im Gegenteil für eines der wirksamsten Mittel hält, um eine Freundschaft zu betonen und zu festigen.«

Der Zusammenhang zwischen Geschlechtsverkehr und Schwangerschaft war zwar im großen und ganzen bekannt, manche Gruppen glaubten jedoch nicht, daß für eine Schwangerschaft schon ein einziger Akt genüge, sondern waren der Meinung, daß es mehrerer Male bedürfe, um ein Kind »aufzubauen«. Vielfach schrieb man dem Mond Einfluß auf die Fruchtbarkeit der Frauen zu, ja, man glaubte, er schwängere die Frauen. Auf Grönland wagten die Mädchen nicht, Wasser zu trinken, das vom Mond beschienen wurde, weil sie fürchteten, davon schwanger zu werden. Im Osten des Eskimogebietes sah man den Mond allgemein als gütigen Hüter an, der über die Einhaltung der Riten um Geburt und Wochenbett wachte.

Die Geburt war ein gefahrvolles und rätselhaftes Ereignis, das sowohl für die Mutter als auch für das Kind den

Tod bedeuten konnte. Birket-Smith schreibt dazu: »Mit dem Eintritt eines Kindes in diese Welt sind viele rituelle Vorsichtsmaßnahmen verbunden. Im allgemeinen muß die Geburt in einem besonderen Haus oder Zelt stattfinden. Zwei alte Frauen helfen gewöhnlich als Hebammen; es gibt aber auch Orte, wo die gebärende Frau ihre schwere Prüfung allein bestehen muß. Allerdings geht die Geburt erstaunlich leicht vor sich – doppelt erstaunlich, wenn man bedenkt, daß das Becken der Eskimofrauen verhältnismäßig schmaler ist als das ihrer europäischen Schwestern. Die Entbindung erfolgt meistens in kniender Stellung. Nachher ist die Mutter während eines ganzen Monats *agdlertoq*, tabu oder ›unrein‹; sie muß in ihrer eigenen Hütte oder ihrem Zelt bleiben, auf den Genuß bestimmter Nahrungsmittel verzichten und es vermeiden, die Jagdtiere mit Namen zu nennen. Sie darf Besucher empfangen, dagegen selbst nicht in die Behausung anderer treten. Im Falle einer Fehlgeburt sind die Vorschriften sogar noch strenger.

Auch in bezug auf das Neugeborene hat man bestimmte Bräuche einzuhalten. Die Nabelschnur, die entweder durchbissen oder mit einem Steinmesser oder einer Muschelschale durchschnitten werden muß, wird als Amulett aufbewahrt. Wenn eine *Iglulik*-Mutter [eine Eskimogruppe in Kanada] trinkt, dann soll sie dafür sorgen, daß ein Tropfen der Flüssigkeit in den Mund des Kindes fällt, und wenn sie ißt, so muß sie kleine Stückchen in ein Säckchen tun, dessen Inhalt später in das Atemloch einer Robbe geschüttet wird. Ist das Kind ein Knabe, so soll sie seine Arme so bewegen, als ob es in einem Kajak paddle, und es mit der Gabel Fleischbrocken ›harpunieren‹ lassen.«

Die wichtigste Zeremonie für das Kind war die Namensgebung. Ein Neugeborenes schreie, sagte man, weil es einen Namen haben wolle. Der Name galt als eine Art Seele, mit der ein gewisser Vorrat an Lebenskraft und Geschicklichkeit verknüpft war. Starb jemand, dann mußte sein Name so lange hilflos in der Gegend herumirren, bis er einem Neugeborenen zugesprochen wurde; die Eigenschaften des Verstorbenen gingen dadurch auf das Kind über; wichtig war es auch, das Kind mit Gegenständen auszustatten, denen unheilabwehrende und glückbringende Kräfte zugeschrieben wurden. Die Haut einer Bärenkehle beispielsweise verlieh Unverwundbarkeit, ein Rabenfuß machte genügsam, die eingetrockneten Exkremente eines Polarfuchses schlau, und Rentierohren vermittelten ein feines Gehör bei der Jagd. Oft war ein Stein der Feuerstelle unter den Amuletten, weil dieser sich gegen das Feuer behaupten konnte, oder man rieb den Speichel eines Alten um den Mund des Kindes oder setzte ihm einige von dessen Läusen auf den Kopf, um die Lebenskraft zu übertragen.

Ein auffälliges Merkmal der meist bis zu den Hüften reichenden Fellüberröcke (Anoraks) der Frauen war die außerordentlich weite Kapuze (**amaut**), in der der Säugling seine ersten Lebensjahre verbrachte. Nach innen war der **amaut** offen, so daß der bis auf ein Fellhäubchen unbekleidete Säugling vom ebenfalls nackten Rücken der Mutter gewärmt wurde. Der Anorak war so geschnitten, daß er genügend Platz bot, um das Kleinkind zum Säugen nach vorne an die Brust zu schieben, ohne daß man es herausnehmen mußte. Meist wurden die Kinder bis zum dritten oder vierten Lebensjahr gestillt (weil es keine geeignete Babynahrung gab). Wie Mütter reagierten, wenn das Baby seine Blase oder seinen Darm zu entleeren begann, beobachtete Birket-Smith: Sogar bei einer Temperatur von zwanzig bis dreißig Grad unter Null riß die Mutter ihr nacktes Kind mit einer blitzschnellen Bewegung aus dem Rückensack heraus. Und er fügte hinzu: »**Kein Wunder, daß dieses Volk abgehärtet ist!**«

Die Kinder wuchsen frei und ungezwungen auf. Sie gingen fast immer ihre eigenen Wege und wurden weder bestraft noch gezüchtigt, was, wie Birket-Smith vermutete, mit dem Glauben zusammenhing, daß sie durch ihre Namen in enger Beziehung mit verstorbenen Verwandten standen. Nansen erwähnt, daß die Eltern mit außergewöhnlicher Liebe an ihren Kindern hingen, ihnen die besten Stücke der Nahrung zu essen gaben, ihnen Spielsachen anfertigten (Miniaturausgaben von Werkzeugen und Waffen der Erwachsenen oder aus Bein geschnitzte Puppen und Tiere) und sie durch Spiele auf ihre zukünftigen Arbeiten vorbereiteten. Sir William Parry, der britische Polarreisende, der 1821 und 1823 auf der Suche nach der Nordwestpassage war, verglich die Eskimokinder mit der Jugend des damaligen England, wobei die englischen Kinder schlecht wegkamen: »**Ungehorsam kommt kaum vor; ein Wort oder sogar ein Blick der Eltern genügt; und ich sah nie auch nur einen Augenblick lang diesen Trotz und die Neigung zu Unfug, die bei unserer Jugend so oft die ganze Aufmerksamkeit der Eltern zur Überwachung und Korrektur in Anspruch nimmt. Die Kinder weinen nicht wegen unbedeutender Vorfälle und manchmal nicht einmal bei schweren Verletzungen.**« (Es gab natürlich auch Gegner dieser Erziehung, vor allem unter den Missionaren, wie zum Beispiel den Norweger Paul Egede, den Nansen zitiert und der von einer »**viehischen und törichten Kindererziehung**« sprach.)

Als Widerspruch zu dieser Kindesliebe mag die Kindestötung erscheinen, die nach Birket-Smith ursprünglich bei allen Eskimo »**bis zu einem gewissen Grad**« üblich war. Wenn ein Neugeborenes für nicht lebensfähig gehalten wurde oder verkrüppelt auf die Welt kam, wenn großer Nahrungsmangel herrschte oder die Mutter bei der Geburt starb, ließ man es erfrieren oder legte es zur Mutter ins Grab. Neugeborene Mädchen setzte man vielfach dem Kältetod aus, weil man annahm, daß eine neue Schwangerschaft – die vielleicht den begehrten Sohn brächte – verhindert würde, wenn man sie stillte. Durch diese Praxis entstand natürlich Frauenmangel, der beispielsweise bei den **Netsilik-Eskimo** (im Norden des Keewatin-Distrikts von Kanada) dazu führte, daß eine Frau meist mehr als einen Mann hatte. Obschon also Kindestötungen die Zahl der überlebenden Kinder verminderten, waren doch vor allem Darmkrankheiten die Hauptursache der hohen Kindersterblichkeit. Von den vielen Kindern, denen eine Eskimofrau das Leben schenkte, erreichten nur wenige das Erwachsenenalter. All diese negativen Faktoren, dazu noch lange Hungerperioden, die in extremen Fällen zur Tötung auch größerer Kinder führen konnten und ihre Opfer auch unter den Erwachsenen forderten, und der recht häufige Unfalltod bei der Jagd führten dazu, daß die Bevölkerungszahl der Eskimo relativ stabil blieb. Die Seelen der toten Kinder glaubten die Eskimo im flimmernden Nordlicht zu sehen, wo sie mit einem Seehund- oder Walroßschädel Ball spielten.

Sobald die Kinder alt genug waren, begannen sie im Haushalt und bei der Jagd zu helfen; am Tag, da ein Knabe seine erste Beute machte, fand ein Fest statt, bei dem besondere Bräuche eingehalten werden mußten, um den Erfolg des jungen Jägers für die Zukunft zu sichern. Ein Mädchen wurde nach seiner ersten Menstruation als erwachsen betrachtet. Es galt dann während der ersten Zeit als »unrein« und mußte von nun an während der Menstruationsperiode seine eigene Nahrung in einem besonderen Topf kochen. Bei den **Pazifik-Eskimo** in Südalaska waren nach Birket-Smith die Pubertätsriten strenger als an anderen Orten. Das Mädchen durfte seinen Schlafraum für zehn oder zwölf Tage nicht verlassen, kein frisches Fleisch, keinen Tran und keine Moosbeeren (deren Saft wie Blut aussieht) essen und sich nicht am Kopf kratzen. Nach dieser Zeit wurde es von einer alten Frau ans Meer oder zu einem kleinen Wasserfall geführt, wo diese ein Feuer anzündete. Das junge Mädchen mußte fünfmal baden und nach jedem Bad um das Feuer herumlaufen.

In die Zeit der Pubertät fiel auch die Tätowierung der Mädchen, mit der magische Vorstellungen verbunden waren; Knaben wurden nur selten tätowiert. Das blauschwarze Muster bestand meist aus einer Serie von Linien, die vor allem das Kinn, die Wangen und die Stirn über den Augenbrauen verzierten, bei einigen Gruppen aber auch Arme, Beine und Brüste. Die Muster entstanden vornehmlich, indem man einen mit Ruß (von der Tranlampe) geschwärzten Faden unter der Haut durchzog. Gewiß keine angenehme Prozedur, aber eine notwendige, wollte man nicht riskieren, daß sich einst im Land der Seelen der »unbestickte« Kopf in einen Trantopf verwandelte, der unter die Lampe gestellt würde.

Heute leben etwa hundertzwanzigtausend Eskimo in vier Staaten: Rußland, USA, Kanada und Grönland. Ihre Interessen werden überregional durch die nichtstaatliche Organisation »Inuit Circumpolar Conference« vertreten. Aber nur in Grönland, das Teil des dänischen Königreichs ist, wurde ihnen, mit Ausnahme der Außenpolitik, der Landesverteidigung und des Rechtswesens, Selbstverwaltung gewährt.

Aus Grönland stammt auch die Geschichte eines Inuit-Knaben, die die österreichische Ethnologin Verena Traeger vor einigen Jahren aufgezeichnet hat und die, trotz ihrer Schlichtheit, den kulturellen Wandel in der Eskimogesellschaft ganz gut zum Ausdruck bringt:

»Ich heiße Sequssuna Massatsiaq Lund Olsen und wurde am 4. August 1981 geboren. Genau fünf Tage, nachdem meine Familie in die nördlichste Ansiedlung der Welt, nach Qaanaaq, gekommen war, wo meine Mutter Katrine und mein Vater Karl Kristian als Lehrer arbeiten sollten, kam ich zur Welt. Als ich geboren wurde, war mein Haar ganz blond, und meine Augen waren blau. Meine älteren Schwestern fanden das ziemlich merkwürdig, da sie selbst braune Haare und braune Augen haben.

Mein Vater ist Leiter von *Inerisaavik*, einem Zentrum für pädagogische Entwicklungsarbeit und Weiterbildung für Lehrer. Meine Mutter ist Lehrerin im *Seminarium Ilinniarfissuaq*. Karoline, meine Großmutter, unterrichtet in einer Schule in Nuuk, und meine andere Großmutter, die Najaaraq heißt, ist Hebamme in Sisimiut. Mein Großvater heißt Gunnar. Er leitet die Unterrichtszentrale *Pilersuiffik*.

Nachdem wir fünf Jahre in Qaanaaq gelebt hatten, siedelten wir alle fünf nach Dänemark über, weil meine Mutter und mein Vater dort Pädagogik studieren sollten.

Als wir nach Dänemark kamen, konnte ich und meine Schwester Natuk kein Dänisch sprechen, aber unsere ältere Schwester Manimina hatte Dänisch in der Schule gelernt. Für sie war es daher viel leichter, die fremde Sprache zu verstehen. Ich kam in den Kindergarten, und eines Tages, als ich von dort nach Hause kam, zog ich meinen Vater am Kragen und sagte: ›Bring mir endlich

Dänisch bei!‹ Zuerst konnte ich die anderen Kinder nicht verstehen, wenn sie etwas zu mir sagten. Dann ging es ziemlich schnell, daß ich die Sprache erlernte.

Wir wohnten drei Jahre lang in Dänemark. Das erste Jahr verbrachten wir in Ågerup nahe von Roskilde. Nach einem Jahr zogen wir nach Karlslunde, wo wir zwei Jahre wohnten.

Ich begann in Karlslunde mit der Schule und nahm dort zwei Jahre lang am Unterricht teil. In Dänemark konnten sie meinen Namen ja nicht richtig aussprechen, deshalb nannten sie mich Sukra.

Als meine Eltern mit ihrer Ausbildung fertig waren, gingen wir zurück nach Grönland. Wir leben jetzt in einem Reihenhaus in Nuuk, Grönlands größter Stadt. Als wir nach Nuuk kamen, konnten wir nicht mehr grönländisch reden, aber wir haben es wieder gelernt, und jetzt gehe ich in eine grönländische Klasse.

Als wir noch in Dänemark wohnten, wollte mein Vater gerne, daß ich Fußball spiele. Ich wollte aber nicht, weil ich Angst hatte, daß ich den Ball auf den Kopf bekommen könnte. Aber eines Tages probierte ich es, und seitdem spiele ich Fußball.

Im Sommer spielte ich bei den grönländischen Meisterschaften in der Stadt Qasigiannguit. Wir kamen in das Finale, und meine Mannschaft, die B-67, gewann 5:0. Anschließend verlor und gewann unsere Mannschaft je dreimal beim Kopenhagen Cup in Brondby. Dort lernte ich den berühmten dänischen Fußballer Michael Laudrup kennen.

Als die Woche in Dänemark ihrem Ende entgegenging, mußten wir ja wieder nach Grönland heimreisen. Und da nahm ich zehn Liter Coca-Cola mit, weil man sie in Grönland nicht kaufen kann.

Meine Freunde sind sowohl Dänen als auch Grönländer, aber mein bester Freund ist Pilutaq. Er geht in die Parallelklasse. In der Schule lerne ich Grönländisch, Dänisch und Englisch. Ich höre gern auch über andere Länder, aber ich weiß kaum etwas über Österreich. Ich möchte gern einmal Biologe werden, weil ich finde, daß das so spannend ist.

Ich sehe gern fern oder Videos, wenn ich Lust dazu habe. Meine Lieblingsfilme sind ›Billy und Tedd und ihre unübertroffenen Abenteuer‹ und ›Kevin allein zu Haus‹.

Ich weiß nicht genau, ob ich an Gott glaube. Wir gehen ziemlich selten in die Kirche. Ich habe die alten Mythen viele Male gehört. Es gibt vor allem eine, die mein Vater uns oft erzählte, als wir noch jünger waren: die Geschichte ›Annganngguujunnguaq‹.

Meinen ersten Hund bekam ich, als ich zwei Monate alt war. Er hieß Arii und wurde ein Führerhund bei einem Schlittenhundeteam, als er ausgewachsen war. Wir hatten in Qaanaaq ein Hundegespann und machten recht oft Ausflüge mit dem Schlitten. Im Sommer, wenn wir nicht gerade Ferien machten, fuhren wir an eine Stelle, wo man Seekönige, also kleine Vögel, fangen konnte. Wir Kinder, die wir nicht kräftig genug waren, um die Vögel mit dem Netz zu fangen, stellten Fallen auf, so daß sie nicht wieder wegfliegen konnten. Ich habe auch schon einmal eine Robbe gefangen.

Ich esse sehr gern Robbenfleisch und Walfleisch und Schneehühner. Zum Frühstück bekomme ich immer Cornflakes oder ein Stück Weißbrot mit Tee oder auch beides. Zu Mittag esse ich belegte Roggenbrote mit Saft. Kaffee und Alkohol mag ich nicht. Am liebsten trinke ich Tee und noch lieber Coca-Cola.«

Verena Traeger schreibt im Nachsatz zu diesem Interview: »Die Inuit waren von jeher anpassungsfähig und mobil, aber nicht alle GrönländerInnen konnten mit den weitreichenden Veränderungen seit dem Zweiten Weltkrieg mithalten. Identitätskrisen und Alkoholismus sind oft die Folge. Wie Sequssuna [der Knabe] hat aber vor allem die grönländische Jugend gelernt, zwischen Tradition und moderner Technologie, zwischen Dorf und Stadt und auch zwischen Grönland und Dänemark zu pendeln.«

Wiedergeburt im Busch

Unterstützt vom preußischen Kultus- und Reichskolonialministerium, trat der Afrikanist Diedrich Westermann am 24. Juli 1914 an Bord eines Dampfers von Hamburg aus eine Reise nach Liberia an. Zwei Monate später ging er in der Hauptstadt Monrovia an Land. Westermann war kein Neuling in Westafrika; er hatte mehrere Jahre als Missionar in Togo gelebt und die Sprache der dort lebenden Ewe erforscht. Nun, in Liberia, galt sein Interesse dem Stamm der Kpelle, die in den tropischen Wäldern im Inneren des Landes an beiden Seiten des Sankt-Pauls-Flusses siedelten. Westermann blieb fast vier Monate; während dieser Zeit brach in Europa der Krieg aus. Auf der Heimreise wurde der Forscher in Barcelona festgehalten und mußte bis Kriegsende in Spanien bleiben. Er nützte die Zeit der Internierung, um das aus Afrika mitgebrachte Material durchzusehen und zu ordnen. In seinen Aufzeichnungen, die 1921 in Göttingen als Buch erschienen, finden sich zahlreiche bemerkenswerte Hinweise über eine Art »Buschuniversität« für Kinder und Jugendliche als Voraussetzung für die Initiation in eine Stammesgemeinschaft.

Zunächst gibt der Forschungsreisende Auskunft über die äußere Erscheinung und die allgemeinen Charakterzüge der Beobachteten, die sich selber **Kpele**, ihr Land **Kpele doi su** (im Kpelleland) und ihre Sprache **Kpele wo** nennen: **»Es sind mittelgroße, wohlgebaute Menschen, auffallend** kleine Gestalten trifft man ebenso selten wie korpulente. Zu bemerken ist, daß die meisten Oberhäuptlinge, ›Könige‹, die ich kennengelernt habe, von hohem, schlankem Körperbau waren. Ob dies Zufall ist oder von einer in den königlichen Familien erhaltenen fremden Blutmischung herrührt, weiß ich nicht. Die Hautfarbe ist tief dunkel, [...] die Gesichtsform ist negerisch: vorstehende Backenknochen, breite Nase, dicke Lippen. [...] Ziernarben tragen beide Geschlechter auf Arm, Brust und Bauch in schönen, gradlinigen Kreuzmustern. In die frische Wunde wird ein Pflanzensaft gerieben, der der Narbe ein glänzend schwarzes Aussehen gibt. [...] Als Schmuck tragen beide Geschlechter Armbänder aus Elefantenhuf, Eisen oder Silber; Fingerringe aus denselben Metallen, und aus den Schalen der Ölpalmfrucht geschnitzt; im Haar der Frauen sieht man Holzkämme und Silberschmuck in hübschen Mustern, ferner tragen sie Ringe, Armspangen und Armschienen aus Silber [das Silber stammte von Dollar- oder Fünffrankenstücken]. [...]

Der Körper wird rein gehalten. Wenn möglich nimmt jedermann abends ein warmes Bad oder badet im Fluß, der sich fast stets nahe dem Dorfe befindet. Auch durchreisende Fremde erfrischen sich, wenn sie ein warmes Bad, d. h. einen Topf mit heißem Wasser, nicht haben können, durch ein Flußbad. (Doch ist hier einige Vorsicht geboten, da vielfach der Fluß zugleich als Abort dient, freilich meist unterhalb des Dorfes.) Morgens wäscht man Hände und Gesicht, aber kaum regelmäßig, doch werden vor dem Essen gern die Hände und nachher der Mund gespült. Gang und Körperhaltung sind gerade und elastisch. [...] Das Mienenspiel ist nicht lebhaft, bei heftigem Sprechen verzerren sich wohl die Gesichtszüge, aber dies deutet nicht den eigentlichen Grad der hohen Erregung an, einen solchen weiß der Eingeborene unter scheinbarer Kälte, bei der nur die Augen verräterisch flackern, gut zu verbergen. Sinn für Humor geht ihm keineswegs ab, und er liebt laut dröhnend zu lachen, oft freilich aus Anlässen, die dem Europäer unverständlich sind; er macht sich ungeniert laut lustig über Verlegenheiten, in die der Weiße aus Unkenntnis oder Ungeschicklichkeit gerät, aber das ist nie böse gemeint, sondern ein harmloses Kinderlachen. [...]

Die in den Geheimbünden eingeprägten strengen Schweigegebote haben es mit sich gebracht, daß eine gewisse Verschlossenheit gegen Fremde zum Charakterzug geworden ist. Ein vertrautes Verhältnis gewinnt man nur schwer zu ihnen, sie fürchten stets, die Grenze des Erlaubten zu überschreiten, etwas zu sagen, was ihnen vonseiten anderer Bundesglieder übel gedeutet werden könnte. Dazu trägt aber auch ihre Schwerfälligkeit bei, die ihnen als einem echten Bauernvolk eignet; nicht umsonst sagt man in Liberia von ihnen: ›them Kpesse people he favor turtle, you put fire on his back, he run‹, ›die Kpelleleute sind wie die Schildkröten, wenn du ihnen Feuer auf den Rücken legst, dann laufen sie‹.«

»Die Familie im engeren Sinne«, beobachtete der Reisende, »besteht aus dem Ehepaar, oder dem Mann mit seinen Frauen, und deren Kindern. Sie bewohnen zusammen ein Gehöft, arbeiten miteinander an der Nahrungsbeschaffung, bilden einen gemeinsamen Haushalt, und sind so nicht nur eine örtliche, sondern auch eine wirkliche soziale Einheit. Diese ist aber nicht so eng wie in der Familie nach unserem Begriff; sind mehrere Frauen da, so führt oft jede oder führen einige zusammen eine eigene Wirtschaft, und der Mann ist abwechselnd Gast einer seiner Frauen. Ein Teil der Ehefrauen lebt häufig auf den Farmdörfern und führt dort ganz ein Sonderdasein. Auch der Arbeitsertrag dient nicht ausschließlich der Familie. Jedes Familienmitglied hat einen Teil seines Arbeitsertrages der Sippe abzuliefern, der es angehört, und ein anderer Teil wieder gehört ihm persönlich.

Die Kleinfamilie wird an Bedeutung weit überragt durch die Sippe oder Großfamilie, d. h. durch die aus gemeinsamer Abstammung sich ergebende Familiengemeinschaft. Das Haupt dieser Sippe ist ihr ältestes männliches Mitglied, sofern sich dies im Vollbesitz seiner körperlichen und geistigen Kräfte befindet. [...]

Alle Glieder der Sippe gehören ihr lebenslänglich an, auch eine Heirat bringt hierin keine Änderung, jeder der Ehegatten verbleibt in der Sippe, in der er geboren ist und untersteht den Weisungen seines Sippenhauptes, einerlei ob er am gleichen Ort wohnt oder nicht. Die Kinder aus einer Ehe gehören nach alter Kpelle-Anschauung zu der Sippe der Mutter und nicht zu der des Vaters. Diese Mutterfolge spricht sich noch darin deutlich aus, daß der älteste Bruder über die Kinder seiner Schwester eine Aufsicht übt und für ihre Erziehung und Versorgung eine Mitverantwortung trägt. Dementsprechend hat er das Recht, im Falle der Verschuldung einer Sippe seine Schwesterkinder dem Gläubiger als Pfand zu geben, ohne daß der Vater dagegen Einspruch erheben kann. Erbrechtlich aber gehören die Kinder zum Vater; sie beerben wohl auch den Mutterbruder, aber nur als Nebenerben ohne gesetzlichen Anspruch. Diese väterliche Erbfolge bedeutet entschieden eine Neigung, die Kinder der Vatersippe zuzurechnen. Tatsächlich liegt auch die Erziehung und die Sorge für ihr Fortkommen weit mehr in der Hand des Vaters als in der des mütterlichen Onkels.«

Der Forscher betont, daß sich die Erziehung der Kinder durch Milde auszeichne; »man überläßt die heranwachsende Jugend im wesentlichen sich selber. Eigentliche Zärtlichkeiten beobachtet man nur solange die Kleinen in den ersten Jahren sind; da ist es keine Seltenheit, daß der Vater sein Kind auf den Armen trägt, es streichelt und herzt; dagegen geht es gegen das Gefühl der Eingeborenen, einem älteren Kinde gegenüber, außer etwa nach langer Abwesenheit, noch Empfindungen der Elternliebe zum Ausdruck zu bringen, wenn diese auch lebhaft genug vorhanden sind.

Nur im Alter bis zu etwa fünf oder sechs Jahren leben und spielen Knaben und Mädchen miteinander. Von da an ergibt sich eine allmähliche Trennung schon daraus, daß die Mädchen früh der Mutter bei der Arbeit helfen müssen; sie werden angelernt Wasser, Brennholz und Feldfrüchte zu holen und andere Hilfeleistungen zu verrichten. Die Knaben bleiben länger sich selbst überlassen und kennen deshalb auch mehr wirkliche Kinderspiele. Diese sind fast ausschließlich Nachahmungen der Beschäftigungen Erwachsener. Das beliebteste Spielzeug der Knaben sind Pfeil und Bogen; in ihrer Handhabung besitzen sie eine große Geschicklichkeit und machen damit erfolgreich Jagd auf Vögel und kleines Wild; bald gehen die Kinder auch mit den Eltern aufs Feld, erhalten eine kleine Hacke, ein Buschmesser und gewöhnen sich so spielend an die Beschäftigung der Eltern. Sie bauen sich Hütten, fertigen alle Hausgeräte an, verloben und verheiraten sich, veranstalten Trommelfeste, Tänze, Gesang, halten Palaver ab, stellen Zauber her, bringen Opfer dar, lernen allmählich die Brettspiele spielen und stellen so das Leben der großen Leute in allen seinen Teilen spielend dar; stets sind sie voller Hingabe bei der Sache; man sieht sie selten eigentlich kindlich ausgelassen, obgleich ihnen auch das nicht völlig fremd ist; auf der Missionsstation im Innern hatten die Knaben einen Handwagen gesehen und hatten nach diesem Muster sofort selber einen hergestellt, mit dem sie nun, einer als Insasse und die übrigen ziehend und schiebend, in lautem Hallo herumjagten.

Dank diesem Nachahmungstrieb erziehen die Kinder mehr unbewußt sich selber als daß sie von den Eltern erzogen werden; die Übergänge vom Spielen zum Arbeiten sind fast unmerklich; heute flicht sich der Junge einen Tragkorb aus Palmblättern, in den sein Vater eine kleine Last tut; er empfindet nicht dessen Schwere, sondern nur die Freude, daß er den Vater begleiten und Fremdes sehen darf; in einem halben Jahr ist sein Tragkorb ebenso groß wie der des Vaters, aus seinem Spiel ist Ernst geworden. Er wird auch nicht vom Vater unterwiesen, wie man einen Korb flicht, einen Bogen anfertigt, sondern er hat es, ohne daß dabei ein Wort gesprochen und eine Absicht bemerkbar wurde, dem Vater abgeguckt. Ermahnungen und Strafen sind selten, man läßt eben die Kinder in das Leben und Tun der Älteren hineinwachsen, und sie wachsen hinein. Und das Ergebnis ist, alles in allem betrachtet, ein ebenso befriedigendes wie bei unserer europäischen Erziehung. Mißratene Kinder sind Ausnahmen. Die Zuneigung zu den Eltern kommt allerdings wenig zum Ausdruck, desto mehr aber die Achtung vor ihnen wie überhaupt vor dem ganzen älteren Geschlecht; jeder ältere Mann wird mit Vater oder Großvater, die älteren Frauen mit Mutter und Großmutter angeredet; ihr Wort ist unbedingt maßgebend; niemanden würde es auch nur einfallen, sich der Rede eines Alten zu widersetzen; selbst erwachsene und schon verheiratete Söhne fügen sich wie selbstverständlich dem Entscheide der Eltern. Wird jemand vor Gericht gestellt, so hat er stets seine Eltern mitzubringen, und ihnen zunächst legt der Häuptling die Sache vor, damit sie wenn möglich die Angelegenheit mit ihren Kindern allein erledigen.«

Im Leben der Kpelle, erfahren wir von Westermann, spielten Geheimbünde eine wichtige Rolle. Nur wer einer geheimen Verbindung angehöre, sei wirkliches Mitglied des Stammes, nur er besitze eine gesellschaftliche Stellung. »Über die Herkunft der Geheimbünde sagen die Eingeborenen, Gott habe sie alsbald nach Sendung der Menschen in die Welt diesen gegeben, um sie in feste Verbände zusammenzuschließen, in ihnen sie die rechte Ausübung der Zauberei zu lehren, und sie so vor Abwegen zu bewahren.«

Zwei der Bünde, der »Porozauber« für Männer und der »Sandezauber« für Frauen, sind auch für die Erziehung der Jugend von großer Bedeutung, wobei der erstere das gesamte Stammesleben durchdringt und beherrscht. In ihm haben alle profanen und religiösen Güter der Stammesgesellschaft ihren Mittelpunkt und ihre Quelle. Beim Eintritt wird den Zöglingen ein Schweigegelöbnis auf den Zauber des Bundes abgenommen. Wird es gebrochen, bestraft der Zauber das Vergehen mit dem Tod, wobei, wenn es sein muß, die Mitglieder mit handgreiflichen Mitteln nachhelfen.

An der Spitze des Geheimbundes steht ein Großmeister, **namua** genannt, was so viel wie Geist bedeutet, der unsterblich ist (das heißt, sein Tod wird geheimgehalten, die Neuwahl des Nachfolgers findet unter strengster Verschwiegenheit im engen Kreis der angesehensten Stammesmitglieder statt) und dem übernatürliche Kräfte angedichtet werden. In seiner Amtsausübung wird der namu von einer Reihe von Männern unterstützt, die gemeinsam den Namen zo führen. Zo bedeutet im Kpelle allgemein eine in religiöse Geheimnisse eingeweihte und religiöse Bräuche ausübende Person männlichen oder weiblichen Geschlechts. Die Mitgliedschaft in dem Geheimbund wird durch den Eintritt in die Poroschule erworben, die vier Jahre dauert; zwischen zwei Lehrgängen liegt eine dreijährige Pause, in der die Sandeschule für Mädchen abgehalten wird, so daß alle sieben Jahre ein neuer Kurs beginnt. Die Poroschule wird in der Regel nahe dem Hauptort eines Königreiches oder sonst einem besonders alten und angesehenen Ort abgehalten. Im sogenannten Porobusch (den ein anderer Forscher »Zauberwald« nannte) wohnen Knaben und ihre Erzieher (die aus der Gruppe der zo gebildet werden) in einer besonderen Siedlung.

»Man tritt in die Poroschule ein im Alter zwischen sieben und fünfzehn Jahren, selten später. Die volle Ausbildungszeit dauert vier Jahre; in dieser Zeit kann man das ganze im Poro gelehrte Wissen sich aneignen und die höheren Grade der Kenntnisse erlangen. Viele jedoch treten erst im Laufe des Kursus ein und bleiben so nur drei, zwei, ein Jahr, ja selbst nur einige Monate. Wohlhabende können durch Geschenke an den *namu* die Ausbildungszeit ihrer Kinder beliebig abkürzen lassen. Man kann auch durch Privatunterricht bei einem *zo* einen Teil des Aufenthaltes im Busch ersetzen, wenn man sich durch bestimmte Merkmale als aufgenommenes Mitglied auszuweisen vermag. [. . .]

Die Eröffnung eines neuen Porobusches findet zu Beginn der Trockenzeit statt, also vom November an, wenn die Feldarbeiten des Jahres erledigt sind. Der Eintritt in die Schule und damit in den Bund ist nominell freiwillig, tatsächlich werden aber Widerstrebende gezwungen. Mit freudiger Spannung warten die Eltern auf den Zeitpunkt, da ihr Sohn Mitglied des Poro werden soll, und gern nehmen sie die damit verbundenen Mühen und Kosten, die lange, auch von Negermüttern schmerzlich empfundene Trennung und die im Busch ihren Kindern drohenden Gefahren auf sich. Den Kindern hat man die im Busch ihrer wartenden Erlebnisse, die geforderten Leistungen und Entbehrungen in grellen Farben geschildert und sie auf schreckliche Dinge gefaßt gemacht. Der *namu* mit seiner Begleitmannschaft durchstreift um diese Zeit Dörfer und Wege, und wo er einen Nichteingeweihten im geeigneten Alter findet, wird er ohne Weiterungen mitgeschleppt; die Eltern erfahren nachträglich nur: der *namu* hat ihn gefressen. Der *namu* geht, falls er die Frauen abwesend weiß, selbst in die Hütten und zieht etwaige Drückeberger heraus. Häufig schickt auch der Vater nach Verabredung mit dem Großmeister seinen Jungen zu einem Auftrag fort und läßt den Nichtsahnenden unterwegs abfangen. [...]

Die Aufgabe der Poroschule ist, den Knaben eine Erziehung und Ausbildung im Sinne des Stammesideales zu geben. Sie sollen das werden und lernen, was einem Kpellemann zu sein und zu wissen gut ist; gelehrt wird das gesamte Wissen und Können des Stammes auf religiösem, allgemein geistigem, gesellschaftlichem, geschlechtlichem und wirtschaftlichem Gebiet. [...]

Ist ausnahmsweise der Eintretende noch nicht beschnitten, so muß diese Operation sofort vollzogen werden. Der erste und zugleich wichtigste Akt besteht nun darin, daß man dem Novizen die Bundesmarken

[Stammes- oder Narbenzeichen] einritzt; dies wird genannt *polon pa* ›Töten des Poro‹: der Eingetretene ist von dem Porozauber getötet worden; oder *namu a me* ›der *namu* hat ihn gefressen‹. Die Schüler wohnen in dem Bauch des *namu*; dieser geht während der ganzen vier Jahre mit ihnen schwanger, um sie bei der Entlassung neu zu gebären. Für die Außenwelt hat der Schüler zu existieren aufgehört. Die Marke kann in einem langen geraden Strich den Rücken hinunter mit grätenartigen Ausschnitten nach beiden Seiten bestehen; manchmal verteilt sich die Linie unten auf die beiden Hinterbacken. Die Narben sind nicht bei allen Stämmen gleich, so daß die Eingeborenen an den Marken eines Mannes erkennen, woher er stammt oder wo er den Porobusch besucht hat. Das Einschneiden der Marken soll schmerzhaft sein, und die Knaben sehen ihm mit Bangen entgegen, zumal da sie die bildliche Benennung des Aktes nicht verstehen, sondern wörtlich nehmen. Der Patient wird auf den Bauch gelegt, nötigenfalls von zwei Männern festgehalten, mit einem Messer und einem ahlenförmigen Instrument werden die Wunden geritzt von einem *zo*, ein zweiter tropft eine Flüssigkeit hinein, die die Wunde offen hält und Narbenbildung sichert. Angeblich dauert es oft Monate, bis die Wunden ausgeheilt sind, und nicht selten gehen Knaben dabei zugrunde, was bei der unsachgemäßen Behandlung und der wenig sorgfältigen Lebensweise im Busch verständlich ist. Überhaupt wird zugegeben, daß die Zahl der Todesfälle in der Poroschule nicht gering sei; von solchen Gestorbenen sagt man: *di de namui koi, va poli di kula zu, fe da de bo* ›they have remained in the belly of the devil, he cannot bring them out again, so they must stay with him‹.

Unmittelbar nach der Narbenschneidung wird der Zauber des Bundes gegessen und damit das Schweigegelübde abgelegt. [. . .] Die Eingetretenen erhalten einen neuen Namen, [. . .] die frühere Existenz gilt als ausgelöscht.

Die Unterhaltung der Schüler ist Sache der Angehörigen. Von Zeit zu Zeit geht der *namu* durch die Dörfer und verlangt für seine Kinder Reis, Palmöl, getrocknetes Fleisch und Fisch, Salz, Palmwein etc., oder er macht mit seinen Zöglingen nächtliche Streifzüge in die Ortschaften, wobei alles geraubt wird, was ihnen unter die Hände kommt. Daneben aber legen die Knaben im Busch ein Feld an, dessen Ertrag ihnen sowie dem *namu* und seinen Helfern zugute kommt.

Die Kleidung der Schüler besteht außer in dem Schamgürtel in einem Gehänge aus Gras oder Raphiafasern [von der Raphiapalme, die im Sumpf gedeiht und deren Holz und Blätter für den Hausbau, für Bettgestelle, Hocker und verschiedenes Flechtwerk verarbeitet wird; der Saft wird zu Palmwein vergoren], das an einer Schnur um die Hüften getragen wird und etwa bis an die Knie oder darüber hinaus reicht. Der Oberkörper ist unbedeckt. Häufig aber gehen sie ganz nackt. [. . .]

Der Unterricht der Knaben ist in den ersten Monaten für alle gemeinsam. Darnach werden sie entsprechend ihren Fähigkeiten, ihrer Abkunft und den Wünschen ihrer Väter und des Königs in Klassen eingeteilt; folgende Klassen werden unterschieden: 1. eine allgemeine, die Klasse der Boten oder Diener genannt, 2. die Klasse der Zauberer und der Religiösen überhaupt, 3. die Klasse der Häuptlinge. [. . .] Wie man sieht, hat jede Klasse ihre Benennung von einem religiösen oder politischen Amt, dessen Ausübung vorzüglich in ihr gelehrt wird. Die geringste Ausbildung verlangt Klasse 1, in ihr wird die große Masse der Schüler untergebracht. In der Häuptlingsklasse studieren nicht nur solche, die vermutlich später die Stellung eines Häuptlings oder Oberhäuptlings einnehmen werden, sondern sie ist die Schule für alle diejenigen, die im öffentlichen Leben des Stammes als Berater der Häuptlinge und als Mitglieder des Rats der Alten eine Rolle zu spielen berufen sind, also die Söhne aus vornehmen Familien.

Auf meine Frage an einen jungen Mann, was sie im Porobusch lernten, antwortete er: wir lernen gehorchen. Damit ist sicher ein wichtiger Punkt der Erziehung angegeben: unbedingter Gehorsam gegen die im Busch befehlenden Alten und überhaupt Achtung vor allen Erwachsenen des Stammes. Dem Befehl eines der Ordensleiter Widerstand entgegen zu setzen, wäre undenkbar. Der Schüler darf selbst bei den größten Anforderungen nie sagen: das ist mir zu schwer; er darf sich nicht fürchten, er soll lernen, ein Mann zu sein und wie ein Mann sich zu benehmen. Seinen Körper muß er abhärten, ohne jegliche Kleidung gehen, wenigstens zeitweise auf dem nackten Boden im Freien ohne Bedeckung schlafen, Züchtigungen mit lachendem Gesicht ertragen, durch Ausdauer im Laufen, Springen und Klettern sich stählen. Solche Übungen erhalten die Schüler in einem dauernden Zustand der Erregung, der wohl Selbstzweck ist, denn diese Erregtheit ist das Kennzeichen der Wirkung des Buschzaubers in den Adepten, der Beweis dafür, daß sie in die durch den Porozauber hergestellte geistige Stammesgemeinschaft eingetreten sind; zugleich kommt aber die gehobene Stimmung der Ausbildung selber zugute, indem dank ihrer jede Arbeit und Aufgabe mit Begeisterung angegriffen wird. Demselben

Zweck dienen auch langandauernde Tänze unter betäubender Musik- und Lärmbegleitung; nimmt man hierzu die Wirkung, die die Massensuggestion gleichaltriger, von den gleichen Empfindungen und Instinkten erfüllter Jünglinge ausüben muß, so versteht man, wie die ganze Schar bei solchen Anlässen in rasende und tobende Ekstase gerät, die als der Höhepunkt des Porolebens angesehen wird.

Der Schüler soll ferner lernen zu schweigen. Anvertrautes bei sich zu behalten, überhaupt beim Reden und im ganzen Benehmen sich im Zaum halten, Maß üben: *i fe dondo ye kpola, i dondo ye kena nu* ›sprich nicht wie ein Laie, sprich wie ein Eingeweihter‹; *i fe dondo i deyin i nun ma* ›sprich nicht unüberlegt‹.

Der technische Unterricht erstreckt sich auf alle Fertigkeiten: Mattenflechten, Weben, Korbmachen, Herstellung von Sieben, Fallen, Fischnetzen, Fischzäunen, Dachdecken, Schmiedekunst, Jagen, Fischen, Einbaum-, Mörser- und Trommelschnitzen, Herstellung der Spielbretter. Ferner wird gefordert Fertigkeit im Spielen, Trommeln und Tanzen, Lieder und Märchen werden eingeprägt. Gewisse Geräte, wie z. B. Schmiedewerkzeuge und Spielbretter werden nur im Busch angefertigt und dürfen deshalb nicht veräußert werden. Ein guter Teil der Ausbildungszeit ist angefüllt mit geschlechtlichen Belehrungen: To handle women, to find the secret parts of women; Frauen sich geneigt machen, sie zum Gehorsam zu zwingen [die Frau gilt dem Manne als Besitz – der Ehemann heißt *neni ka sudon* ›Frauenbesitzmann‹], wie man hinter ihre Schliche und Nebenwege kommt und sich dafür schadlos hält. – Die Schüler der Häuptlingsklasse werden eingeweiht in das Stammesleben, seine Verfassung, in die Bestimmungen über Erbfolge und Häuptlingswahl, in das Zeremoniell am Königshofe, in die Stammesüberlieferungen, das Verhältnis zu den Nachbarstämmen, Kriegführung. In der Klasse der Religiösen stehen im Mittelpunkt Belehrungen über Arznei, Zauber und Gegenzauber, über Opfer, Ordale, Sandschlagen und anderes Wahrsagen, über Geister, Wasser- und Bergmenschen, Waldteufel, Totemtiere und -pflanzen und deren Behandlung, über Gott. Natürlich wird auch alles über den Porobund selber und über andere Geheimbünde Wissenswerte mitgeteilt, besonders über die Pflichten gegen Mitglieder und Fremde; man lernt die geheimen Merkmale und Zeichen, durch die Eingeweihte sich erkennen und unauffällig verständigen – ›and all kinds of tricks and rascality‹. Die geschlechtliche Aufklärung wird in die letzten Jahre verlegt, wenn die Knaben in die Zeit der Reife kommen. [. . .]

Schlimme Streiche auszuüben ist nicht untersagt, nur das Ertapptwerden wird bestraft. Mitglieder, besonders ältere, haben zu dem Porobusch Zutritt, außer ihnen sollen aber die Knaben während der ganzen Zeit keinen Menschen sehen, besonders keine Frauen. Dies Gebot wird jedoch keineswegs immer gehalten, was kein Wunder ist; denn die älteren Schüler stehen in der Geschlechtsreife, und eine vierjährige Enthaltung ist bei den durch die sexuelle Belehrung erzeugten Erregungen kaum denkbar. Wird eine Gruppe solcher einer Frau im Busche habhaft, so stürzen sie sich wie toll auf sie und notzüchtigen sie fast zu Tode; manchmal halten sie Weiber monatelang im Busch fest und mißbrauchen sie schändlich, ja sie gehen nachts in die Dörfer und suchen sich dort Befriedigung. [. . .]

Die Entlassung aus dem Porobusch ist für alle Beteiligten ein großes Ereignis. Der Großmeister erscheint, gewöhnlich zur Nachtzeit, mit seinem ganzen Gefolge von *zo* und anderen Gehilfen im Dorfe, wo er von den erwachsenen Mitgliedern empfangen wird, während alle Nichteingeweihten sich verbergen. In feierlichem Umzuge, der oft länger als eine Stunde dauert, bewegen sich die Gäste aus dem Busch durch alle Straßen des Ortes; der Sprecher des Großmeisters, der *yel nu*, bläst unaufhörlich auf seiner Flöte und bringt damit den Schmerz zum Ausdruck, den die Geburtswehen der vom Großmeister neu zu gebärenden Kinder, der Poroschüler, diesem verursachen. Unmittelbar darauf oder am folgenden Tage teilt der Großmeister oder in seinem Auftrag sein Sprecher dem König mit, welche Knaben er nicht wieder aus seinem Bauch lassen könne, d. h. wieviel Schüler im Laufe der vier Jahre gestorben seien. Dies ist für die Mütter ein Augenblick höchster Spannung, da sie meist jetzt erst erfahren, ob ihr Sohn noch am Leben ist. Der König hat durch ein Geschenk dem Großmeister den Dank der Bevölkerung für die Bewahrung und Erziehung der Knaben auszudrücken. Bald darauf erscheinen diese selber, ein Graskleid um die Hüften, von Poroleitern geführt, in langer Reihe, einer hinter dem andern. Sie gehen langsam, in feierlichem Schweigen und tiefgebückter Haltung, manchmal sogar auf allen Vieren kriechend; so bewegen sie sich am Großmeister, dem König und den führenden Männern vorüber, wobei jeder einzelne vom König einen Schlag auf den Rücken erhält. Nach Beendigung des Einzuges müssen die Knaben eine Probe ihrer erworbenen Geschicklichkeit im Tanzen und anderen Übungen ablegen.

Am vierten Tag nach der Entlassung werden die Schüler gewaschen, eine Zeremonie, die in ähnlicher

Weise wie die Waschung der Mädchen im Sandebusch vor sich geht.

Die Knaben verlassen den Busch als ›neue Menschen‹, sie stellen sich völlig fremd gegenüber allem, was ihnen entgegentritt, kennen keinen Menschen, selbst nicht ihre eigenen Angehörigen, finden sich nicht zurecht in ihrem eigenen Heimatdorf und zeigen sich vollkommen verständnislos, wenn man sie an Begebenheiten aus ihrem früheren Leben erinnert. Zugleich aber sind sie die Helden des Tages und genießen allerlei Freiheiten, dürfen in jedem Hause sich aneignen, was ihnen gefällt. Sie tragen während dieser Tage den ganzen Männerschmuck der Familie (zum größten Teil aus massivem Silber bestehend), man veranstaltet ihnen zu Ehren Festmahlzeiten, beschenkt sie und läßt sie fühlen, daß sie nun volle Stammesmitglieder geworden sind. Freilich noch mehr als vorher haben sie sich den Anordnungen der Alten zu fügen, denn sie unterstehen nun im eigentlichen Sinn den Stammesgesetzen. [...]

Der Sandebund *(sanden ku)* ist für das weibliche Geschlecht dasselbe, was den Männern der Poro bedeutet; nur hat er infolge der geringen Wertung der Frau im öffentlichen Leben eine weniger große Bedeutung.

Die Sandeschule (*sanden dowo* ›Sandebusch‹) wird von allen jungen Mädchen besucht. Wenn auch kein unmittelbarer Zwang dazu besteht, so sorgen doch der Einfluß der Leiterinnen und die Volkssitte dafür, daß niemand sich dem Brauche entzieht. ›Unbeschnittene‹ sind verachtet, kein Kpelle würde sie heiraten. Kommt es ausnahmsweise vor, daß eine solche, etwa als Fremde, als Sklavin, in die Ehe tritt, so schickt ihr Mann sie alsbald in den Sandebusch.

[Die Aufnahmeriten] sind fast die gleichen wie die des Porobusches. Die Mädchen werden zunächst mit Kalk eingerieben oder in dickem Kalkwasser abgewaschen. Diese Einreibung wird häufig wiederholt, vor allem bei allen Ausgängen. Der hierzu verwendete Kalk oder weiße Ton heißt auf Kpelle *we*. Die Novizinnen erhalten darauf einen neuen Namen, den sie von nun an ausschließlich tragen, eine neue Haarfrisur, als Kleidung einen dicken Gürtel mit Gras- oder Raphiafransen um die Hüften, und so werden ihnen die Bundesmarken eingeschnitten; sie bestehen bei den Kpelle aus drei senkrechten Narben auf jeder Hinterbacke, wechseln aber von Stamm zu Stamm.

Ein weiterer wichtiger Akt ist das Ausschneiden der Clitoris-Spitze. Es geschieht mit einem eigenen, nur hierzu verwendeten Messer von der Oberin (meistens die Hauptfrau des Oberhäuptlings), unter Mitwirkung einiger *zo*. Als Zweck dieser Operation wird die Erleichterung des Gebärens angegeben; denn die Clitoris schwelle beim Gebären an und erschwere es so. Außerdem aber fördere das Ausschneiden die Empfängnis und vermindere die geschlechtliche Lüsternheit. Das ausgeschnittene Stück wird zu Zaubern verwendet; andere erklären genauer, es werde dem Mädchen in einem Beutelchen um den Hals gehängt. Manche behaupten aber auch, die Clitoris werde getrocknet, zerpulvert, in eine Flüssigkeit geschüttet und so den Knaben im Porobusch zu trinken gegeben. Schließlich wird den Mädchen wie den Knaben im Poro das Schweigegelöbnis durch ›Essen‹ des Bundeszaubers abgenommen. [. . .]

Der Zweck des Aufenthaltes und der Unterweisung in der Sandeschule ist die Einführung in das gesamte Stammesleben, soweit es für das weibliche Geschlecht in

Betracht kommt, und in die Teilnahme an dem Sandezauber; um dies letztere handelt es sich eigentlich; der Sandezauber verleiht Fruchtbarkeit, und außerdem die Fähigkeit zu allen Verrichtungen der Frau. In ähnlicher Weise wie die Knaben werden die Mädchen in allen Hausarbeiten und den ihnen zufallenden technischen Fertigkeiten unterrichtet. Sie verwenden ferner lange Zeit auf das Erlernen von Spielen, Tänzen und Singen. Schon von Dapper [*Umbständliche und Eigentliche Beschreibung von Africa,* Amsterdam 1670] und auch von Büttikofer [*Reisebilder aus Liberia,* Leiden 1890] wird erwähnt, daß die im Sande gesungenen Lieder häufig unzüchtigen Inhaltes seien; in Wirklichkeit sind das Zauberlieder, die die Fortpflanzung (Empfängnis, Gebären) günstig beeinflussen sollen. Auch lernen sie die Lieder, die das Tun der Männer im Kriege zauberisch unterstützen. Man klärt die Schülerinnen auf über das Verhältnis der beiden Geschlechter, darüber wie man den Mann behandelt, gewinnt und betrügt, wie man sich bei Anklagen wegen Ehebruchs benimmt; über Empfängnis, Schwangerschaft, Gebären und Fruchtabtreiben. Ob auch religiöse Unterweisung stattfindet, habe ich nicht feststellen können. [. . .]

Die Exzision der Mädchen hat nicht weniger häufig üble Folgen als das Beschneiden und Tätowieren der Knaben, und so sind Todesfälle im Sandebusch keine Ausnahme. [. . .]

[Die Entlassung aus der Sandeschule] ist eine große Feier, die mehrere Tage in Anspruch nimmt, ja häufig in zwei zeitlich getrennten Abschnitten stattfindet. Der bevorstehende Austritt wird von den Leiterinnen dem Oberhäuptling angesagt und der ganze Ort bereitet sich vor, die Jungfrauen würdig zu empfangen. Die Angehörigen aus den umliegenden Dörfern, besonders auch die Verlobten der Mädchen haben sich eingefunden, niemand ohne reichliche Geschenke für die Schülerinnen und ihre Erzieherinnen.«

Oberin, zo-Frauen und die Dienerinnen in Graskleidern, die den ganzen Körper, auch das Gesicht, bedecken, verlassen in einer Prozession zuerst den Busch und versammeln sich vor dem Hauptversammlungshaus des Dorfes. »Vier Dienerinnen tragen eine riesige Schüssel mit Essen; in dieser Speise befindet sich Zauber aus dem Sandebusch, der an diesem Tage dem König und allen Männern des Dorfes mitgeteilt wird: es vereinigen sich also Männer- und der Weiberorden, indem die Männer den Frauenzauber esssen. Diese Speise wird zunächst dem König vorgesetzt, aus Dank dafür, daß ›er den Frauen den Sandebusch gegeben hat‹. Eine der Dienerinnen nimmt aus dem Brei in der Schüssel eine Handvoll, formt daraus eine Kugel und hält diese dem Könige vor den Mund. In dem Augenblick, da er den Mund öffnet, zieht die Frau ihre Hand zurück; das wiederholt sich drei Mal, beim vierten verzehrt er die Kugel und macht sich dann an den Inhalt der Schüssel selber. Sein Essen wird von den Frauen mit Singen, Händeklatschen, Rasseln und Beifallsrufen begleitet. Nach dem König essen die Männer seiner Umgebung und alle, für die noch etwas übrig bleibt. [...]

Nun erst kommen die Sandeschülerinnen, von zo und Dienerinnen geleitet, in langem Zuge aus dem Busch. Der Körper nebst Gesicht ist mit Kalk bestrichen, um die Hüften tragen sie das Graskleid, an Hals und Handgelenken Silberschmuck. Sie gehen langsam, schweigend, die Hände auf die Knie gelegt oder über den Knien gekreuzt, also in tief gebückter Haltung. Dienerinnen halten Ordnung in dem Zuge; sie gebieten von Zeit zu Zeit Halt, geben das Zeichen zum Wiederbeginn des Marsches, achten darauf, daß Kleider und Schmuck in Ordnung bleiben, und besprengen die Mädchen mit wohlriechenden Flüssigkeiten. Vor dem Versammlungshause angekommen stellen sie sich im Kreise auf. Eine der Leiterinnen tritt vor und meldet dem Könige, der mit seinen Großen im Versammlungshause sitzt: ›Wir haben dir deine Kinder zurückgebracht, *kwa pala i donai.*‹ Zur Bestätigung ihrer Meldung reicht sie ihm zwei Kaurimuscheln. Der König gibt ihr ein kleines Geschenk und spricht den Wunsch aus, einen Tanz der Mädchen zu sehen. Zunächst tanzen nur einige *zo*, die im Busch Tanzlehrerinnen waren, und danach die Schülerinnen, unter Begleitung von Trommel, Rasseln und lauten Beifallsrufen. Am Schluß der Feier setzen die *zo* sich nieder, um von den Angehörigen und Verlobten ihrer Schülerinnen Geschenke als Lohn für die dreijährigen Mühen zu empfangen.«

Der Reisende Westermann war erstaunt zu beobachten (und weil es am Rande auch mit Erziehung zu tun hat, sei es erwähnt), daß die Kpelle wilde Tiere wie Mungos, Zibet-, Meer- und Tigerkatzen, rote Flußschweine, Perlhühner und selbst Schimpansen jung einfingen und für ihre Dienste abrichteten. Schimpansen beispielsweise holten Holz, bewachten Reisfelder und hüteten sogar kleine Kinder. Die Meerkatzen wiederum waren »so gezähmt und gelehrig, daß man sie als Verkäufer verwendet; man hängt ihnen eine Kürbisschale um den Hals, die Bündel von Tabakblättern zu je 5 Pfennigen enthält, und schickt sie damit auf den Markt; nimmt ein Käufer ein Bündel heraus, ohne das entsprechende Geldstück in die Schale zu legen, so folgt der Affe ihm so lange, bis er bezahlt hat.«

Lerne vom Militär!

Diese Aufforderung findet sich in einer Schrift über Grundzüge der Volksschulerziehung (für Seminaristen und Lehrer) aus dem Jahre 1873, als deren Verfasser ein königlicher Regierungs- und Schulrat aus Preußen namens Kahle aufscheint. Die Absicht, militärischen Geist und Drill an den Schulen zu etablieren, war durchaus nicht neu: Schon längst galt die Armee, und das nicht nur in Preußen oder später im Deutschen Reich, als Sinnbild und »**Schule der Nation**«, deren pädagogische Praktiken sich vortrefflich zu eignen schienen, Schuldisziplin sowie Ruhe und Aufmerksamkeit durchzusetzen und aus noch bildsamen Körpern jene Maschinen hervorzubringen, deren der Staat bedurfte. Gelehrig ist ein Körper, so Michel Foucault, der unterworfen, ausgenutzt, der umgeformt und vervollkommnet werden kann.

Mit einem Schiller-Zitat – »**Nichts, ihr Herren, gegen die Disziplin!**« – leitet Kahle das Kapitel über »**Die disziplinarischen Anordnungen**« ein, das uns hier besonders interessiert. Zunächst werden ein paar grundsätzliche Forderungen aufgestellt: Kein Schüler solle »**ungewaschen, ungekämmt oder mit zerlumpten Kleidern**« in der Schule erscheinen; beim Kommen wie beim Gehen müsse der Lehrer von den Schülern »**der Sitte gemäß**« gegrüßt werden; die Türen seien pünktlich und möglichst leise zu öffnen und zu schließen; bis zum Beginn des Unterrichts sei leises Sprechen gestattet. In den Klassenzimmern müsse während des Unterrichts unbedingt auf die Haltung geachtet werden. Nicht »**krumm, schlaff, zusammensinkend, nach seiner Bequemlichkeit**« solle der Schüler sitzen, sondern »**gerade, straff, gehalten und anständig**«. Das Anlehnen ist in den Lektionen, in denen nicht geschrieben wird, gestattet. Zur Haltung des einzelnen gehöre auch dessen »**diszipliniertes Sprechen**«. Wer »**unverständlich lispele, wüst schreie, sich überstürze, sich gehen lasse, stocke, stottere, zögere**«, werde unverzüglich zurechtgewiesen. »**Laut, langsam, lautrein, mit rechter Betonung, erkennbarer Gliederung und innerer Beteiligung**« müsse der Schüler sprechen, »**frisch anfangen, munter fortfahren und besonnen enden**«. Kein Kind dürfe reden, ohne dazu aufgefordert zu werden; keines dürfe sich laut (»**ich, ich, Herr Lehrer!**«) zur Antwort melden; keines dürfe durch Zurufen den Lehrer auf etwas aufmerksam machen wollen; keines dürfe mitsprechen, leise vor sich hinsprechen, vorsagen oder plaudern; auch das Husten, Räuspern und Schnauben müsse möglichst geräuschlos geschehen. Die Hände dürften nicht zum Trommeln, zum Klappern mit der Schiefertafel und dem Griffel gebraucht werden, die Füße wiederum nicht scharren, nicht geräuschvoll auftreten, nicht aus Unachtsamkeit an den Schulbänken anschlagen.

Schulrat Kahle vergleicht disziplinarische Anordnungen mit dem Perpendikel einer Uhr: Wie dieses würden sie verhindern helfen, daß fortwährend Störungen, Unterbrechungen, Hemmungen und »**sonstige Mißstände aller Art**« einträten. Sie nötigten den Schüler, »**das Schulleben in ungestörtem Gange zu belassen**«. Die vom Militär entlehnte Kommandosprache würde dazu einen wesentlichen Beitrag leisten.

Kahle unterscheidet für die Volksschule das Ordnungskommando, das Revisionskommando, das Kommando beim Unterrichten und das Kommando vor dem Hinausgehen:

»Das Haupt-Ordnungskommando lautet: ›Ordnung!‹ dem militärischen: ›Still gestanden!‹ vergleichbar. In ihm sind alle einzelnen Kommandos enthalten, welche sich auf die Haltung und Stille der Schüler beziehen, also die bei schwachem Regimente die ganze Stunde hindurch wiederholten Kommandos: ›Gerade sitzen! Ruhe! Mund halten! Füße still! Steht auf! Setzt euch!‹ u. dgl. Bei straffem Regiment werden Kommandos der letzten Art nur dann gegeben, wenn das Haupt-Ordnungskommando nicht in allen seinen Teilen pünktlich und exakt ausgeführt worden ist.«

Exakt ausgerichtet sollte auch die Sitzordnung in den Klassenzimmern sein, was zum Teil schon durch die (zweisitzigen) Schulbänke, die Subsellien hießen, erreicht wurde. Sie legten nicht nur die gleichmäßigen Abstände von Schüler zu Schüler fest, sondern waren auch ein ausgetüfteltes Dressurmittel und meist so konstruiert, daß sie sowohl eine aufrechte Haltung erzwangen als auch den Bewegungsspielraum der Schüler möglichst einengten. Gerieten die schnurgeraden Reihen der hintereinander sitzenden Schüler dennoch in Unordnung, so stand der Lehrkraft das Kommando »Vordermann!« zur Verfügung, um die Köpfe wieder in die Flucht zu bringen.

»Das Revisionskommando wird angewendet, um zu sehen, ob die Griffel gespitzt, die Tafeln abgewischt, die Hände gewaschen, die Hefte liniiert sind usw. Es lautet: ›Griffel hoch! Tafeln hoch! Hände hoch! Hefte zeigt! usw.; und nach beendigter Revision: ›Ab!‹

Schüler bei der Kaisergeburtstagsfeier. Köln, 1915.

Das Kommando beim Unterrichten. Zu Anfang der Lektion heißt es: ›Bücher vor! Fertig zum Schreiben! – zum Rechnen! – zum Zeichnen!‹ Solche Kommandos, wie die letzten drei, bedürfen, weil eine augenblickliche Ausführung derselben nicht möglich ist, einer Ergänzung durch Zählen: ›Eins! Zwei! Drei!‹ An diese Zahlen dürfen nicht bestimmte Tätigkeiten geknüpft werden. Doch ist darauf zu halten, daß die Schüler, wenn sie sich z. B. zum Schreiben fertig zu machen haben, zunächst das Schreibheft vornehmen, dann das Tintenfaß öffnen, endlich die Feder ergreifen. Das Zählen dient vielmehr dazu, die Ausführung des Kommandos zu beschleunigen und einen präzisen Anfang des Unterrichts zu ermöglichen. – Während der Lektion sind, wenn etwas im Chor gesprochen werden soll, Kommandos notwendig wie: ›Steht auf! Setzt euch! Zusammen! Erste usw. Bank! Knaben! Mädchen!‹ wenn die Tafeln oder Hefte behufs gegenseitiger Durchsicht gewechselt werden sollen: ›Tafeln wechseln – rechts! Tafeln wechseln – links! Tafeln – zurück!‹ – Beim Wechsel der Lektionen endlich ist zu kommandieren: ›Abteilung zurück! Bücher – weg! Setzen zum Singen! Dritte Abteilung – vor (an die Lesetafel)!‹ usw., wobei nötigenfalls eine Ergänzung durch ›1, 2, 3‹ eintreten muß.

Das Kommando vor dem Hinausgehen in den Zwischenstunden und am Schluß der Schulstunden lautet: ›Bücher weg! oder Bücher zusammen! Abtreten! Erste Bank usw.‹ – Auf dem Schulhofe treten die turnerischen Kommandos ein.

Wie das Kommando beim Militär nicht immer Wortkommando ist, sondern auch durch Trommeln und Blasen gegeben wird, so bedient man sich zum Zusammenrufen der Schüler beim Anfang der Schulstunden, beim

Erste Seite aus einer *»Fibel für kleine Stadtleute«* von 1905. Militärische Gesinnung sollte vom ersten Tag des Schulbesuchs an gefördert werden.

Schlusse der Zwischenpausen usw. der Schulglocke, und jedes der oben angegebenen Kommandos kann durch Zeichen mit den Händen (Klopfen, Schlagen, Winken u. dergl.) ersetzt werden. Allein bei der großen Verschiedenartigkeit der Kommandos wird, wenn das letztere geschieht, die Bewegung der Hände zu sehr zusammengesetzt und gesucht, so daß leicht Irrungen entstehen. Deshalb ist es ratsam, nur einige der Kommandos und zwar diejenigen durch Zeichen zu ersetzen, für welche sich natürliche Zeichen ohne weiteres darbieten. So genügt statt des Kommandos: ›Ordnung!‹ ein dreimaliges, immer in derselben Weise ausgeführtes Klopfen, statt des Kommandos: ›Steht auf! Setzt euch!‹ eine einfache Handbewegung nach oben oder unten. Der Individualität des Lehrers muß und kann hier (in einklassigen Schulen noch mehr als in mehrklassigen) ein weiter Spielraum gelassen werden; auch darf er an Schonung seiner Lungen denken. Übrigens ist ja in dieser Beziehung diejenige Schule die beste, in welcher am wenigsten kommandiert und doch alles präzis nach Kommando ausgeführt wird.

Die Ausführung der Kommandos muß eingeübt werden, damit dem Lehrer das Kommandieren, dem Schüler die pünktliche Befolgung zur zweiten Natur werde. Ein ›sich gehen lassen‹ auf dieser oder jener Seite ist von den nachteiligsten Folgen. Die Zucht einer Schülermasse gelingt um so besser, je mehr der Lehrer sich selbst in Zucht hält.«

Der Wille eines undisziplinierten, also unerzogenen Kindes, so Schulrat Kahle, suche, einer »unbewachten Flamme« gleich, die ihn bändigenden Fesseln zu sprengen, und bei jeder Nachgiebigkeit wüchsen die Lust und der Mut, weiter vorzudringen. Zügellosigkeit sei das Resultat, wenn nicht rechtzeitig disziplinarische Anordnungen erfolgten, denn erst langsam komme dem Kind die Einsicht, »daß ein Gemeinwesen Einem Willen dienen müsse«. In der Regel langsam, häufig nie, entfalte sich »in seinem Herzen die Liebe, welche sich scheut, durch Ordnungswidrigkeiten den Lehrer zu betrüben«. Grundverkehrt sei es, »die Befolgung des Gesetzes auf die Einsicht oder das Gefühl des Kindes bauen zu wollen. Das ›Du sollst!‹ des Lehrers sei vielmehr die hier hemmende, dort treibende Kraft; und je entschiedener, ruhiger, gerechter, klarer, wortkarger und konsequenter er diese Kraft wirken läßt, desto leichter werden sich die Kinder in seinen Willen ergeben. Die disziplinarischen Anordnungen dienen dazu, den Schüler zu gewöhnen, seinen Willen einem höheren und damit dem höchsten Willen unterzuordnen«. Wo aber der Wille »eine verkehrte Richtung nimmt, muß man, und zwar ohne Angabe der Gründe, unbedingte, sofortige und volle Unterwerfung fordern, die nicht fragen darf: warum und wozu? die nicht, wie es in der Familie so häufig der Fall ist, hinter der Forderung zurückbleiben, die Erfüllung derselben nicht nach Belieben hinausschieben darf. Je mehr die Familie heutiger Tage in diesem Stück schwach und schlaff wird, desto mehr muß die Schule danach streben, daß sie eine Stätte streng gesetzmäßigen Gehorsams bleibe; je wohlwollender die heutige Strafgesetzgebung Kindern gegenüber verfährt, desto unnachsichtiger und nachdrücklicher muß die Schule ihr Zuchtamt üben. [Kahle spielt hier auf jene Paragraphen des deutschen Strafgesetzbuches an, nach welchen Kinder, die das zwölfte Lebensjahr noch nicht vollendet hatten, wegen einer strafbaren Handlung nicht verfolgt werden durften.] Und wenn daselbst ein Lehrer waltet, der nicht nur physisch und geistig, sondern vor allem moralisch seine Schüler überragt, dem kein anderer Gehorsam genug ist, als der freudige: dann wird die geforderte Unterwerfung zu einer heilsamen sittlichen Übung, welche sittliche Erstarkung und Erhebung in ihrem Gefolge hat.«

Eisen erzieht

Es mag auf den ersten Blick merkwürdig, wenn nicht gar widersinnig erscheinen, daß der leblose Werkstoff Eisen eine erzieherische Aufgabe erfüllen sollte. Und doch haben Generationen von Lehrlingen die Bearbeitung von Eisen mit Feilen, Meißeln und dergleichen nicht nur als praktische Ausbildung kennengelernt; mit dem Eisen ließen sich nämlich vortrefflich Disziplinierungsmaßnahmen, Gehorsamsübungen und Unterwerfungstechniken verbinden.

Ein frühes Beispiel für die mitunter schmerzhafte Initiation des Jugendlichen in die Welt der Arbeit findet sich in dem Kompendium ***Die Lehrwerkstätte*** des Staatswissenschaftlers Paul Scheven aus dem Jahre 1894. Bevor Scheven auf die erste Phase der praktischen Berufserziehung eingeht, deutet er die angestrebte Wirkung an: »**Ein klarer Kopf, eine geschickte Hand und ein frischer aber genügsamer Sinn sollen die Früchte der Lehrlings-Erziehung sein.**« Diese begann im blauen Arbeitsanzug an frisch geschmirgelten und gefetteten Schraubstöcken, das Werkzeug griffbereit in der Schublade: »**Den Anfang machen Übungen in der Handhabung der Feile, des Hammers und des Meissels. Der Lehrling bekommt zuerst ein größeres, unregelmäßig geformtes Stück Schmiedeeisen, welches er nun in einen exakt gearbeiteten Würfel zu verwandeln hat. An dieser scheinbar** einfachen Arbeit lassen sich alle grundlegenden Fertigkeiten der ganzen Schraubstockarbeit prächtig einüben und die maßgebendsten Feilen und Meissel in Anwendung bringen. Bis alle sechs Flächen des Würfels im rechten Winkel scharfkantig zueinander stehen, gleich groß und hübsch glatt gefeilt sind, wird der ursprünglich ziemlich große Eisenbarren immer kleiner und kleiner, das Handgelenk aber dabei immer geschmeidiger, das Gefühl immer empfindlicher, das Auge immer schärfer; auch mancher Tropfen Schweiß, wohl auch Blut wird dabei vergossen, denn, wie der Schlosser sagt, ›das täppische Fleisch muß erst von den Händen herunter‹.«

Der Schmerz als Lehrmeister, das Eisen als Erziehungsmedium. Die exzessiven und stumpfsinnigen Übungen am Schraubstock (die teilweise noch heute zur Lehrlingsausbildung gehören) bargen aber noch andere Gefahren, die Scheven nicht erwähnte. Ein ***Handbuch der Arbeiterkrankheiten*** von 1908 gibt darüber Auskunft: Beim Feilen steht man mit erhobener rechter Schulter; dadurch »kommt es leicht zu Deformitäten, rechtsseitigem Buckel und X-Beinen, besonders bei jugendlichen Arbeitern. In den Händen bilden sich Schwielen, an der rechten in der Tiefe der Hohlhand, wo der Feilgriff ruht, an der linken am Daumen- und Kleinfingerballen, welche das vordere Ende der Feile herunterdrücken. An diesen Schwielen kommt es nicht selten zu schmerzhaften Rhagaden [kleinen Einrissen in der Haut] und – durch Infektion – zu Eiterungen in der Tiefe.«

Die erzieherische Wirkung des Eisens war mehr denn je gefragt, als auf Anregung und mit finanzieller Unterstützung der deutschen Schwerindustrie 1925 das »Deutsche Institut für technische Arbeitsschulung«, kurz DINTA

genannt, gegründet wurde (wobei anzumerken ist, daß es bereits seit 1908 einen »Deutschen Ausschuß für technisches Schulwesen«, den DATSCH, gab, der sich um die »planmäßige Gestaltung der Nachwuchserziehung des Facharbeiters« kümmerte). Das DINTA hingegen war ideologisch geprägt; unter dem Motto »Erziehung des Menschen für die Wirtschaft« verschmolz es die fachlich-berufliche Ausbildung mit der »seelischen Erziehung«, mit der »charakterologischen Weiterbildung«, mit dem »bewußt geleiteten Formungsprozeß«.

Das Fundament des DINTA war die »Werksgemeinschaftsidee«, ein verschleiernder Begriff, hinter dem sich die Forderung nach straffer Betriebs- wie Arbeitsdisziplin, Überwindung der »feindseligen Oppositionsstellung« zwischen Arbeiter und Unternehmer, zwischen Mensch und Maschine (»Kamerad Maschine«) sowie nach Rationalisierung verbarg (die vor allem die sogenannte »Menschenökonomie« betraf, ein Begriff, der als »planvolle Bewirtschaftung der menschlichen Arbeitskraft« definiert wurde).

Mit der Leitung des DINTA wurde der Ingenieur und Ausbildungsleiter in einem Stahl- und Eisenwerk Karl Arnhold betraut. Arnhold, Offizier im Ersten Weltkrieg und durch und durch Militarist, stellte in einem seiner zahlreichen Aufsätze über die Lehrlingsausbildung 1928 grundsätzlich fest: »Wenn man nun auch in der Industrie einem Lehrling die beste fachliche Ausbildung zuteil werden läßt, so fehlt ihm schließlich doch noch etwas, was der alte, tüchtige Handwerksgeselle, der bei einem ausgezeichneten Handwerksmeister gelernt hatte, auf seinen Lebensweg mitbekam: die *Erziehung im Hause des Meisters.* Wir haben ja heute überall diesen Erziehungsmangel zu beklagen, da im Kriege, als die starke Hand des Vaters fehlte, und in der Nachkriegszeit der Einfluß der Familienerziehung in weitesten Kreisen zurückgedrängt wurde. Deshalb ist gerade heute eine Ergänzung der Erziehung im Elternhaus durch den Lehrherrn dringender nötig denn je zuvor. Diese Forderung der Zeit wird noch dadurch verstärkt, daß von den zwei großen Bildungsstätten des deutschen Volkes die eine durch den Versailler Frieden gestrichen wurde: *Volksschule* und *Volksheer* waren früher die Bildungsstätten, die auf die Gestaltung unseres Nachwuchses entscheidenden Einfluß ausübten; die eine pflegte das Wissen, die andere stärkte Körper und Willen.

So wirkte die dreifache Notwendigkeit: der Mangel an Qualitätsfacharbeitern, die Zurückdrängung der elterlichen Zucht und der Wegfall der allgemeinen Dienstpflicht zusammen, um neue Wege nötig zu machen. Es mußten alle gesunden Kräfte mobil gemacht und in wirtschaftliche Machtmittel umgesetzt werden, damit wir unseren Platz im Wettbewerb der Völker behaupten könnten.«

Arnhold war felsenfest davon überzeugt, daß die Industrie jene Erziehungsaufgaben leisten müsse, die früher vom Militär wahrgenommen worden waren. Von diesem Gedanken war sein berufserzieherisches Handeln geprägt. Die Lehrwerkstätte betrachtete er als »pädagogischen Raum« und »Arbeitskampfstätte« zugleich, in der jeden Morgen die »Lehrkameradschaft« »kampfbereit« an ihren Schraubstöcken stehe; Arbeit bedeutete für ihn »Kampf, nicht Spiel und Zeitvertreib«, Lernen, ein »adeliges Erdienen über Kampf und Leiden bis zum endlichen Besitz«; Berufserziehung müsse darauf hinzielen, den »kämpferischen Willen zur Leistung« zu fördern, den Lehrling stufenweise vom bloßen »Exerzieren« zum

Fußstellung

Die Füße bleiben dauernd fest stehen, das rechte Knie bleibt immer durchgedrückt.

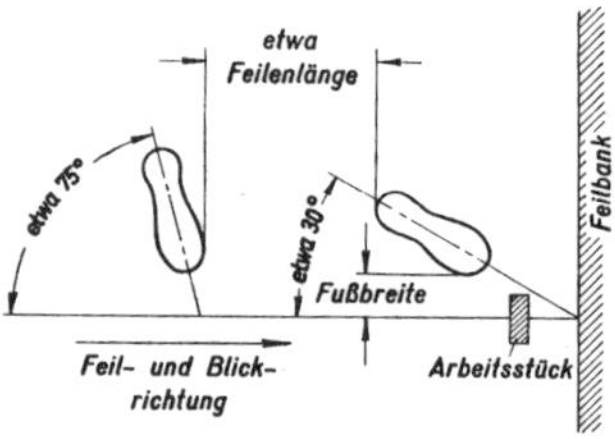

Richtige und natürliche Fußstellung wird auf folgende Weise erreicht:

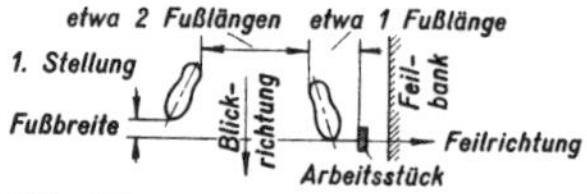

Stelle dich rechtwinklig zur Feilrichtung, etwa 1 Fußlänge vom Schraubstock entfernt, in leichter Grätschstellung je nach Feilenlänge; linker Fuß etwas vorgestellt.

2. Stellung

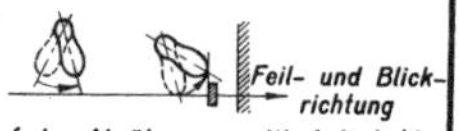

Drehe dich auf den Absätzen zum Werkstück hin.

Körperhaltung und Arbeitsweise

Anfangsstellung

Körper in leichter Ausfallstellung etwas nach vorn neigen. Rechten Arm so weit wie möglich nach hinten ziehen. Hand etwa in Hüftgegend.

Vorschubbeginn

Beim ersten Drittel des Feilenweges Körper etwas weiter nach vorn kippen. Rechter Arm bleibt fest angewinkelt.

Vorschub

Rechten Arm vorschieben, Körper weiter neigen.

Vorschubende

Arme vorschieben, gleichzeitig geht der Oberkörper etwas zurück.
Zurückgehen in Anfangsstellung; Feile ohne Druck zurückziehen.

Achte auf richtige, d. h. natürliche und nicht gezwungene Körperhaltung beim Feilen.

Die Feile ist mit den Armen, nicht mit dem Oberkörper hin und her zu bewegen. Die Oberkörperbewegung unterstützt nur die Arbeit der Arme. Feile immer lang durchziehen. Eine genau geradlinige Bewegung entsteht durch entsprechende Regelung des Druckes auf beide Feilenenden.

Bei zu stark pendelndem Oberkörper entsteht eine Bogenbewegung der Feile und damit eine Krümmung der Arbeitsfläche.

Nur bei Vorbewegung Druck auf Feile ausüben.

Arbeitsgeschwindigkeit: 45–55 Hübe je Minute.

DATSCH	Körperhaltung und Arbeitsweise beim Feilen	Metallverarb. Berufe Unterweisungen **Feilen**
Maßst.		DT 4083

Armfeilen

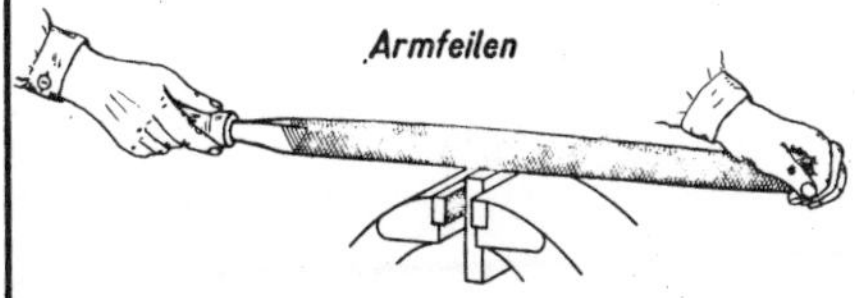

Feilenheft fest umfassen.

Heftende gegen den Handballen pressen, Daumen muß oben liegen.

Die rechte Hand gibt der Feile Führung und Bewegung.

Die linke Hand hält die Feile in der Waage. Der Handballen liegt bei großen Feilen nur leicht auf.

Große Feilen

Linke Hand — Rechte Hand

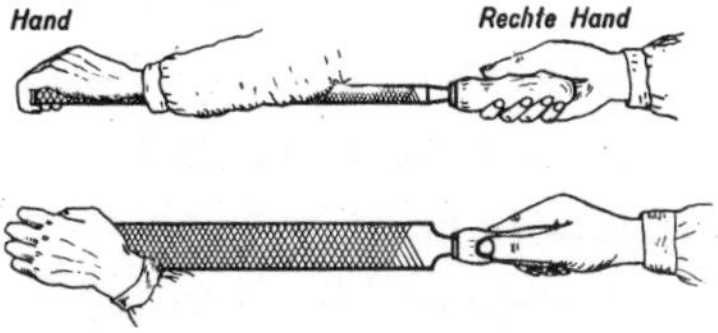

Mittlere Feilen

Richtig

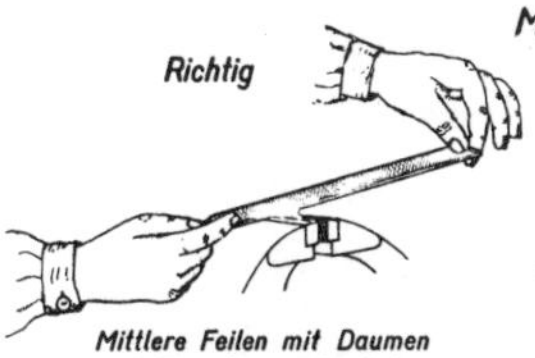

Mittlere Feilen mit Daumen und Zeigefinger der linken Hand nur leicht führen.

Falsch

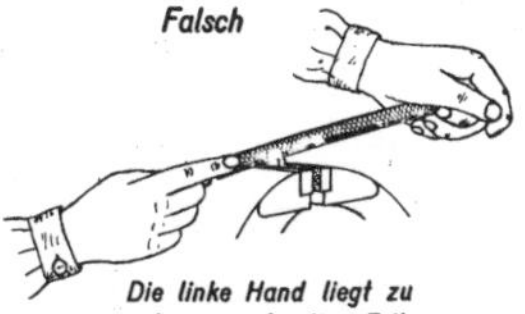

Die linke Hand liegt zu schwer auf, die Feile wird durchgebogen.

Kleine Feilen

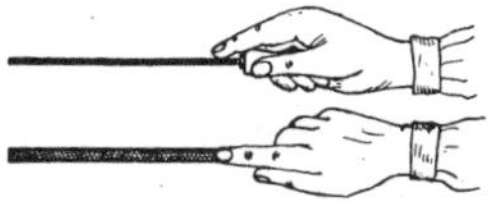

Beim Feilen mit kleinen Feilen, die nur mit einer Hand geführt werden, liegt der Zeigefinger oben.

Feilen von Durchbrüchen

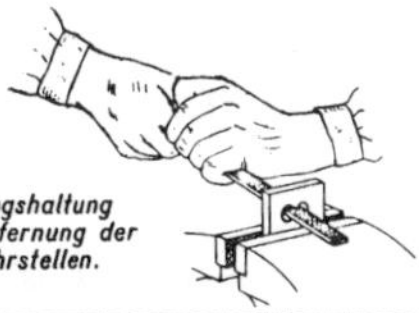

Anfangshaltung bei Entfernung der Bohrstellen.

Bei genügendem Durchlaß in normaler Haltung weiterfeilen.

DATSCH	Feilenhaltung	Metallverarb. Berufe
		Unterweisungen **Feilen**
Maßst.		DT 4082

»**Produzieren**«, das heißt zur »**Ernstarbeit**«, zu bringen, aus ihm den »**ganzen Kerl**« zu machen.

Auf welche Weise? Arnhold griff auf jenen Werkstoff zurück, der sich seiner Meinung nach wie kein anderer für die berufliche Erziehung des »**deutschen Menschen**« eignete: das Eisen. Denn »***Eisen* hat sich nun als das Material erwiesen, an dem sich das Wesen der männlichen Jugend zubest zu entfalten vermag. Die Auseinandersetzung mit dem harten, zähen, widerspenstigen, aber auch ehrlichen und sauberen Eisen hat sich als die beste Arbeitsdisziplinierung erwiesen. Hier werden Zuverlässigkeit, Genauigkeit, Pflichtgefühl, innere und äußere Zucht, persönlicher Einsatz und vor allem der Wille zur kämpferischen Auseinandersetzung mit dem widerspenstigen, harten Stoff zur Entfaltung gebracht.**«

Aus dieser Erkenntnis entwickelte Arnhold den Grundlehrgang »**Eisen erzieht**«, der, wie er betonte, keineswegs als fachliche Ausbildung zu werten war, sondern nichts anderes zur Aufgabe hatte, »**als durch entsprechende Arbeit die Grundbegriffe von Sauberkeit, Exaktheit, Härte, Einsatz und Willen zu entfalten und zu festigen**«. Arnhold forderte diese »**eiserne**« Grundschulung nicht nur für jene Berufe, die mit dem Eisen zu tun hatten, sondern für alle, also auch für Maurer, Landwirte, Konditoren oder Buchhalter. Sein Wunsch sollte Jahre später in Erfüllung gehen: Das DINTA wurde nach der »Machtergreifung« 1933 in die »Deutsche Arbeitsfront« der NSDAP eingegliedert und Karl Arnhold, längst schon Parteigenosse, in der Position des Leiters bestätigt. Die neuen Machthaber brauchten die Methoden und den »Geist« des DINTA nicht zu korrigieren: sie paßten haargenau in die Vorstellungen und Absichten der Nationalsozialisten. Und Arnholds Projekt einer »**eisernen Grundschulung**« für alle ins

Berufsleben Eintretenden war, wie er in einem Vortrag zum Thema »Psyche und Leistung« im September 1940 stolz erwähnte, beinahe verwirklicht: »So beginnt in allen großen Industriewerken Deutschlands heute auch die kaufmännische Lehre damit, daß der werdende Kaufmann zunächst einmal in Reih und Glied mit allen anderen Lehrlingen des Werkes sich am Schraubstock mit dem Eisen auseinandersetzen lernt. Denn er braucht zur richtigen Berufserfüllung kein geringeres Maß an Ausdauer, Klarheit und persönlichen Einsatz als der Maschinenbauer, der Bergmann und der Bauarbeiter.« Das Eisen, »hart, zäh und wahr«, wurde zum »artgemäßen Werkstoff« der Deutschen hochstilisiert.

Nun konnte Arnhold auch ungehemmt im Rahmen der Arbeitsschulung und Berufserziehung und im Dienste der Rüstungs- und späteren Kriegswirtschaft seinem Faible für das Militärische frönen. Die Lehrwerkstatt wurde vollends zum »Exerzierplatz des praktischen Lebens«, in dem die jungen »Soldaten der Arbeit« vor Arbeitsbeginn vom Lehrmeister kontrolliert wurden, ob ihre Stiefel geputzt, ob die Haare anständig geschnitten und gekämmt waren und ob alle Knöpfe am Arbeitsrock festsaßen. Wenn anschließend die Fahne des Reiches gehißt und dann das Kommando »Zur Arbeit tretet weg!« gegeben wurde, dann nahm jeder Lehrling flink seinen Platz am Schraubstock, an der Drehbank oder am Webstuhl ein, bereit »zur höchsten Leistung«, die »zum tiefsten Glücksgefühl« führe.

Karl Arnhold wurde nicht müde, immer wieder auf die Parallelen hinzuweisen, die zwischen »Eisen erzieht« und der militärischen Grundausbildung des Soldaten bestünden. »Beide gehen von den gleichen Grundlagen aus und streben dem gleichen Ziel zu, das lediglich einmal im wirtschaftlichen und zum anderen im militärischen Kampfabschnitt des deutschen Volkes liegt. Diese Tatsache kam in deutlicher Form in einer vor kurzem [Mitte 1940] erfolgten Rundfunksendung zum Ausdruck. Eisen erzieht: Jeder Rekrut, der mit Gewehr oder Karabiner ausgebildet worden ist, hat dies erfahren, daß Eisen härter ist als jede Männerhand, auch die schwieligste und härteste Arbeit gewöhnte. Eisen will beherrscht sein. Jeder falsche Griff verursacht einen Schmerz – und führt, öfter wiederholt, eine Blase oder eine Verletzung herbei. Der Griff ›Gewehr über‹ ist ebenso schwer zu erlernen wie mancher automatische Handgriff am Maschinengewehr oder Geschütz. Wohl jeder junge Soldat erlebt den Augenblick, wo er den nächsten Griff scheut oder wo er sich fragt, ob es notwendig sei. Er ist notwendig. Er muß viele Male wiederholt werden, bis er klappt, so klappt, daß er auch auf dem Gefechtsfeld, angesichts des Feindes, ohne Nachdenken darüber, wie er ausgeführt werden muß, getan wird. Der Griff an das Eisen – ein Teil an der großen Erziehungsarbeit! Man könnte fragen, was der Griff ›Gewehr über‹ für den Kampf bedeutet. Er sei doch, wenn scharf geschossen würde, nicht zu verwenden, und man könnte auch damit keinen Engländer zur Übergabe zwingen. Wer diese Erziehung so auffaßt, sieht sie falsch. Es geht im Grunde genommen auch in der militärischen Ausbildung um das Gleiche, was in der Forderung enthalten ist, daß jeder in das Leben tretende deutsche Mensch ein Vierteljahr Ausbildung am Eisen, mit Schraubstock, Amboß, Hammer und Feile erfahren soll. So wird eine bestimmte Grundlage gelegt. Sie ist mit den Worten Härte, Gründlichkeit, Genauigkeit und manchem anderen zu bezeichnen. Sie umfaßt die Grundsätze des späteren Handelns, die Pflichten und Tugenden. Der Soldat, der den Griff ›Gewehr über‹ oder einen anderen sicher und stramm ausführt, ist auch in einem anderen höheren Sinn diszipliniert und hart. Was er mit dieser einen Handlung gelernt hat, beweist und bewährt sich in übertragener Form vor dem Feind. Eisen erzieht!«

Die DINTA-Ideologie hat den Wirrnissen der Zeit standgehalten und damit eine bemerkenswerte Kontinuität von der Weimarer Republik bis in die Jahre des Wirtschaftswunders bewiesen. In einem Lehrbuch über die Lehrwerkstätteneinrichtung aus den sechziger Jahren finden sich wieder wohlbekannte Attribute der Disziplinierung wie »**Zucht und Gehorsam**«, »**Pünktlichkeit**«, »**Pausen- und Spindordnung**«. Und bei den Vereinigten Österreichischen Eisen- und Stahlwerken (den früheren »Hermann-Göring-Werken«) wurde in den siebziger Jahren zum Beispiel die fachliche Lehrlingsausbildung um eine »**charakterliche, körperliche und staatsbürgerliche Ausbildung**« bereichert.

Karl Arnhold, von den Nazis zum Professor Dr.-Ing. e. h. befördert, mußte nach Kriegsende zunächst für zwei Jahre ins Gefängnis, konnte kurz danach aber seine Lehrgangs- und Vortragstätigkeit wieder aufnehmen, wobei er – das ist bekannt – auf seinen reichen Fundus an Schriften aus der Nazizeit, die er nur unwesentlich veränderte, zurückgriff. Jene Aussage aber, die er in einem Vortrag vor dem Führerkorps des Handwerks 1940 gemacht hatte, wonach es ein Irrglaube sei, durch geeignete Berufsausbildung aus »**Negern und Juden**« Feinmechaniker machen zu können, hat er vermutlich nicht mehr wiederholt. Das Gedankengut »**Eisen erzieht**« indes geisterte noch lange durch Lehrwerkstätten und Berufsschulen.

Kindheit in der blauen Lagune

In den Jahren 1914 bis 1918 unternahm der britische Ethnologe polnischer Abstammung Bronislaw Malinowski drei Expeditionen nach Britisch-Neuguinea. Sein besonderes Interesse galt den Eingeborenen auf den Trobriand-Inseln und ihren Beziehungen in Liebe, Ehe und Gemeinschaftsleben. Ende der zwanziger Jahre erschien dann seine Monographie ***The Sexual Life of Savages in North-Western Melanesia*** (im gleichen Jahr folgte eine deutsche Übersetzung mit dem Titel ***Das Geschlechtsleben der Wilden***), die für einiges Aufsehen sorgte, war sie doch die erste und überaus gründliche Beschreibung der sexuellen Verhältnisse eines mutterrechtlich organisierten »Naturvolks« (im Zusammenhang mit dessen wirtschaftlichen und sozialen Grundlagen). Sogar in den Londoner Rotlichtvierteln soll dieses Buch in den ersten Jahren nach seiner Veröffentlichung stark gefragt gewesen sein. Die »**hochentwickelte Sexualkultur**« der Trobriander sprang auch dem Wiener Psychoanalytiker und Orgonzauberer Wilhelm Reich ins Auge, der seine Analyse der sexuellen Ökonomie, die er in der Schrift über den Einbruch der sexuellen Zwangsmoral (1932) darlegte, auf Malinowskis »**ungewöhnliches Material**« stützte: Die Südsee diente als

Topos des »**glücklichen Lebens**«, zu dem die »**autoritär patriarchalische Gesellschaft**« nur gelangen könne, wenn sie die »**sexuelle Misere**« als Folge der Sexualunterdrückung beseitige.

Malinowski griff mit seinen Thesen in den damals noch immer tobenden Glaubenskrieg ein, ob Anlage oder Umwelt (**nature – nurture**) die bestimmenden Faktoren der menschlichen Existenz seien. Er wandte sich gegen die Auffassung, der Eltern-Kind-Konflikt, der zur Bildung neurotischer Charakterstrukturen führe, sei biologisch angelegt. Der Ödipuskomplex (dessen Unvermeidbarkeit Sigmund Freud angenommen hatte) sei ein sozial bedingtes Phänomen, das in matrilinearen Sozialstrukturen nicht zu beobachten sei (worauf ihm etliche Psychoanalytiker wie beispielsweise Géza Róheim oder Ernest Jones energisch widersprachen).

In den späten sechziger Jahren griff die Studentenbewegung Malinowskis Abhandlung über das »**Geschlechtsleben der Wilden**« wieder auf, ließ sich doch, wie es schien, am Beispiel der Trobriander recht eindrucksvoll zeigen, daß das Fehlen neurotischer Strukturen mit einer von sexuellen Repressionen freien Gesellschaft zusammenhing. Und natürlich lieferten Malinowskis Forschungsergebnisse (wie übrigens auch jene der amerikanischen Anthropologin Margaret Mead über Samoa) den diversen Debatten um alternative Erziehung und eine »andere« Familie eine Fülle von Argumenten.

Malinowskis Werk über Liebe, Ehe und Familienleben bei den Trobriand-Insulanern umfaßt mehrere hundert Seiten. Die hier ausgewählten Zitate beschränken sich auf jene Buchstellen, die aus der Sicht des Beobachters Auskunft darüber geben, wie die Kinder der Trobriander großgezogen wurden.

Als Malinowski seine Feldforschungen unternahm, war die Kultur der Trobriander trotz der damaligen britischen Oberhoheit noch kaum von fremden Einflüssen berührt, was sich freilich nur wenige Jahrzehnte später – nicht zuletzt durch die Ereignisse des Zweiten Weltkriegs, aber auch durch eine aufdringliche Missionierung – entscheidend verändert hatte.

Der Trobriand-Archipel liegt nördlich der Ostspitze von Papua-Neuguinea in der Salomonsee und besteht aus einer Gruppe flacher Koralleninseln, die eine weite Lagune umrahmen. Malinowski war von der großen Vielfalt der physischen Erscheinung der Eingeborenen überrascht. »**Es gibt Männer und Frauen von hoher Statur, schöner Körperhaltung und feingeschnittenen Gesichtszügen, mit markantem Habichtsprofil und hoher Stirn, Nase und Kinn wohlgeformt mit einem offenen, intelligenten Ausdruck. Neben diesen gibt es aber auch andere mit prognathischen [vorstehendem Unterkiefer], negroiden Gesichtern, breitem, dicklippigem Mund, niedriger Stirn und einem rohen Ausdruck. Die Wohlgestalteteren besitzen überdies eine deutlich hellere Hautfarbe. Selbst in ihrem Haar unterscheiden sie sich. Es variiert von sehr glatten Strähnen bis zu dem für die Melanesier typischen gekräuselten Haarbusch.**«

Die Trobriander, erklärte Malinowski, »**sind matrilinear, d. h. die Abstammungslinie und die Weitergabe des Erbes folgen bei ihnen der mütterlichen Linie. Ein Kind gehört zum Clan und zur Dorfgemeinschaft seiner Mutter, und Besitz wird ebenso wie die soziale Stellung nicht vom Vater auf den Sohn, sondern vom Onkel mütterlicherseits auf den Neffen vererbt.**« Die Rolle des Vaters sei völlig anders definiert. Das Wort »Vater« hat für die Trobriander eine ganz bestimmte, »**wenn auch aus-**

schließlich soziale Bedeutung: es bezeichnet den Mann, der mit der Mutter verheiratet ist, im gleichen Haus mit ihr lebt und zum Haushalt gehört.« Das hat mit der Vorstellung zu tun, »daß einzig und allein die Mutter den Leib des Kindes aufbaue, und daß der Mann in keiner Weise zu seiner Entstehung beitrage. Ihre Anschauungen über den Vorgang der Fortpflanzung verbinden sich mit gewissen mythologischen und animistischen Glaubenssätzen zu der zweifelfreien, uneingeschränkten Behauptung, das Kind sei von gleicher Substanz wie die Mutter, und zwischen Vater und Kind bestehe nicht die geringste leibliche Verbindung.« Die Heirat ist mit keinem besonderen öffentlichen oder privaten Ritus oder keiner Zeremonie verbunden; die Frau zieht einfach ins Haus ihres Ehemannes.

Nach Malinowski besteht das wichtigste Merkmal der Ehe unter den Trobriandern darin, »daß die Familie der Ehefrau in einem sehr reichlichen Maße zu deren Haushalt wirtschaftlich beisteuern muß und außerdem dem Ehemann alle möglichen Dienstleistungen zu erbringen hat. Von der Frau wird im Eheleben erwartet, daß sie ihrem Gatten treu bleibt, aber diese Regel wird weder streng eingehalten noch erzwungen. In allen anderen Dingen behält sie ein großes Maß an Unabhängigkeit, und ihr Ehemann muß sie gut und mit Respekt behandeln. Tut er dies nicht, so verläßt ihn seine Frau einfach und kehrt zu ihrer Familie zurück, und da bei dieser ihrer Handlungsweise in der Regel der Gatte ökonomisch der Verlierer ist, muß er sich anstrengen, sie zurückzugewinnen – mit Hilfe von Geschenken und mit seiner Überredungskunst. Wünscht sie es, kann sie ihn im Guten verlassen und wird immer wieder jemand anderen zum Heiraten finden.«

Das Dorf bildet auf den Trobriand-Inseln eine wichtige soziale Einheit. Die Dorfgemeinschaft bebaut gemeinsam ihre Gärten, hält Zeremonien ab, führt Kriege, unternimmt Handelsreisen und segelt als Gruppe im selben Kanu oder derselben Flotte. Jede Hütte, die nicht mehr als ein gewölbtes, strohgedecktes Dach ist und eher einem Schlaf- als einem Wohnraum gleicht, »wird im Dorf von einer Familie bewohnt, nämlich dem Ehemann, seiner Frau und den kleinen Kindern, während die heranwachsenden und erwachsenen Jungen und Mädchen in separaten kleinen Junggesellenhäusern leben, die etwa zwei bis sechs Bewohner beherbergen«.

Über Kindheit und Erziehung auf den Trobriand-Inseln berichtete Malinowski zunächst, daß die Kinder »beträchtliche Freiheit und Unabhängigkeit« genössen und sich schon früh von der Bevormundung der Eltern loslösten, die allerdings nie sehr streng gehandhabt würde. »Manche Kinder«, heißt es weiter, »gehorchen ihren Eltern bereitwillig, doch das hängt nur vom persönlichen Charakter beider Parteien ab: eine regelrechte Disziplin, ein System häuslichen Zwanges ist ganz ausgeschlossen. Nie geben Trobriander-Eltern ihrem Kind einen einfachen Befehl in der Erwartung natürlichen Gehorsams. Die Leute werden manchmal böse auf ihre Kinder und schlagen sie in einem Anfall von Wut; doch ebenso häufig habe ich ein Kind zornig auf Vater oder Mutter losschlagen sehen. Ein solcher Angriff wird entweder mit gutmütigem Lächeln hingenommen, oder der Schlag wird ärgerlich zurückgegeben; jedoch der Gedanke an klare Vergeltung oder zwangsläufige Bestrafung ist dem Eingeborenen nicht nur fremd, sondern direkt zuwider. Ein paarmal habe ich nach einer offenkundigen kindlichen Missetat zu verstehen gegeben, daß es für künftige Fälle besser sei, das Kind zu schlagen oder sonstwie kalten Blutes zu bestrafen; doch dieser Gedanke erschien meinen Freunden unnatürlich und unsittlich und wurde mit einer gewissen Empfindlichkeit zurückgewiesen.

Diese Freiheit gibt den Kindern Spielraum zur Bildung einer eigenen kleinen Gemeinschaft, einer unabhängigen Gruppe, in die sie ganz von selbst mit vier oder fünf Jahren hineinwachsen und wo sie bis zur Pubertät verbleiben. Wie es ihnen gerade in den Sinn kommt, verbringen sie den Tag bei ihren Eltern oder gesellen sich zu ihren Spielgefährten in ihrer kleinen Republik. Diese Gemeinschaft innerhalb einer Gemeinschaft handelt meistens nach dem Willen ihrer Mitglieder und steht den Älteren oft in einer Art Kollektiv-Opposition gegenüber. Wenn die Kinder sich in den Kopf setzen, etwas Bestimmtes auszuführen, etwa einen Tagesausflug zu machen, so sind die Erwachsenen, ja auch der Häuptling nicht imstande, sie daran zu hindern, wie ich oft beobachtet habe. [. . .]

Schon kleine Kinder verstehen und achten Stammesüberlieferungen und Sitte, Bräuche oder Schicklichkeitsvorschriften und Einschränkungen, welche den Charakter eines Tabu oder Stammesgesetzes haben.

Die Freiheit und Unabhängigkeit des Kindes erstreckt sich auch auf das sexuelle Gebiet. Zunächst einmal hören und sehen die Kinder vieles vom Geschlechtsleben der Älteren. Da das Haus den Eltern nicht die Möglichkeit bietet, sich abzuschließen, hat das Kind Gelegenheit, aus eigener Anschauung sich über den Geschlechtsakt zu informieren. Es wurde mir mitgeteilt, daß Kinder durch keinerlei besondere Vorkehrungen daran verhindert werden, den geschlechtlichen Vergnügungen ihrer Eltern zuzuschauen. Das Kind wird nur ausgezankt und angewiesen, den Kopf unter die Matte zu stecken. Manchmal wurde ein kleiner Junge oder ein kleines Mädchen mir gegenüber folgendermaßen gelobt: ›Gutes Kind, es erzählt nie, was zwischen seinen Eltern vorgeht.‹ Kleine Kinder dürfen unverhüllt geschlechtliche Gespräche mit anhören, und sie verstehen sehr wohl, um was es geht. Sie haben auch selber hinreichende Übung im Fluchen und im Gebrauch obszöner Worte. Infolge ihrer frühzeitigen geistigen Entwicklung sind manchmal schon ganz kleine Kinder imstande, schlüpfrige Scherze zu machen, die von ihren Eltern mit Gelächter begrüßt werden.

Kleine Mädchen begleiten ihre Väter auf den Fischfang, wobei die Männer ihr Schamblatt ablegen. Nacktheit gilt unter diesen Umständen für natürlich, weil notwendig, und es haftet ihr nichts Unzüchtiges oder Anstößiges an. Als ich einst mit einem Eingeborenen ein bedenkliches Thema besprach, kam ein kleines Mädchen dazu, die Tochter meines Gewährsmannes. Ich bat den Vater, sie fortzuschicken. ›O nein‹, erwiderte er, ›sie ist ein gutes Mädchen, sie sagt niemals ihrer Mutter etwas wieder, was unter Männern gesprochen wird. Wenn wir sie zum Fischen mitnehmen, brauchen wir uns nicht zu schämen. Eine andere würde alle Einzelheiten unserer Nacktheit ihren Gefährtinnen oder ihren Müttern (d. h. Mutter, Tanten mütterlicherseits usw.) wiedererzählen. Die würden uns dann necken und wiederholen, was sie über uns gehört haben. Aber diese Kleine sagt nie ein Wort.‹ Die übrigen anwesenden Männer stimmten ihm begeistert zu und verbreiteten sich weiter über die Diskretion des Mädchens. Ein Junge hingegen hat in diesen Dingen mit seiner Mutter viel weniger Berührung, denn zwischen Verwandten mütterlicherseits, das heißt also für die Eingeborenen zwischen wirklichen Verwandten, wirkt das Inzest-Tabu schon in frühem Alter und verbietet dem Knaben jede Vertraulichkeit dieser Art mit seiner Mutter und vor allem mit seinen Schwestern.

Knaben und Mädchen haben reichlich Gelegenheit, sich von ihren Gefährten in erotischen Dingen unterweisen zu lassen. Die Kinder weihen sich gegenseitig in die Geheimnisse des Geschlechtslebens ein auf durchaus praktische Art und Weise und in sehr frühem Alter. Lange ehe sie imstande sind, den Geschlechtsakt wirklich auszuführen, beginnt ihr frühzeitiges Liebesleben. In ihren Spielen und Zeitvertreiben befriedigen sie ihre Neugier nach Aussehen und Funktion der Geschlechtsorgane und erleben dabei, wie es den Anschein hat, ein gewisses Lustgefühl. Abtasten der Geschlechtsorgane und leichte Perversionen, wie etwa orale Reizung der Organe, sind typische Arten dieser Vergnügungen. Es heißt, daß kleine Mädchen und Knaben häufig von ihren etwas älteren Gefährten eingeweiht werden, die sie bei ihren eigenen Liebeständeleien zuschauen lassen. Allein von dem Grad ihrer Neugier, ihrer Reife und ihres ›Temperaments‹ oder ihrer Sinnlichkeit hängt es ab, wie sehr oder wie wenig sie sich geschlechtlichem Zeitvertreib hingeben, denn sie sind durch keinerlei elterliche Autorität gezügelt und durch keinen Sittenkodex gebunden, abgesehen von dem besonderen Stammes-Tabu.

Die Erwachsenen, ja sogar die Eltern verhalten sich gegenüber solch kindlicher Hemmungslosigkeit entweder völlig gleichgültig oder durchaus wohlwollend – sie finden es natürlich und sehen nicht ein, warum sie einschreiten sollten. Meistens bekunden sie eine Art nachsichtiges, belustigtes Interesse und erörtern die Liebesaffären ihrer Kinder im leichten Scherzton. Oft habe ich im wohlwollenden Geplauder Aussprüche wie etwa den folgenden gehört: ›Die und die (ein kleines Mädchen) hat schon Verkehr gehabt mit dem und dem – (einem kleinen Jungen)‹; und wenn es sich gerade so trifft, wird etwa hinzugefügt, es sei ihre erste Erfahrung. Wird der Liebhaber gewechselt oder spielt sich sonst ein kleines Liebesdrama in der Welt der Kleinen ab, so erörtert man es halb ernst, halb scherzend. Der kindliche Geschlechtsakt oder was ihn ersetzen muß, wird als unschuldiges Vergnügen betrachtet. ›Sie spielen eben *kayta* (Geschlechtsverkehr haben). Sie schenken sich gegenseitig eine Kokosnuß, ein kleines Stück Betelnuß, ein paar Perlen oder einige Früchte aus dem Busch, und dann verstecken sie sich und *kayta*.‹ Doch gilt es als ungehörig, wenn die Kinder ihre Liebesgeschichten im Haus betreiben, es hat vielmehr stets im Busch zu geschehen.«

Mit dem Anlegen des ersten kurzen Bastrockes aus in Streifen geschnittenen Bananenblättern – etwa im Alter von vier oder fünf Jahren – ist der Zeitpunkt gekommen, da ein Mädchen sich auf solche Art zu vergnügen beginnt. »Doch das kann sich offensichtlich nur auf unvollkommene Praktiken und nicht auf den wirklichen Akt beziehen. Einige meiner Gewährsleute behaupteten zwar, solche kleinen weiblichen Kinder hätten tatsächlich Verkehr mit Penetration. Eingedenk jedoch der starken Neigung des Trobrianders zu grotesken Übertreibungen – einer Neigung, die eines gewissen boshaften Rabelaisschen Humors nicht entbehrt – bin ich geneigt, die Behauptungen meiner Gewährsleute nicht für ganz voll zu nehmen. Wenn wir den Beginn des wirklichen Geschlechtslebens beim Mädchen auf das Alter von sechs bis acht und beim Knaben von zehn bis zwölf festsetzen, so dürften wir in keiner Richtung sehr weit von der Wahrheit abweichen. Von diesem Zeitpunkt an gewinnt die Geschlechtlichkeit im Laufe des Lebens immer größere Bedeutung, bis sie allmählich wieder an Wichtigkeit verliert, wie es im Wesen der Natur liegt.

Geschlechtliche oder zum mindesten sinnliche Lust ist eines der Elemente, wenn nicht gar die Grundlage vieler kindlicher Zeitvertreibe. Manche Spiele natürlich verschaffen überhaupt keine geschlechtliche Erregung – zum Beispiel alle, die wirtschaftliche oder rituelle Betätigungen der Erwachsenen nachahmen [wie beispielsweise den *kula* genannten rituellen Tauschhandel], oder Geschicklichkeitsspiele oder kindlicher Sport; aber alle Arten Reigenspiele, die von den Kindern beiderlei Geschlechts auf dem Dorfplatz gespielt werden, haben einen mehr oder weniger ausgesprochenen geschlechtlichen Beigeschmack, wenn auch die hier gebotenen Ventile indirekt und nur den älteren Jünglingen und Mädchen zugänglich sind, die sich an den Spielen beteiligen. [...]

Es gibt aber auch eine besondere Art von Spielen, an denen sich ältere Kinder nie beteiligen, bei denen jedoch Geschlechtliches ganz unmittelbar eine Rolle spielt. So spielen die Kleinen etwa ›Hausbauen‹ oder ›Vater und Mutter‹. Aus Stöcken und Zweigen wird in einem abgelegenen Teil des Waldes eine kleine Hütte gebaut und von einem oder mehreren Paaren bezogen; nun spielen sie Mann und Frau, machen sich Essen zurecht und führen den Geschlechtsakt aus oder ahmen ihn nach, so gut sie eben können. Oder sie machen die Liebesausflüge der Älteren nach und nehmen sich Nahrungsmittel mit an irgendeinen Lieblingsplatz am Strand oder im Korallenfels, kochen und verzehren dort ihr Essen und ›wenn sie vollgegessen sind, kämpfen manchmal die

Kinder zeigen Malinowski ein Spiel.

Kinder beim Reigenspiel.

Jungen miteinander, oder *kayta* (begatten sich) mit den Mädchen. [. . .]

Die Kinder bemänteln also gern die Kraßheit ihrer sexuellen Neigungen und Erlebnisse mit einem poetischen Schimmer. Überhaupt beweisen die Trobrianderkinder in ihren Spielen einen auffallenden Sinn für das Besondere, das Romantische. Ist zum Beispiel ein Teil des Waldes oder des Dorfes vom Regen überschwemmt, so lassen sie auf diesem neuen Gewässer ihre Spielzeugkanus fahren; oder wenn starker Seegang seltsames Strandgut an Land gespült hat, gehen sie ans Meeresufer und erfinden irgendein phantasiereiches Spiel damit. Die kleinen Jungen suchen auch nach seltenen Tieren, Insekten oder Blumen, machen sie den kleinen Mädchen zum Geschenk und breiten so einen versöhnenden ästhetischen Glanz über ihre frühreife Erotik.

Trotzdem sexuelle Motive im Leben der jüngsten Generation eine wichtige Rolle spielen, darf man nicht vergessen, daß die Trennung der Geschlechter in vielen Dingen sich auch auf die Kinder erstreckt. Sehr oft sieht man kleine Mädchen in selbständigen Gruppen spielen oder wandern. In gewissen Stimmungen, die sogar häufiger scheinen als andere, verachten die kleinen Jungen weibliche Gesellschaft und vergnügen sich allein. So zerfällt die kleine Republik in zwei gesonderte Gruppen, die man vielleicht häufiger noch getrennt als vereint sieht; und obwohl sie sich oft beim Spiel zusammentun, braucht dieses doch keineswegs sinnlicher Art zu sein.

Es ist bemerkenswert, daß ältere Leute sich nicht in das geschlechtliche Leben der Kinder einmischen. Ganz selten gerät einmal ein alter Mann oder eine alte Frau in den Verdacht, ein starkes sexuelles Interesse an den Kindern zu nehmen oder gar mit dem einen oder ande-

Ein Figurenspiel.

Im Spiel wird häufig das Verhalten von Tieren dargestellt: hier das der Ratte.

ren Verkehr zu haben. Doch nie habe ich erlebt, daß ein solcher Argwohn auch nur durch allgemeine Übereinstimmung der Ansichten gestützt worden wäre, und stets fand man es sowohl albern als ungehörig von einem älteren Menschen, sich mit einem Kind geschlechtlich einzulassen. Nirgends findet sich die leiseste Spur einer Sitte ritueller Defloration durch alte Männer oder auch nur durch Männer einer höheren Altersklasse. [. . .]

Im Alter von Zwölf bis Vierzehn, wenn der Knabe jene Körperkraft erlangt, die mit der Geschlechtsreife sich einstellt, wenn seine vermehrte Kraft und geistige Reife ihm die freilich zunächst nur unregelmäßige Teilnahme an den Geschäften der Älteren gestatten, gilt er nicht länger mehr als Kind, sondern rückt in das Stadium der Jugendlichen vor. Damit nimmt er auch im Gemeinschaftsleben eine andere Stellung ein, die einige Pflichten und viele Vorrechte mit sich bringt und eine strengere Beobachtung der Tabus und ausgedehnte Teilnahme an den Angelegenheiten des Stammes fordert. Schon seit einiger Zeit hat er das Schamblatt angelegt; jetzt aber ist er mehr als früher auf das Tragen und Aussehen dieses Kleidungsstücks bedacht. Das Mädchen wird aus dem Kind zur Jugendlichen durch die unverkennbaren körperlichen Veränderungen: ›ihre Brüste sind rund und voll; ihr Körperhaar fängt zu wachsen an; ihr Monatsblut flutet und ebbt mit jedem Mond‹, wie die Eingeborenen sich ausdrücken. Auch sie hat an ihrer Bekleidung keine Veränderung vorzunehmen, denn schon viel früher hat sie den Bastrock angelegt; doch jetzt bezeigt sie ein viel größeres Interesse für ihre Kleidung sowohl im Hinblick auf Eleganz als auch auf Schicklichkeit.

Zu diesem Zeitpunkt bricht die Familie auseinander, wenigstens zum Teil. Brüder und Schwestern müssen getrennt werden – so verlangt es das strenge Tabu, das im Stammesleben eine so wichtige Rolle spielt. Die älteren Kinder, besonders die männlichen, müssen das Haus verlassen, um nicht durch ihre störende Gegenwart das Geschlechtsleben ihrer Eltern zu hemmen. Diese teilweise Auflösung der Familie kommt dadurch zustande, daß der heranwachsende junge Mann in ein Haus übersiedelt, welches von Junggesellen oder älteren verwitweten männlichen Verwandten oder Freunden bewohnt wird. Das Mädchen zieht manchmal zu einer älteren verwitweten Tante oder zu einer anderen Verwandten mütterlicherseits.

Wächst der Knabe oder das Mädchen heran, so wird das Geschlechtsleben beider von größerem Ernst erfüllt. Es ist nicht mehr bloßes Kinderspiel, sondern nimmt einen hervorragenden Platz unter den Lebensinteressen ein. Was früher eine unbeständige Beziehung war, die im Austausch erotischer Betastungen oder in einem unreifen Geschlechtsakt gipfelte, wird jetzt zur nachhaltig beschäftigenden Leidenschaft, zur Angelegenheit ernsten Strebens. Der Jugendliche erscheint nun endgültig einer bestimmten Person zugetan, wünscht sie zu besitzen, arbeitet vorsätzlich auf dieses Ziel hin, sucht seine Wünsche durch magische und andere Mittel durchzusetzen und freut sich schließlich der Erfüllung. Ich habe es erlebt, daß junge Leute dieses Alters aus unglücklicher Liebe tatsächlich krank und elend wurden. Dieses Altersstadium unterscheidet sich vom vorhergehenden dadurch, daß nun eine entschieden persönliche Vorliebe ins Spiel kommt und damit die Neigung zu Bindungen von längerer Dauer. Der junge Mann möchte sich die Treue und ausschließliche Zuneigung der Geliebten erhalten, wenigstens für eine Zeit. Doch ist diese Neigung bis jetzt keineswegs so stark, daß der Gedanke an eine einzige ausschließliche Liebesbeziehung aufkäme; Jugendliche denken noch nicht entfernt ans Heiraten. Der junge Mann oder das junge Mädchen will erst noch viele andere Erlebnisse haben; er oder sie freut sich noch der vollkommenen Freiheit und empfindet keinerlei Wunsch, Verpflichtungen auf sich zu nehmen. Wenn ihn auch die Vorstellung freuen mag, daß seine Partnerin ihm treu ist, so fühlt sich doch der jugendliche Liebende nicht verpflichtet, diese Treue zu erwidern. [. . .] Diese Altersgruppe führt ein glückliches, freies, arkadisches Leben, voller Freude und Lustbarkeit.

Die jungen Leute dieses Alters werden noch durch keinerlei ernste Pflichten in Anspruch genommen, doch die größere körperliche Kraft und Reife erhöht ihre Unabhängigkeit und erweitert ihr Betätigungsfeld. Heranwachsende junge Männer beteiligen sich an Gartenarbeit, Fischfang und Jagd und an überseeischen Expeditionen, meist jedoch nur als Gelegenheitsarbeiter; sie haben die Erregung und das Vergnügen davon und auch einen Teil des Nimbus, doch sind sie noch unbeschwert von der ärgsten Plackerei und von den vielen Beschränkungen, welche die Älteren einengen und belasten. Viele Tabus sind für sie noch nicht recht bindend, die Last der Magie liegt noch nicht auf ihren Schultern. Wenn die Arbeit sie ermüdet, hören sie einfach auf und ruhen sich aus. Ehrgeiz und Unterwerfung unter traditionelle Ideale legen den Älteren eine Selbstdisziplin auf, die ihnen verhältnismäßig wenig persönliche Freiheit läßt; doch diese jungen Menschen sind dem Räderwerk der sozialen Maschine noch nicht ganz verfallen. Auch den Mädchen erwächst aus der Teilnahme an einigen Beschäftigungen der Erwachsenen ein gewisses Maß an Erregung und

Vergnügen, das Kindern versagt ist, während ihnen die schlimmste Plackerei noch erspart bleibt.

Abgesehen davon, daß junge Leute dieses Alters ihre Liebesgeschichten ernster und intensiver betreiben, suchen sie auch den Schauplatz ihrer Liebesabenteuer zu erweitern und vielfältiger zu gestalten. Beide Geschlechter arrangieren Picknicks und Ausflüge und verbinden so den Geschlechtsverkehr mit der Freude an neuartigen Erlebnissen in schöner Landschaft. Sie knüpfen auch geschlechtliche Beziehungen außerhalb ihrer eigenen Dorfgemeinschaft an; findet nämlich irgendwo eine jener rituellen Feiern statt, bei denen nach Sitte und Brauch volle Ungebundenheit herrscht, so machen sie sich dorthin auf, meist entweder eine Gruppe junger Männer oder eine Schar junger Mädchen, denn in solchen Fällen ist immer nur für das eine Geschlecht Gelegenheit zur Zügellosigkeit gegeben.

Für ihren Liebesverkehr suchen sich diese Altersklassen andere Orte aus als die jüngeren. Kleine Kinder betreiben ihre geschlechtlichen Praktiken heimlich in Busch oder Hain als einen Teil ihrer Spiele und benutzen dabei alle möglichen Notbehelfe, um eine gewisse Abgeschlossenheit zu erreichen; der Jüngling jedoch hat entweder sein eigenes Lager in einem Junggesellenhaus, oder es steht ihm die Benutzung einer Hütte frei, die einem seiner unverheirateten Verwandten gehört.«
Malinowski fügt dieser Beschreibung noch an, daß sich die Zahl der **bukumatula**, wie diese Ledigenhäuser genannt werden, durch den Einfluß von Missionaren stark verringert hätten. (In seinem Werk ***Geschlecht und Verdrängung in primitiven Gesellschaften*** weist Malinowski darauf hin, daß zum Beispiel Homosexualität den Trobriandern bis zu dem Zeitpunkt fremd gewesen sei, da ihnen **»die**

Moral des weißen Mannes aufgezwungen wurde auf eine derartig unrationale und unwissenschaftliche Weise«).

Malinowski beobachtete, daß der berauschende Einfluß von Musik und Mondlicht, die ungewöhnliche Stimmung und Kleidung aller Teilnehmer bei gewissen Veranstaltungen eine große Rolle in den Liebesgeschichten der Trobriander spielten. »Solche Gelegenheiten zu gegenseitiger Verwandlung und zur Flucht aus der Eintönigkeit des Alltagslebens bieten nicht nur die vielen festgelegten Festzeiten und Perioden erlaubter Zügellosigkeit, sondern auch jene allmonatliche Steigerung der Vergnügungssucht bei Vollmond, die zu vielerlei Kurzweil und Lustbarkeit führt. [...]

Allmählich, wenn die jungen Männer und Mädchen älter werden, dauern ihre Verhältnisse länger, die gegenseitigen Bindungen werden stärker und beständiger. In der Regel entwickelt sich eine bevorzugte Neigung besonders stark und beginnt endgültig alle anderen Liebesaffären zu überschatten. Sie mag auf wahrer geschlechtlicher Leidenschaft oder auf Verwandtschaft der Charaktere beruhen. Praktische Erwägungen mischen sich ein, und früher oder später erwägt der Mann, eine seiner Liebesbeziehungen durch Heirat zu festigen. Im gewöhnlichen Verlauf der Dinge geht jeder Eheschließung eine mehr oder weniger ausgedehnte Periode gemeinsamen Geschlechtslebens voraus. Dies ist allgemein bekannt, wird auch besprochen und gilt als öffentliche Ankündigung der Heiratsabsichten des betreffenden Paares. Es dient auch zugleich als Probe auf die beiderseitige Neigung und Verträglichkeit. Diese Probezeit läßt auch dem künftigen Ehemann und der Familie der Frau Zeit genug, sich wirtschaftlich auf das Ereignis vorzubereiten.«

Bronislaw Malinowski gilt als Wegbereiter der modernen Anthropologie, der die Methode der »**teilnehmenden Beobachtung**« (im Gegensatz zu den sogenannten »**Armchair-Theoretikern**«) (weiter)entwickelte. Von seinen Schülern und Biographen wird er als exzentrische Persönlichkeit mit ausgeprägt extrovertierten Charakterzügen beschrieben; er liebte es, im Rampenlicht zu stehen, und konnte Einsamkeit so wenig ertragen, daß er sich ständig mit einem Kreis von Freunden, Schülern und Verehrern umgab. Die amerikanische Ethnologin Ruth Benedict, die Malinowski anläßlich eines Besuchs in New York kennenlernte, erwähnte (in einem Brief an ihre Freundin Margaret Mead), daß er sich in der Öffentlichkeit gern in der Rolle des Don Juan sah.

Achtunddreißig Jahre, nachdem ***Das Geschlechtsleben der Wilden*** erschienen war, und fünfundzwanzig Jahre nach Malinowskis Tod (er starb 1942 in den USA) setzte sich seine Witwe über die gebotene Zurückhaltung hinweg und veröffentlichte seine Feldtagebücher, die, wie nachzulesen ist, einen Sturm der Entrüstung hervorriefen und Zweifel am Wahrheitsgehalt seiner ethnographischen Darstellung aufkommen ließen. Noch nie zuvor hatte ein Feldforscher seine inneren Konflikte und sein Verhältnis zur fremden Kultur so offenherzig dargestellt wie Malinowski in seinem Diarium (das ja eigentlich geheim bleiben sollte). Aus seinen Eintragungen geht hervor, wie sehr er (der vom Milieu des angelsächsischen Puritanismus geprägt war) sich in der scheinbar erotischen Atmosphäre des Insellebens ständig sinnlichen Versuchungen und wollüstigen Gedanken ausgesetzt fühlte.

Ein Beispiel: »**Um 5 nach Kaulaka gegangen. Ein hübsches, gut gebautes Mädchen ging vor mir her. Ich betrachtete die Muskeln ihres Rückens, ihre Figur, ihre**

Beine, und die Schönheit des uns Weißen so verborgenen Körpers faszinierte mich. Selbst bei meiner eigenen Frau werde ich wahrscheinlich nie die Möglichkeit haben, das Spiel der Rückenmuskeln so lange zu beobachten wie bei diesem kleinen Tier. Momentan bedauerte ich, daß ich kein Wilder war und dieses hübsche Mädchen nie besitzen konnte.«

Ein anderes: »Ich traf Frauen an der Quelle, beobachtete, wie sie Wasser schöpften. Eine von ihnen, sehr attraktiv, erregte mich sinnlich. Ich dachte daran, wie leicht ich mit ihr eine *Beziehung* anknüpfen könnte. Bedauern, daß es eine solche Unvereinbarkeit geben kann: physische Anziehung und persönliche Abneigung. Persönliche Attraktion ohne physischen Magnetismus. Auf dem Rückweg folgte ich ihr und bewunderte die Schönheit des menschlichen Körpers. Die Poesie des Abends und Sonnenuntergangs überstrahlte alles. Ich dachte daran, wie wunderbar E. R. M. [Elsie R. Masson, Malinowskis Verlobte und spätere Frau] auf all dies reagieren würde und erkannte die Kluft zwischen mir und den Menschenwesen um mich her.«

»Die Vergegenwärtigung der schier unüberwindbaren *Kluft* zwischen ihm und den Menschen seiner Umgebung und die Reaktivierung zunächst unterdrückter Vorurteile«, schreibt der Ethnologieprofessor Karl-Heinz Kohl in seiner Arbeit ***Exotik als Beruf***, »verwendete Malinowski später immer häufiger als bevorzugtes Mittel, um die Enttäuschung, die er im Umgang mit den Eingeborenen erfahren mußte, ertragen zu können. Vornehmlich dann, wenn sich seine Informanten ihm gegenüber indifferent oder abweisend verhielten und ihn somit die Unüberbrückbarkeit der Außenseiterposition ebenso wie die tatsächliche Abhängigkeit, in der er sich befand, deutlich fühlen ließen, findet seine Verbitterung und Hilflosigkeit regelmäßig ihren Niederschlag in einer wahren Flut von Invektiven.«

So bezeichnete Malinowski die Trobriander öfters als »nigger«, manchmal mit dem Zusatz »dreckige«, die ihm auf die Nerven gingen und die er »strongly« hasse. Das Leben der Eingeborenen sei »bar allen Interesses und aller Bedeutung«, es sei ihm so fern »wie das Leben eines Hundes«; über das Verhältnis einer Europäerin (Mrs. Bill) mit einem »hübschen *Nigger*« war er geradezu entsetzt, und gegen Ende seines Aufenthalts konnte er sogar für die »deutschen und belgischen Kolonialgreuel« Verständnis aufbringen.

Jahre später bekannte Malinowski, daß sein Unternehmen eine »romantische Flucht aus unserer genormten Kultur« gewesen sei.

»Es wäre sicherlich unbillig«, meint Karl-Heinz Kohl am Schluß seiner Analyse der Tagebucheintragungen, »wollte man aus solchen verbalen Exzessen allgemeinere Rückschlüsse ziehen, ohne den Druck der Spannungssituation zu berücksichtigen, aus der heraus sie entstanden sind. Ist es doch Malinowskis Verdienst, daß er sich in seinem wissenschaftlichen Werk nicht zuletzt durch eine Kritik am Eurozentrismus der viktorianischen Ethnologie um den Abbau eben der Vorurteile bemüht hat, die er hier in Reaktionsbildung selber produziert.«

Formung zum »industriellen Menschen«

In Zlín, einer abgeschiedenen Kleinstadt inmitten der waldreichen südostmährischen Hügellandschaft (etwa hundert Kilometer östlich von Brünn), entstand nach dem Ersten Weltkrieg die einzige funktionalistische Industriestadt der Welt, deren Herz die Schuhfabrik Bat'a (Batja gesprochen) war; sie zählte in der Zwischenkriegszeit zu den größten Unternehmen dieser Sparte. Ihr Gründer war Thomas Bat'a, der einer eingesessenen Zlíner Schusterfamilie entstammte und sich bereits als Achtzehnjähriger 1894 selbständig machte. Einige Jahre später trieb es den wißbegierigen Schuster nach Amerika, wo er fast ein Jahr lang in der Schuhindustrie von Lynn in Massachusetts arbeitete und das »amerikanische Fabrikationssystem« kennenlernte. Dieses System der Massenproduktion und des industriellen Managements (Bat'a nannte es **»Erzeugungs-Organisation«**), die maschinellen Einrichtungen und der regelmäßige Fluß ineinandergreifender Arbeitsvorgänge hinterließen in ihm einen tiefen Eindruck. Frederick W. Taylors Leitprinzip (**»Früher stand der Mensch an erster Stelle, in der Zukunft muß das System den Vorrang haben«**) und Henry Fords Produktionsmethoden, gepaart mit der sozialen Utopie einer »**Stadt der Arbeit und des Denkens, des Glücks und der Gerechtigkeit**«, wie sie Emile Zola in seinem Roman ***Travail*** (1901) vorschwebte, waren die Bausteine, aus denen Thomas Bat'a seine »Industrie-Gartenstadt« schuf, in der, nach seinem Credo, jeder eine Chance haben sollte, der tüchtig war. Leistungswille, Disziplin und Begeisterung allein waren die Bedingungen für eine rasche Karriere, Herkommen und Vorbildung hatten keine Bedeutung. Die kilometerlangen Arbeitsbahnen und Fließbänder in den Werkhallen bewegten sich im Takt der Herzfrequenz, und wer schwerfällig war, am Arbeitsplatz »bummelte« oder seinen Vorgesetzten widersprach, wurde gefeuert. Dementsprechend groß war der Verschleiß an Arbeitskräften. Unter den rund 25 000 beschäftigten »**Bat'a-Männern und -Frauen**«, wie sie sich stolz nannten, gab es nur wenige, die über vierzig Jahre alt waren.

»**Wettbewerb in der Arbeit ist etwas Großes, Heiliges**«, predigte Bat'a, und um diesen Wettbewerb unter seinen »**Mitarbeitern**«, wie er alle Arbeiter, Beamten und Direktoren zu nennen pflegte (»**Ich kenne keine Ausgebeuteten, ich kenne nur Mitarbeiter**«), zu fördern, aber wohl auch, um die Verantwortung für Quantität und Qualität der Produktion auf die Belegschaft abzuwälzen, baute er die Selbstverwaltung der Werkstätten mit Hilfe eines Systems der Gewinn- und natürlich auch Verlustbeteiligung aus. (Bat'a nannte das »**die Umwandlung des arbeiterisch-lohnmäßigen Denkens des Angestellten in ein unternehmerisches Denken**«.) Hohe Grundlöhne und zahlreiche Wohlfahrtseinrichtungen sollten überdies den Gegensatz zwischen Kapital und Arbeit mildern helfen. Zur moralischen Unterstützung ließ er seine suggestiven Leitsprüche, wie »**Arbeit: eine moralische Notwendigkeit**«, »**Der**

Kampf ist der Vater von Allem!« oder »**In der Schnelligkeit liegt die Kraft. Leben ist Bewegung. Handelt!**«, in mannshohen schwarzen Buchstaben an die Fabrikmauern pinseln. Die Erkenntnis, daß »**die Hälfte aller Erdbewohner**« noch immer barfuß ging, ließ den Schuhkönig selbstkritisch bekennen, »**wie wenig wir bisher geleistet haben und was für eine große Arbeit uns Schustern noch bevorsteht**«. Das Ergebnis seiner »**erbarmungslosen Beharrlichkeit**« konnte sich sehen lassen: zwischen 1920 und 1932 explodierte die tägliche Schuhproduktion von 6000 auf 144000 Paar.

Ein von Technik und Tempo beherrschtes Unternehmen wie Bat'a verlangte freilich nach Menschen mit modernen Nerven, die sich zur Fabriksarbeit dressieren ließen, bis ihnen alle erforderlichen Handgriffe in Fleisch und Blut übergegangen waren, und die einsahen, daß der Tag 86400 Sekunden hat, die es nicht zu vergeuden galt. Diesen neuen Menschentyp, den »industriellen Menschen«, wollte Thomas Bat'a, der futuristische Fabrikant und leidenschaftliche Erzieher, formen (»**Aus kleinen Menschen können nur durch Erziehung große Menschen gewonnen werden**«). Um sein ehrgeiziges Ziel zu erreichen, aber natürlich auch, um sich vom Arbeitsmarkt unabhängig zu machen, richtete er »**Bat'as Schule der Arbeit**« ein, in die bevorzugt Kinder aus armen Familien, hauptsächlich von Landarbeitern, Kleinbauern und verarmten Schustern (die durch Bat'as Massenproduktion brotlos geworden waren), aufgenommen wurden. Nach einem strengen Ausleseverfahren, bei dem es vor allem auf die manuelle Geschicklichkeit ankam, wurden jährlich von 15000 bis 20000 Bewerbern rund 2500 Mädchen und Burschen ausgewählt. »**Bat'as junge Männer**« und »**Bat'as junge Frauen**«, meist fügsam und von gewerkschaftlichen oder politischen Einflüssen

unverdorben, wurden zu einer militärisch gedrillten Elite herangezogen, die an Festtagen hübsche Uniformen, blaue, zweireihige Jacken mit dem goldenen Firmenemblem und weiße Hosen oder Röcke, tragen durfte.

Gleich am ersten Schultag wurde den »**jungen Männern**« vom »Chef« persönlich eingeimpft, was unter dem Begriff Mann zu verstehen sei: »**Der Begriff Mann bedeutet Ernährer. Ein vierzehnjähriger Bursche beginnt seinen Lebensunterhalt zu verdienen und ist deshalb ein junger Mann. Ihr jungen Männer, tretet mutig in die Welt, seid nicht traurig darüber, daß euch eure Eltern nicht studieren lassen können oder wollen. Die ganze Welt ist eine Schule, und der beste Lehrer ist die Arbeit, der beste Helfer die Armut. Die Mehrzahl der großen Männer unserer Zeit verließ das Elternhaus mit ebenso bescheidenem Ränzel wie ihr. Die Größe unserer Zeit besteht darin, daß auch der arme Mann die höchsten Würden erreichen kann. Es liegt nur an ihm, an seinen Fähigkeiten und seiner Ausdauer. Kraft des Körpers und des Geistes sei euer Leitspruch. Suchet den Kampf, fürchtet nicht die Niederlagen. Schwächt eure Körper nicht durch Laster wie Trunksucht, Rauchen und ähnliches. Das Laster ist die Mutter der Niederlage, Tugend und Mäßigkeit sind der Weg zum Sieg. Erfolg sei mit euch!**«

Den »**jungen Frauen**« schenkte der »Chef« solche kernigen Worte nicht, denn, so Bat'a, »**die Erziehung der Mädchen wird einen anderen Weg einschlagen**«. Er war überzeugt, daß Kochen eine Wissenschaft sei, deren Kenntnis die Gesundheit erhalte. In modernen Kochschulen hatten die Mädchen Gelegenheit, Wissenswertes über vernünftige Ernährung zu erfahren und kochen zu lernen. Ferner wurden sie in Hygiene, Haushaltskunde, Wäsche-

und Kleidernähen sowie Kindererziehung unterrichtet. Schließlich sollten aus ihnen »**die begehrtesten Bräute für unsere jungen Männer werden, besonders ihrer Bildung, ihrer Moral und gesellschaftlichen Erziehung wegen**«.

Bat'as »**junge Männer**« wurden »**in spartanischem Geiste**« erzogen, sei doch nach Meinung des selbstherrlichen »Chefs« der größte Fehler der üblichen Erziehung die Verweichlichung. Die Jungen wohnten in vier riesigen Gebäuden aus Glas, Stahl und Beton an einem Abhang gegenüber der Fabrik. In jedem Schlafraum standen zweiundzwanzig Betten, immer zwei übereinander wie in einer Schiffskabine. Um halb sechs Uhr wurden die Pfleglinge aus den Betten gerufen. Mit Freiübungen in der Natur begann der Tag. Bevor gemeinsam das Frühstück eingenommen wurde, mußten die Schlafsäle aufgeräumt und die Waschräume aufgesucht werden. Danach trat man, geschniegelt und gebügelt, um sieben Uhr die Arbeit in den Werkstätten und Kanzleien des Unternehmens an. Um zwölf Uhr begann die zweistündige Mittagspause. In der Werkskantine trafen sich die jungen Männer zum gemeinsamen Mittagessen. Ihr Selbstbedienungsmenü bekamen sie gegen Abgabe eines Coupons, für den sie, wie auch für Frühstück und Abendessen, bezahlen mußten. Der Speiseplan, in der Werkszeitung »**Sdelení**« (Nachrichten) angekündigt, enthielt zum Beispiel Reisbouillon, Rindfleisch mit Bohnen an einem Tag, Kartoffelsuppe, Schweinebraten mit Kraut am nächsten und immer zwei verschiedene Mehlspeisen als Nachtisch. Wer den Rest der Pause nicht im Freien verbringen wollte, der konnte in eigens eingerichteten Gesellschaftsräumen in Zeitschriften blättern, ein Buch lesen, Billard spielen oder an Gesellschaftsspielen teilnehmen. Doch wer glaubte, sich unbekümmert der Entspannung und Unterhaltung hingeben zu können, der irrte:

»Ordnen wir wissentlich unsere Unterhaltung und Bildung so«, mahnte der »Chef«, »daß sie unseren Willen stärken und unseren Charakter festigen. Beschäftigen wir uns nur mit solchen Büchern, die uns zu Taten aufmuntern. Auch die schönste Erzählung nimmt uns die Freude am Leben und den Mut zu neuen Taten.«

Nach drei Stunden Nachmittagsarbeit, die um siebzehn Uhr zu Ende ging, wurde das Abendbrot wieder gemeinsam eingenommen. Pünktlich um achtzehn Uhr begann der zweistündige Unterricht in der Fabriksschule, in der die praktischen Erfahrungen durch theoretische Kenntnisse ergänzt werden sollten. Um einundzwanzig Uhr lagen alle Zöglinge im Bett, wer zu spät kam, mußte Strafe bezahlen.

Der Unterricht in der Fabriksschule bestand aus den Fächern Rechnen, Buchhaltung, Handelskorrespondenz, Zeichnen, Maschinen- und Materialkunde, Gesundheitslehre und Körpererziehung, Englisch und Deutsch sowie Betriebserziehung, das Fundament der ethischen, sozialen und gesellschaftlichen Beeinflussung. Der Schriftleiter der Werkspostille, einer von Bat'as fleißigsten Propagandisten, Anton Cekota, gab in einer Informationsschrift, wenn auch nur schlagwortartig, Auskunft, worüber in diesem Fach gesprochen wurde:

»Die Bedeutung des Begriffs ›Arbeit‹: Unterschied zwischen Tages- (Stunden-) Arbeit und Akkordarbeit. Wir neigen zur Akkordarbeit (Ziel- oder Planarbeit), da diese den menschlichen Bestrebungen besser entspricht. Auf der anderen Seite verurteilen wir die Tages- (Stunden-) Arbeit, weil sie den Menschen zum Müßiggang und zur raffinierten Absenz von der Arbeit verleitet.

Tugenden des jungen Mannes: Sparsamkeit, Selbstgenügsamkeit, Geselligkeit, Wahrhaftigkeit, Nachdenklichkeit, Elternliebe, Liebe zum Vorgesetzten, morali-

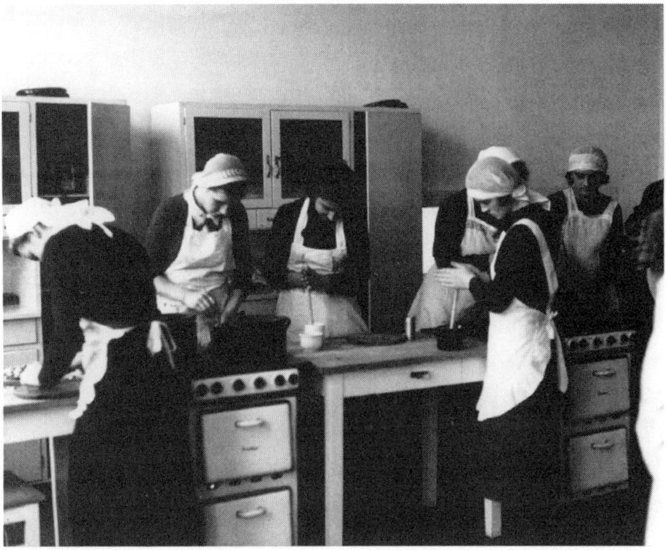
Mädchen in der Lehrküche.

Lehrlinge im Lesesaal mit ihrem Erzieher Jan Cabala.

scher Stolz, Bescheidenheit, Nüchternheit, körperliche Reinlichkeit, sexuelle Reinheit, Freundesliebe, Höflichkeit, Gehorsam, Mitgefühl, Opferfreude, Aufrichtigkeit, Einigkeit.

Schlechte Eigenschaften eines jungen Mannes: Gleichgültigkeit, Stumpfheit, Frechheit, Wut und Zorn, Eitelkeit, Neugier, Geiz, Unhöflichkeit, Lügenhaftigkeit, Schadenfreude, Spitzeltum, Haß, Neid, Verstellung, üble Nachrede, Schmeichelei.

Die Feinde des jungen Mannes: Alkohol, Nikotin, schlechte Lektüre, schlechte Gesellschaft, Selbstbeflekkung, Prüderie, unmoralische Leute.

Das Verhältnis des jungen Mannes zum Betrieb und zu den Vorgesetzten.

Die Bedeutung der Devise: Ein Unternehmen – ein Ziel.

Die Maschine als Sklave des Menschen, menschliche und maschinelle Kraft (Verhältnis), menschliche Ermüdung, Ermüdung der Maschine, Ermüdung des Metalls. Die Maschine als guter Freund bei guter Pflege.

Der Taschenblock – Gedankenhalter.

Die Fabriksdevisen und ihre öffentliche und fachliche Bedeutung. Thomas Bat'as Gedanken auf diesem Gebiete und ihre Analyse.

Die Bedeutung der Devise: Unser Kunde – unser Herr.

Lehre von der Züchtung, Erhöhung und vom Schutz der Sinne, untergeordneter Sinne und Fähigkeiten mit Rücksicht auf die Betriebsrichtung. Grundsätze der Lehre: Gedächtnis, Vorstellungsgabe, Beobachtung, Farbensinn, Orientierungssinn, Raumsinn, technischer Sinn, Sehen im Zwielicht, Behendigkeit, Schätzen von Entfernungen, von Gewicht, rechte und linke Hand, Einfluß von einseitiger Schwerarbeit auf die Kopfnerven, angeborener und anerzogener Instinkt u. ä. (Unterricht und Demonstrationen).

Der junge Mann am höchsten Ziele: Analyse der Gedanken Thomas Bat'as. – Bat'a und Ford (Vergleich ihrer Gedanken und Bestrebungen). – Fords ›Service‹ und Bat'as ›Dienst an der Öffentlichkeit‹. – Thomas Bat'as Gedanken über die Wohlhabenheit. – Die gutsituierte Fabriksarbeiterschaft, die weniger gut situierte handwerkliche Arbeiterschaft. – Bat'as Gedanken über das Thema: Sich nicht vom Kapital versklaven lassen, sondern das Kapital versklaven. – Die wirtschaftliche Annäherung der europäischen Staaten. – Taylorismus und seine Bedeutung in der Großerzeugung.

Schule des Anstandes und des guten Tones: Der junge Mann in Gesellschaft erwachsener Männer. – Der junge Mann in Gesellschaft erwachsener Damen. – Der junge Mann in Gesellschaft heranwachsender junger Mädchen. – Der junge Mann als Tänzer. Tanzstunden. – Der junge Mann als Theaterdilettant. – Der junge Mann als Rezitator und Redner.«

Nach einer Zeit der allgemeinen Ausbildung wurde mit der »psychotechnischen Schulung« begonnen. Was darunter zu verstehen war, erläuterte der Erzieher Jan Calaba kurz so: »Bei der modernen Psychotechnik muß es sich vor allem um zwei Dinge handeln: 1. um die Ermittlung der natürlichen Begabung mit Rücksicht darauf, daß der richtige Mensch am richtigen Platz stehe, und 2. um die Hochzüchtung menschlicher Anlagen durch psychotechnische Erziehung.« Er ließ ein Beispiel folgen: »Der Sinn für Ausnützung einer Fläche wird durch das Bild einer Lederhaut und einer Sohle geübt, wobei geschätzt werden soll, wieviel Stück Sohlen sich aus der Fläche ergeben. Die fachliche Aufmerksamkeit in bezug auf die Schuherzeugung wird durch Kritik von Schuhen geübt, die absichtlich mit Fehlern versehen wurden, welche festzustellen sind, und zwar grobe, leicht erkennbare und geringfügige Fehler. Diese aktive psychotechnische Erziehung wird durch die passive unterstützt, d. h. durch Schutz der Sinnesorgane vor Beschädigung (Alkohol, Nikotin, Leidenschaften etc.).«

Zur »psychotechnischen Schulung« gehörte es auch, die Beobachtungsgabe der Werksschüler zu entwickeln und zu schärfen. Dazu Jan Calaba: »Im Menschenleben begegnen wir täglich Augenblicken, welche schärfste Beobachtung erfordern. Anwendung auf die Fabrikserzeugung: Leder: Das Leder ist als animalisches Produkt verschiedenen Vorgängen und Qualitäten unterworfen. Ein guter Fachmann erkennt durch die Beobachtung sofort, wie und wo das Leder gedehnt werden muß und bedeckt infolgedessen die Fläche sofort mit den Mustern, sofern es sich um Ausschnitte handelt. Beobachtung bei der Erzeugung: Der Angestellte mit guter Beobachtungsgabe erkennt schnell fehlerhafte Werkteile und schützt sich vor finanziellem Schaden und die Werkstätte vor Verlust an Zeit und Gewinn. Beobachtung bei maschineller Leistung: Der Angestellte mit guter Beobachtungsgabe wird selbst im größten Lärm der Maschinen erkennen, daß eine Maschine nicht gut funktioniert, wird sofort den Defekt ausfindig machen und so finanziellen und Zeitverlust hintanhalten, wenn er den Fehler gleich behebt.«

Eines der »stärksten originellen, psychotechnischen Hilfsmittel« der Werkschule, auf das Calaba zu sprechen kam, war die »wirtschaftliche Erziehung«. Alle in der Schule erworbenen Kenntnisse sollten in der Fabrik in Geld umgewandelt werden. Von der ersten Woche an verdiente der Zögling einen für seine Lebenshaltung (angeblich) ausreichenden Lohn. Er mußte in einem Wirtschaftsbuch seine für die nächste Woche geplanten Ausgaben eintragen und dem Direktor des Internats zur Genehmigung vorlegen. Ferner wurden die Zöglinge angehalten, einen gewissen Teil ihres Lohnes gegen Zinsen in Bat'as Sparkasse einzulegen. In den Internatszimmern waren Tafeln mit den Namen jener Burschen angebracht, die im Laufe eines Jahres die höchsten Sparguthaben angehäuft hatten. **»Man wird leicht begreifen«**, meinte Calaba, **»daß auf diese Weise der Charakter eines Menschen bereits in einem Alter gebildet wird, da er noch schmiegsam ist (14 bis 17 Jahre) und daß er auf diese Weise im Laufe von drei Jahren 1095mal, also täglich, die Bilanz des eigenen Wirtschaftens zieht. Das Bewußtsein, daß jeder für sich verdient, weckt persönlichen Stolz. Das Wirtschaften mit eigenem Geld führt zu wirtschaftlichem und konkretem Denken.«**

An der Spitze der Anstalt stand der Direktor. Für den Unterricht in den Klassen war der Unterrichtsverwalter verantwortlich, für die Erziehung und die Ordnung in den Zimmern der Anstaltsverwalter. Den praktischen Fachunterricht erteilten erfahrene Werkmeister, den theoretischen Teil Abteilungsleiter aus der Verwaltung und Fertigung.

Ganz im Sinne einer militärischen Ordnung waren die **»Kadetten der Bat'a-Armee«** in **»Lager«** geteilt. Jedes **»Lager«** bestand aus achtundachtzig Schülern, die auf vier Zimmer verteilt waren, und einem Erzieher. Die Zimmer standen unter der Aufsicht von **»Führern«**, und in jedem Zimmer gab es zwei Gruppen, die wiederum ihre **»Kapitäne«** hatten. Die **»Führer«** und **»Kapitäne«** wurden von ihren Mitschülern auf ein halbes Jahr gewählt. Sie waren für Disziplin und Reinlichkeit in den Unterkünften, für saubere Kleidung und die Körperpflege der Gruppenmitglieder verantwortlich. »**Solcherart**«, stellte Calaba stolz fest, »**ist die unmittelbare Verwaltung und Führung des Institutes in den Händen der Pfleglinge, die führen lernen, indem sie sich selbst führen.**«

Die Beurteilung des Schulerfolgs wurde nach einem Punktesystem vorgenommen. Zehn Punkte waren das beste, ein Punkt das schlechteste Resultat. Beurteilt wurde prinzipiell alles: der Erfolg in den Werkstätten, der Erfolg in der Schule, das Betragen in der Anstalt, die Höhe der Ersparnisse, die Reinlichkeit und die äußere Erscheinung. Den Schulnachrichten an die Eltern wurden Anmerkungen beigefügt; eine hieß generell: »**Verlanget nicht, daß der junge Mann oft das Unternehmen zwecks Familienbesuchen verlasse. Eine lange Eisenbahnfahrt ist keine Erholung, aber eine überflüssige Ausgabe und trägt nicht zur Aufrechterhaltung der Internatsdisziplin bei, die bedingungslos gefordert und durch ausdauernde Übung angewöhnt werden muß.**« Die Schule übernahm praktisch alle Elternpflichten; die Eltern durften den Zöglingen kein Geld zustecken und keine Lebensmittel schicken, denn alles, was sie benötigten, konnten sie doch selber erwerben. Oder? So manche Kritiker und Gegner des Bat'a-Systems haben das (und vieles andere mehr) bezweifelt. Aber, so übertönte der »Chef« alle Einwände: »**Die Welt braucht Schuhe!**« und »**In die Fabriken gehen wir, um uns dort unsere Existenz zu erkämpfen. Wo Existenz ist, da ist Leben, wo Leben ist, da ist Kampf.**«

Für Thomas Bat'a war dieser Kampf bereits mit 56 Jahren zu Ende, als er im Juli 1932 mit seiner Junker D 1608 abstürzte. Die Leitung der Firma übernahm sein jüngerer

Stiefbruder Jan Antonín Bat'a, der 1947 in Prag, allerdings in Abwesenheit, wegen Kollaboration mit Hitler-Deutschland zu fünfzehn Jahren Kerker verurteilt wurde. Hauptanklagepunkt war ein haarsträubender Plan, die Tschechen nach Argentinien umzusiedeln, den er seinem Freund, Reichsmarschall Hermann Göring, vorgelegt haben soll: Nach dem Muster des Bat'a-Konzerns sollte in Patagonien ein neuer tschechischer Staat entstehen und »Bat'agonien« heißen.

Nach der Machtübernahme der Kommunisten wurde die Schuhfabrik verstaatlicht und in »Svit« (Schimmer, Licht, Lichtstrahl) umbenannt. Die Stadt Zlín erhielt den Namen Gottwaldov (nach dem ersten kommunistischen Präsidenten Klement Gottwald). Heute heißt die Stadt wieder Zlín, und die breite, mehrere Kilometer lange Hauptstraße nicht mehr »Straße der Revolution«, sondern »Straße Tomás Bat'a«.

Schule der Barbaren

Die »nationalsozialistische Revolution«, so versicherten die Machthaber des Dritten Reichs, insbesondere Baldur von Schirach, Reichsjugendführer und später Reichsstatthalter und Gauleiter von Wien, sei eine »Revolution der Erziehung, die sich auf dem Boden der nationalsozialistischen Weltanschauung« vollziehe. Wer immer in den Jahren von 1933 bis 1945 in Deutschland über Erziehung nachdachte, kam um die Frage nach dem Inhalt dieser »Weltanschauung« nicht herum. Nachgedacht und vor allem geschrieben wurde viel. Einer der eifrigsten war gewiß Ernst Krieck, der es vom badischen Volksschullehrer zum Chefpädagogen des Nationalsozialismus brachte. Er verfaßte eine verschwommene dreibändige »Weltanschauungslehre« unter dem Titel ***Völkisch-politische Anthropologie*** (1936–1938) sowie zahllose andere Schriften, in denen er sich über die Erziehung im nationalsozialistischen Staat ausließ. Den Begriff Erziehung ersetzte er durch »Menschenformung« oder »Typenzucht«, und was ihm dabei vorschwebte, erläuterte er in seiner Schrift ***Nationalpolitische Erziehung*** (1932): Durch »Rasseauslese« und »Rassezucht« solle eine »staatstragende Schicht« herausgebildet werden, die für die »Ausrichtung« des ganzen Volkes, für seine Wertordnung, seine Ziele, seine Normen und sein Weltbild »maßgebend« sei.

Als »Vordenker« galt naturgemäß Adolf Hitler, der sich gern als »Führergesetzgeber« bezeichnete, dessen Leben und Handeln **»die Masse der Gläubigen von der Last der freien Entscheidung«** entbinden solle. Im Zentrum seiner »Weltanschauung« stand der Begriff **»Rasse«**. Die Welt werde von verschiedenwertigen Rassen bevölkert, unter denen die **»arische«** oder der **»nordische Rassenkern«** dominiere. Allein der Arier, der **»Prometheus der Menschheit«**, sei fähig, Hochkulturen zu begründen. Bedroht werde die Herrschaft der Arier aber durch einen heimtückischen Gegner: das Judentum. Der **»Lebenstrieb«** dieser **»parasitären Gegenrasse«** ziele dahin, die politischen und geistigen »Ordnungen« ihrer Wirtsvölker zu »zersetzen« und schließlich zu zerstören. Hitler räumte ein, daß die meisten Völker Mischrassen darstellten, die durch Vermengung der Arier mit »minderwertigen« Rassen entstanden seien; daher werde ein Jahrhunderte dauernder **»Züchtungsprozeß«** notwendig sein, um die rassischen **»Vergiftungen«** wieder auszuscheiden und die Deutschen zu einem **»Herrenvolk«** zu erheben. Später, in einer Rede am 20. Mai 1942 in der »Wolfsschanze«, bemerkte Hitler schon zuversichtlicher: **»Hundert Jahre dieser Erziehungsarbeit durchhalten und das deutsche Volk sei der geschlossenste und kolossalste Machtblock, den es in Europa jemals gegeben hat.«**

Der **»Stärkere«** sei prinzipiell der Höherwertige. Die **»Kampfnaturen«** seien die **»rassisch wertvollsten«** und zum **»Herrentum bestimmten Kräfte«**. Die **»Fremdrassigen«** und **»irgendwie ersichtlich krank und erblich Belasteten«** aber müßten aus dem **»Volkskörper«** ausgeschieden werden.

Die Aufgabe der Erziehung, die der Staat als umfassendste Erziehungsanstalt wahrzunehmen habe, solle insbesondere darin bestehen, »nicht bloßes Wissen einzupumpen«, sondern »kerngesunde Körper heranzuzüchten«. Der völkische Staat habe »seine Erziehungsarbeit so einzuteilen, daß die jungen Körper schon in ihrer frühesten Kindheit zweckentsprechend behandelt werden und die notwendige Stählung für das spätere Leben erhalten«. Die Abneigung des deutschen Diktators und seiner Paladine gegen das Wissen im allgemeinen und die Intellektuellen im speziellen (die Hitler als »Hühnervolk«, als »überbildete Köpfe« bezeichnete, »bar jedes gesunden Instinkts und ledig jeder Energie und Kühnheit«) war groß und aufrichtig. Und so kam es zu einer drastischen Einschränkung der intellektuellen Bildung in den Lehrplänen, um Platz zu schaffen für die »Ausbildung des Körpers, des Charakters, der Willens- und Entschlußkraft«. Es dürfe kein Tag vergehen, »an dem der junge Mensch nicht mindestens vormittags und abends je eine Stunde lang körperlich geschult wird, und zwar in jeder Art von Sport und Turnen«. Vor allem das Boxen sei zu fördern, denn »es gibt keinen Sport, der den Angriffsgeist in gleichem Maße fördert, blitzschnelle Entschlußkraft verlangt, den Körper zu stählerner Geschmeidigkeit erzieht«.

Aber auch durch eine intensive ideologische Beeinflussung des Kindes sollte das »rassische Ziel« erreicht werden: »Die gesamte Bildungs- und Erziehungsarbeit des völkischen Staates muß ihre Krönung darin finden, daß sie den Rassesinn und das Rassegefühl instinkt- und verstandesmäßig in Herz und Gehirn der ihr anvertrauten Jugend hineinbrennt. Es soll kein Knabe und kein Mädchen die Schule verlassen, ohne zur letzten Erkenntnis über die Notwendigkeit und das Wesen der Blutreinheit geführt worden zu sein.«

In seiner programmatischen Schrift ***Mein Kampf*** (aus der auch die angeführten Zitate stammen) und in Gesprächen im engeren Kreis entwarf Hitler jene Grundzüge einer künftigen Erziehungspolitik, die von den Erziehungsfunktionären des Dritten Reiches später zum pädagogischen Dogma erhoben wurden.

Der ehemalige Danziger Senatspräsident Hermann Rauschning (der 1936 in die Schweiz floh) erwähnt in seinen als »authentisch« bezeichneten ***Gesprächen mit Hitler*** (1940), die vor der Machtergreifung Adolf Hitlers und in den ersten beiden Jahren danach stattfanden, dazu folgendes:

»Mit der Jugend beginne ich mein großes Erziehungswerk«, sagte Hitler. »Wir Alten sind verbraucht. Ja, wir sind schon alt. Wir sind bis ins Mark verdorben. Wir haben keine ungebrochenen Instinkte mehr. Wir sind feige, wir sind sentimental. Wir tragen die Last einer erniedrigenden Geschichte und das dumpfe Erinnern an Hörigkeit und Kriechertum im Blut. Aber meine herrliche Jugend! Gibt es eine schönere in der ganzen Welt? Sehen Sie sich diese jungen Männer und Knaben an! Welch Material! Daraus kann ich eine neue Welt formen.

Meine Pädagogik ist hart. Das Schwache muß weggehämmert werden. In meinen Ordensburgen wird eine Jugend heranwachsen, vor der sich die Welt erschrecken wird. Eine gewalttätige, herrische, unerschrockene, grausame Jugend will ich. Jugend muß das alles sein. Schmerzen muß sie ertragen. Es darf nichts Schwaches und Zärtliches an ihr sein. Das freie, herrliche Raubtier muß erst wieder aus ihren Augen blitzen. Stark und schön will ich meine Jugend. Ich werde sie in allen Leibesübungen ausbilden lassen. Ich will eine athletische Jugend.

Das ist das erste und wichtigste. So merze ich die tausende von Jahren der menschlichen Domestikation aus. So habe ich das reine, edle Material der Natur vor mir. So kann ich das Neue schaffen.

Ich will keine intellektuelle Erziehung. Mit Wissen verderbe ich mir die Jugend. Am liebsten ließe ich sie nur lernen, was sie ihrem Spieltriebe folgend sich freiwillig aneignen. Aber Beherrschung müssen sie lernen. Sie sollen mir in den schwierigsten Proben die Todesfurcht besiegen lernen. Das ist die Stufe der heroischen Jugend. Aus ihr wächst die Stufe des Freien, des Menschen, der Maß und Mitte der Welt ist, des schaffenden Menschen, des Gottesmenschen. In meinen Ordensburgen wird der schöne, sich selbst gebietende Gottmensch als kultisches Bild stehen und die Jugend auf die kommende Stufe der männlichen Reife vorbereiten.«

Welche Rolle dieser »heroischen Jugend« zugedacht war, darüber ließ Hitler keinen Zweifel. Es ging um die Vorbereitung auf die »große Umwälzung«, auf die »letzten und größten Entscheidungen auf diesem Erdball«, auf die gewaltsame Eroberung der Welt: »Ungeheuerlich«, heißt es in *Mein Kampf*, »war der Zusammenbruch unseres Volkes, ebenso ungeheuerlich aber wird die Anstrengung sein müssen, um eines Tages diese Not zu beenden. Wer glaubt, daß unser Volk aus unserer jetzigen bürgerlichen Erziehungsarbeit zur Ruhe und Ordnung die Kraft erhält, eines Tages die heutige Weltordnung, die unseren Untergang bedeutet, zu zerbrechen und die Kettenglieder unserer Sklaverei den Gegnern ins Gesicht zu schlagen, der irrt bitter. Nur durch ein Übermaß an nationaler Willenskraft, an Freiheitsdurst und höchster Leidenschaft wird wieder ausgeglichen werden, was uns einst fehlte.«

Als verbindliche Normen der Erziehung galten daher Fähigkeiten und Tugenden wie Treue, Opferwilligkeit, Verschwiegenheit, die einen tatkräftigen, »blind« gehorchenden Soldaten ausmachten. Dazu gehörte auch das »**Aberziehen von weinerlichem Klagen und wehleidigem Heulen**« sowie das schweigende Ertragen von »**Leiden und Unbill**«.

Die Überzeugung von der eigenen körperlichen Tüchtigkeit fördere Mut und Selbstvertrauen. Dieses müsse »**schon von Kindheit auf dem jungen Volksgenossen anerzogen werden. Seine gesamte Erziehung und Ausbildung muß darauf angelegt werden, ihm die Überzeugung zu geben, anderen unbedingt überlegen zu sein**«. Ihren Höhepunkt fand diese Erziehung in der Wehrmacht, der »**letzten und höchsten Schule vaterländischer Erziehung**«, die den »**körperlich bereits tadellos vorgebildeten jungen Menschen nur mehr in den Soldaten verwandeln**« sollte.

Die Erziehung der Mädchen entsprach ganz dem primitiv gestrickten anthropologischen Muster des Nationalsozialismus; einziges Ziel war es, »**die Frau ihrer Wesensart entsprechend in den völkischen Lebensordnungen einzusetzen**«, nämlich als Frau und Mutter sowie als dienende »**Kampfgenossin**« des Mannes. »**Der höchste Freiheitsbegriff für das Weib wird immer bestehen in der Bereitwilligkeit, für die Ewigkeit des Volkes, als der göttlichen Welt- und Gemeinschaftsordnung, zu gebären**«, ließen die Herren Dr. Benze (Ministerialrat, Gesamtleiter des Deutschen Zentralinstituts für Erziehung und Unterricht) und Dr. Gräfer (Regierungsdirektor, Leiter der Abteilung für höheres Schulwesen beim Staatspräsidenten der Reichshauptstadt Berlin) 1940 verlauten. Für »Gebären« fanden sich im sprachlichen Verfallsprozeß gelegentlich auch Worte wie »Dienst« oder »Kampf«. Auf diesen biologischen Dienst also und auf ihre »hohe« Aufgabe, **»Mütter der Kinder ins Feld ziehender Soldaten zu werden«**, wie es Heinrich Himmler formulierte, müßten die Mädchen vorbereitet werden.

Das **»Menschheitsideal«** des völkischen Staates liege, so Hitler, eben nicht **»im ehrbaren Spießbürger oder der tugendhaften Jungfer«**, sondern **»in der trotzigen Verkörperung männlicher Kraft und in Weibern, die wieder Männer zur Welt zu bringen vermögen«** (später waren die Frauen in der Rüstungsproduktion und als Ersatz für eingerückte Männer als Arbeitskräfte wieder gefragt).

Die Beteiligung der »Volksgenossen« in den Massenorganisationen und an Massenveranstaltungen sollte davon ablenken, daß die demokratische Regelung ihres politischen, sozialen und wirtschaftlichen Lebensprozesses längst nicht mehr existierte. **»Jeder deutsche Staatsangehörige, Mann, Frau oder Kind, ist Mitglied zumindest einer Nazi-Organisation«**, schreibt Erika Mann in ihrem Buch ***Zehn Millionen Kinder*** (die Erstausgabe erschien 1938 in New York). **»Partei, Fachschaft, Frauen- und Mütterbünde, Hitler-Jugend, Jungvolk, Bund Deutscher Mädel nehmen praktisch alle Zeit in Anspruch, die dem Einzelnen (neben Beruf, Hausarbeit, Schule) noch verbleibt. Schon aus simplem Zeitmangel also könnte das einzelne Familienmitglied sich den Seinen nicht mehr widmen, und das Familienleben hätte praktisch ein Ende sogar, wenn es tiefere Gründe für sein Absterben nicht gäbe. [...]**

Die Zerstörung der Familie ist kein Nebenprodukt der Nazi-Diktatur, – sie stellt die Bewältigung einer Aufgabe dar, welche das Regime sich stellen mußte, wenn es sein

Ziel erreichen wollte; und dieses Ziel ist die Eroberung der Welt durch die Nazis.

Soll aber die Welt den Deutschen (sprich Nazis, – denn wer kein Nazi ist, kann, in Hitlers Augen, auch kein Deutscher sein), – soll aber die Welt den Nazis gehören, dann müssen zunächst die Deutschen den Nazis gehören, dann dürfen sie niemandem sonst gehören, – nicht dem lieben Gott, nicht ihrer Familie, nicht sich selbst.

Und so hat man den Deutschen zunächst die Zeit genommen, die sie ihrer Familie zu widmen pflegten und hat diese Zeit dem Nazi-Staat zur Verfügung gestellt. Bloßer Zeitmangel aber hätte nicht genügt, um das deutsche Familienleben von Grund auf zu zerstören. Es bedurfte giftigerer Mittel, Mittel psychischer, seelischer Natur. Die Zersetzung der Familie begann erst mit dem Augenblick, in dem das Mißtrauen innerhalb der Familie groß geworden war. Erst als der Vater anfing, der Mutter zu mißtrauen, die Mutter der Tochter, die Tochter dem Sohn, der Sohn dem Vater, war die Familie wirklich gefährdet. Da wagte keiner mehr, sich dem andern mitzuteilen; da jedes Wort hinterbracht, jede Geste mißverstanden und verraten werden konnte, war die Familie sinnlos, das Leben in ihr qualvoll geworden.«

Die Erziehung der Jugend, machte Schirach klar, sei ein »unveräußerliches Hoheitsrecht des Staates«, und dieser konnte in seiner Ungeduld nicht früh genug an den »völkischen Nachwuchs« herankommen, schon um »bürgerlichen« Erziehungsabsichten in den Familien zuvorzukommen.

Erziehung in der »Volksgemeinschaft« und für sie: das bedeutete Erziehung in den Organisationen der NSDAP. Es begann in den Kindergruppen der NS-Frauenschaft und des Deutschen Frauenwerks, wo alle »deutschen Jungen und Mädel« im Alter von sechs bis zehn Jahren erfaßt wurden. Im Organisationsbuch der NSDAP von 1937 ist zu lesen: »Die Kindergruppen stellen die erste nationalsozialistische Gemeinschaft dar, in der der junge Mensch Kameradschaft und Einordnung lernt. Ehe das Kind ›Volksgemeinschaft‹ verstandesmäßig aufnehmen kann, lernt es auf diese Weise seinen Inhalt durch die eigene kleine Tat ermessen. Bevor es von der Schicksalsverbundenheit aller Deutschen weiß, lernt es hier, sich freiwillig einzufügen in eine kleine Kameradschaft. Nicht politische Ideen sollen den Kindern beigebracht werden, wichtiger ist es, daß die charakterlichen Werte, die gefühlsmäßigen Impulse in ihnen angesprochen werden, auf denen der Nationalsozialismus allein aufbauen kann. Ebenso wie die körperliche Vernachlässigung in den ersten zehn Jahren später kaum je wieder ganz aufgeholt werden kann, ist es auch ein schweres Beginnen, Fehler in der Erziehung dieser Altersstufe wiedergutzumachen. So will die Kindergruppe neben Schule und Elternhaus dem Kinde helfen, den Weg in die Gemeinschaft zu finden, für die es geboren ist und der es dereinst seine Kräfte zu geben hat.

Der Führer selbst hat mit seinem Wort: ›Nicht früh genug kann die Jugend dazu erzogen werden, sich zuallererst als Deutsche zu fühlen‹, die gesamte Kindererziehung im nationalsozialistischen Reich ausgerichtet.

Die Kinder tragen einheitliche, gaugebundene Spielkleidung.

Die Kinder, die das zehnte Lebensjahr vollendet haben, werden in Form einer Feierstunde an das Jungvolk oder an die Jungmädel abgegeben.« Ab März 1939 bestand für die gesamte »Volksjugend« ab dem zehnten

Lebensjahr »Dienstpflicht« (wer sein Kind nicht zur HJ anmeldete, der konnte mit einer Geldstrafe bis zu 150 Reichsmark oder mit Haft bestraft werden).

Was die zehnjährigen Knaben künftig zu erwarten hatten, erklärte Hitler in einer Rede im Dezember 1938 in Reichenberg: »Wenn diese Knaben mit zehn Jahren in unsere Organisation hineinkommen und dort oft zum erstenmal überhaupt eine frische Luft bekommen und fühlen, dann kommen sie vier Jahre später in die Hitler-Jugend – und dort behalten wir sie wieder vier Jahre. Und dann geben wir sie erst recht nicht zurück in die Hände unserer alten Klassen- und Standeserzeuger, sondern dann nehmen wir sie sofort in die Partei, in die Arbeitsfront, in die SA [Sturmabteilung] oder in die SS [Schutzstaffel], in das NSKK [Kraftfahrer-Korps] usw. Und wenn sie dort zwei Jahre oder eineinhalb Jahre sind und noch nicht ganze Nationalsozialisten geworden sein sollten, dann kommen sie in den Arbeitsdienst und werden dort wieder sechs oder sieben Monate geschliffen. Und was dann noch an Klassenbewußtsein oder Standesdünkel da und da vorhanden sein sollte, das übernimmt dann die Wehrmacht zur weiteren Behandlung auf zwei Jahre. Und wenn sie nach zwei, drei oder vier Jahren zurückkehren, dann nehmen wir sie, damit sie auf keinen Fall rückfällig werden, sofort wieder in die SA, SS usw. – und sie werden nicht mehr frei ihr ganzes Leben.«

Die Aufnahme der zehnjährigen sogenannten »Pimpfe« und »Jungmädel« in die nationalsozialistische Jugendbewegung (für die der Sammelname Hitler-Jugend stand) erfolgte jeweils am Vorabend des 20. April, »Führers Geburtstag«, in einer feierlichen Veranstaltung für ganz Deutschland. Von der ostpreußischen Marienburg aus (einst Sitz der Hochmeister des Deutschen Ritterordens und nach der Nazi-Propaganda ein »**Ort heroischen Trotzes**«) sprach der Reichsjugendführer die Verpflichtungsformel über den Rundfunk vor: »**Ich verspreche, in der Hitler-Jugend allezeit meine Pflicht zu tun in Liebe und Treue zum Führer und zu unserer Fahne, so wahr mir Gott helfe!**« Die Anrufung Gottes wurde später gestrichen; »**Liebe und Treue zum Führer**« genügten.

Das erste halbe Jahr der Zugehörigkeit zum »Jungvolk« (DJ) beziehungsweise zum »Jungmädelbund« (JM) galt als Probezeit, in der die »Pimpfenprobe« beziehungsweise »Jungmädelprobe« abzulegen war, die erste von vielen ähnlichen Leistungsprüfungen in der Hitler-Jugend. Verlangt wurde für Knaben ein Sechzig-Meter-Lauf in höchstens zwölf Sekunden, ein Weitsprung von mindestens 2,75 Metern, ein Schlagballweitwurf von 25 Metern, ferner die Kenntnis des Aufbaus und der Führerschaft der zugewiesenen Einheit, die Schwertworte des Jungvolks (»**Jungvolkjungen sind hart, schweigsam und treu. Jungvolkjungen sind Kameraden. Der Jungvolkjungen Höchstes ist die Ehre**«), des Horst-Wessel- und HJ-Fahnenliedes und die Teilnahme an einer eineinhalbtägigen Fahrt. Mit dem Bestehen der Probe war das Recht verbunden, das mit den raunend-geheimnisvollen Worten »Blut und Ehre« gravierte Fahrtenmesser zur Uniform zu tragen.

Für Mädchen galten die gleichen Bedingungen, nur durften diese für die sechzig Meter zwei Sekunden länger brauchen, der Weitsprung war auf zwei Meter reduziert, und der Ball mußte nur zwölf Meter weit geschleudert werden. Nach bestandener Probe winkten ihnen das schwarze Halstuch und der braune Lederknoten zur weißen Bluse.

Für Schirach war die Jungvolkgeneration die Trägerin des »**nationalsozialistischen Stils**«. »**Schaut euch den zehnjährigen Pimpfen an**«, schrieb er prahlerisch, »**wie** er vor seinem Spielmannszug marschiert oder die Fahne trägt: so marschiert ein freier Mensch. Rein körperlich betrachtet, ist dies eine Generation mit neuer Haltung. Keine Kriegskinder mehr, Jungen, in einer einmütigen Zeit aufgewachsen. Im Vergleich zur Vorkriegsjugend – welch gewaltige Wandlung! Sie spielen nicht mehr Indianer, sondern leben ihrem Bund. Auf ihren schwarzen Fahnen leuchten die Zeichen der Erhebung. Dumpfe Trommeln dröhnen vor ihnen her. Fast alle Zehnjährigen Deutschlands marschieren in einer Uniform. Was wissen diese Buben noch von Klassengeist und Klassenhaß? In ihrer Vorstellung ist die Zeit der deutschen Zerrissenheit nur nebelhaft unwirklich. *So klein sie sind, in ihnen marschiert das sozialistische Jahrhundert* [im Original gesperrt].

Die Spielwarenhändler haben sich bei mir beschwert, daß diese Buben kein Spielzeug mehr haben wollen. Ihr Interesse sei ausschließlich auf Zeltbahnen, Wurfspeere, Kompaß und Karte gerichtet. Ich kann den Spielwarenhändlern nicht helfen, denn auch ich meine mit den Pimpfen, daß die Zeit der Indianer nun endgültig vorbei ist. Was ist ›Old Shatterhand‹, was ist überhaupt ein Trapper im amerikanischen Urwald im Vergleich zu einem Fähnleinführer? Ein armseliges, verstaubtes Requisit aus der Rumpelkammer unserer Väter. Nicht nur die Spielwarenhändler beschweren sich, sondern auch die Schulmützenfabrikanten. Wer trägt heute noch Schülermützen? Wer ist heute überhaupt ein höherer Schüler oder eine höhere Tochter? Manchenorts haben sich Jungvolk und Hitlerjungen zusammengetan und solche Schülermützen öffentlich verbrannt. Das Verbrennen ist überhaupt eine Spezialität der neuen Jugend. Die Grenzpfähle der deutschen Kleinstaaten

»Die Judennase ist an ihrer Spitze gebogen. Sie sieht aus wie ein Sechser...«. Illustration aus dem 1938 im Stürmer-Verlag, Nürnberg, erschienenen Kinderbuch *Der Giftpilz* von Ernst Hiemer (zum Kapitel: »Woran man die Juden erkennt«).

Aus der Schülerzeitung *Hilf mit!*: Das Turnspiel heißt »Bombenwerfen, denn es ist eine gute Vorübung für Jungen, die einmal Kriegsflieger werden wollen«.

sind auch im Feuer der Jugend verkohlt. *Es ist eine einfache, aber heroische Philosophie: was gegen unsere Einheit ist, muß auf den Scheiterhaufen* [im Original gesperrt].«

Nach vier Jahren »Gemeinschaftserziehung« in »Jungvolk« und »Jungmädelbund« wurden die mittlerweile vierzehn Jahre alt gewordenen Burschen und Mädchen in einem Staatszeremoniell, das den Namen »Verpflichtung der Jugend« trug (und ein Ersatz für die Konfirmation sein sollte), in die eigentliche Hitler-Jugend (»Kern«HJ) und den »Bund Deutscher Mädel« (BDM) »**überführt**«. Es war gleichzeitig eine Feier »zur Lebenswende des jungen Menschen«, verbunden mit der Entlassung aus der Volksschule und dem Eintritt in das Berufsleben. Der Tag der »Verpflichtung« war aber auch »**ein Festtag, der die einheitliche Willensrichtung aller Erziehungsträger im nationalsozialistischen Staat, Familie, Schule, Beruf und Jugendbewegung zum Ausdruck**« brachte (Günter Kaufmann). Und wieder mußte ein Gelöbnis geleistet werden: »**Ich gelobe, dem Führer Adolf Hitler treu und selbstlos in der Hitler-Jugend zu dienen. Ich gelobe, mich allezeit einzusetzen für die Einigkeit und Kameradschaft der deutschen Jugend. Ich gelobe Gehorsam dem Reichsjugendführer und allen Führern der HJ. Ich gelobe bei unserer heiligen Fahne, daß ich immer versuchen will, ihrer würdig zu sein, so wahr mir Gott helfe!**«

In der Hitler-Jugend waren alle männlichen Jugendlichen bis zum achtzehnten Lebensjahr zusammengefaßt. Für Schirach war sie eine »**weltanschauliche Erziehungsgemeinschaft**«, und wer in ihr »**marschierte**«, war »**keine Nummer unter Millionen, sondern Soldat einer Idee**«. Der beste Hitlerjunge war für ihn – unabhängig von Rang und Dienststellung – derjenige, »**der ganz in der nationalsozialistischen Weltanschauung aufgeht**«. Und die Weltanschauung war nach Schirach »**eine Sache des Herzens**«, das Gefühl galt mehr als der Verstand.

In ihrer »Dienstvorschrift« verordnete die HJ nicht nur einheitliche Kommandos, sondern legte auch Aussehen, Verhalten und Auftreten der Mitglieder fest. Die HJ sollte eben nichts anderes sein als eine militärische Vorschule, »**betont männlich in der Art der Uniformierung, männlich auch in ihrer Bedingungslosigkeit, Brutalität und ganzen Härte der Auffassung**«. (Worte wie »Brutalität«, eine Lieblingsvokabel der Nazis, oder Adjektive wie »fanatisch«, »schonungslos«, »erbarmungslos«, ja sogar »barbarisch«, hatten im völkischen Sendungsgefasel eine uneingeschränkt positive Bedeutung.) Kein Wunder, daß das Schwergewicht der HJ-Erziehung auf dem Leistungssport und der »Wehrertüchtigung« (einschließlich der Schießausbildung) lag. Hatte sich nicht der Führer eine Jugend gewünscht, »**flink wie Windhunde, zäh wie Leder und hart wie Kruppstahl**«?

Die Erziehung der Mädchen, die ab dem vierzehnten bis zum einundzwanzigsten Lebensjahr im »Bund Deutscher Mädel« organisiert waren, sollte, streng getrennt von den Jungen, »**ganz bewußt der besonderen Art der Mädchen und ihren späteren Aufgaben in Familie und Beruf, Volk und Staat angepaßt**« werden. Denn, »**daß jedes BDM-Mädchen**«, so Schirach, »**einmal der höchsten Ehre der Frau würdig werden will, das hat es bei seinem Eintritt in den Mädelbund Adolf Hitlers ohne Worte ausgesprochen. *Jeder Junge will ein Mann werden und jedes Mädchen eine Mutter...*«** (im Original gesperrt).

Besonderer Wert wurde auf die »hauswirtschaftliche Ertüchtigung« gelegt, die durch das »Pflichtjahr« gefördert werden sollte, welches in der Landwirtschaft oder in kinderreichen Familien abgeleistet werden konnte. Vom

Pflichtjahr befreit waren Mädchen, die sich für den zweijährigen Frauenhilfsdienst des Deutschen Frauenwerkes in Kindergärten, Horten, Krankenhäusern und Gemeindestationen entschlossen hatten. Überdies boten die staatlich anerkannten BDM-Haushaltungsschulen den Mädchen die Möglichkeit, sich außer der Ableistung des Pflichtjahres noch zusätzlich einer besonderen hauswirtschaftlichen Ausbildung zu unterziehen. Ab dem siebzehnten Lebensjahr konnten die Mädchen dem BDM-Werk mit dem pompösen Namen »Glaube und Schönheit« beitreten. In kleinen Arbeitsgemeinschaften von fünfzehn bis zwanzig Teilnehmerinnen durfte dort »**unter reifer Führung**« all das gepflegt werden, was es »**Gutes, Schönes und Wertvolles für Körper, Seele und Geist**« gab, um zu »**gemeinschaftsgebundenen Persönlichkeiten**« zu reifen. »**Neben und durch Fragen geistig-seelischen Gehalts, des Wissens, der Weltanschauung und des völkischen Lebens**« sollte »**der Sinn für Gesundheit und Schönheit des äußeren und inneren Menschen gepflegt, ein edler Lebensstil entwickelt und Einsatzbereitschaft für weibliche Aufgaben des Volkslebens geschaffen werden**«.

Der Aufbau der Hitler-Jugend war nach militärischem Vorbild straff durchorganisiert. Beim »Jungvolk« gab es Jungenschaften (als kleinste Einheit), Jungzüge, Fähnlein und Jungstämme (als größte Einheit), bei der Hitler-Jugend Kameradschaften, Scharen, Gefolgschaften und Stämme. »Jungmädelbund« und »Bund Deutscher Mädel« waren in Mädelschaften, Mädelscharen, Mädelgruppen und Mädelringe gegliedert. Und es gab ein verwirrendes Dienstrangsystem mit Abzeichen, Schnüren, Sternen, Litzen auf Schulterklappen und Stickereien, das sich an dem der Wehrmacht und der Parteigliederungen (SA, SS und so fort) orientierte.

Nach der Parole »**Jugend soll von Jugend geführt werden**« wurden in eigenen Führerschulen die jugendlichen Führer und Führerinnen ausgebildet. Der Grundsatz entsprach Hitlers Vorstellung, wonach die »**rauhe Eigengesetzlichkeit jungenhaften Hordenlebens**« unter Leitung von »**Rädelsführern**« ein wesentliches Prinzip nationalsozialistischer Erziehung sei. Schirach erwartete sich, durch das »Selbstführungsprinzip« im jungen Menschen einen Reifungsprozeß zu provozieren, der die normale seelisch-geistige Kraftentfaltung bei weitem übertreffe. Der Wunsch, es dem gleichaltrigen oder nur wenig älteren Führer gleichzutun, und der Ehrgeiz, das Ansehen seines Amtes für sich selbst zu erobern, wurden von den Jugendfunktionären bewußt geweckt und gefördert. Das Leben des einzelnen in der »**jugendlichen Erziehungsgemeinschaft**«, so ist in einer Dissertation von 1940 zu lesen, stelle sich »**als ein einzigartiges Streben nach Vollkommenheit**« dar.

In einer Rede, die Schirach 1935 vor Vertretern der internationalen Presse hielt, erläuterte er das Prinzip der »Selbstführung« und den Aufbau der »weltanschaulichen Schulung« der Jugend:

»Von welcher Art ist nun die Stellung, die ein durch die Führerschulen der Hitler-Jugend ausgebildeter und ernannter Führer der Hitler-Jugend einnimmt? Ganz gleich, welche Dienststellung und welchen Dienstrang der einzelne Führer bekleidet, ist er in seinem Verantwortungsbereich der Träger einer ungeteilten Befehlsgewalt. Der nationalsozialistische Grundsatz der absoluten Verantwortung eines Führers seinem Vorgesetzten gegenüber und seiner ebenso absoluten Autorität gegenüber seiner Gefolgschaft ist in der Hitler-Jugend durchgeführt. Der Hitler-Jugendführer teilt den Dienst seiner

Gefolgschaft ein, führt sie auf Fahrt und ins Lager, gestaltet die Abende im Heim und all die tausend anderen Dinge, die zum Leben eines deutschen Jungen in dieser Zeit gehören. Heim, Lager, Fahrt sind Begriffe, die zu sehr zum Hitler-Jungen gehören, als daß ich sie nicht wenigstens mit ein paar Worten kurz streifen möchte. Zunächst das Heim: es ist der Mittelpunkt der unteren Einheiten unserer Organisation. Durch das Heim macht sich die Jugend vom Wirtshaus unabhängig und damit frei von Alkohol und Nikotin. Ein solches Heim kann so anspruchslos sein wie nur möglich. Zwei alte Eisenbahnwaggons nebeneinandergestellt und innen von den Jungen selbst eingerichtet, sind ebensogut ein Heim wie eine leerstehende Villa, die den Jungen durch wohlwollende Freunde zur Benutzung zur Verfügung gestellt wird und in der sie sich ebenfalls mit den Händen ihre Einrichtung schaffen. Hier sind sie alle anzutreffen, und wenn ein Junge Langeweile hat, ist er sicher, in dem Heim seiner Gefolgschaft oder Kameradschaft den einen oder anderen Freund zu finden. Außerdem dient das Heim in ganz außerordentlicher Weise der weltanschaulichen Schulung unserer Jugend. Jeden Mittwochabend findet hier der sogenannte Heimabend statt. Die Jungen und Mädel versammeln sich in ihren Heimen, und der zuständige Führer oder die Führerin nimmt nun die von der Reichsjugendführung herausgegebene Heimabendmappe zur Hand, in der die Lieder verzeichnet stehen, die gemeinsam gesungen werden. Auch Bilder finden sich darin, die nun von Hand zu Hand gehen und zur Erläuterung des Themas des Heimabends dienen, der für das ganze Deutsche Reich einheitlich ist. Nun wird der Lautsprecher eingeschaltet und über alle deutschen Sender hören sie die pünktlich jeden Mittwochabend

um 20.15 Uhr beginnende ›Stunde der jungen Nation‹, die das Thema des Abends durch ein Hörspiel, einen Dialog oder Vortrag behandelt. Diese Stunde der jungen Nation wird von den Abteilungen Schulung und Rundfunk der Reichsjugendführung mit einem Spezialstab von Mitarbeitern vorbereitet und durchgeführt. Millionen junger Menschen werden auf diese Weise einheitlich geschult.«

Schulung überall, begleitet von einer Flut von Propagandamaterial. Kein Heimabend, kein Lager, keine Fahrt, keine der vielen Sonderaktionen der HJ ohne »weltanschauliche Schulung«. Bei den sportlichen und geländesportlichen Prüfungen für die diversen Leistungsabzeichen in HJ und BDM wurden Schulungsaufgaben abgefragt; beim Reichsberufswettkampf mußte die berufstätige Jugend eine »weltanschauliche Leistung« erbringen; der Junge, der aus Interesse an Autos zur Motor-HJ ging, wurde dort weltanschaulich »ausgerichtet«; das Mädchen, das sein Cello liebte und in die Spielschar eintrat, um musizieren zu können, kam dabei um die parteiamtliche Legende des Führers nicht herum. Im August 1936 verkündete das HJ-Organ ***Wille und Macht:*** **»Die Jüngsten werden heute so erzogen und vor solche Entscheidungen gestellt, daß sie gar nicht anders lernen als nationalsozialistisch zu denken und zu handeln.«**

Dementsprechend waren die Themen der Schulungsarbeit: Rassenlehre und Bevölkerungspolitik waren Hauptthemen. **»Reinerhaltung des Blutes, Gesunderhaltung des Blutes, Vermehrung des Blutes.«** Eingehämmert wurde, daß die Menschheit in gesunde und kranke Rassen, in starke Herrenvölker, schwächere Arbeitsvölker und minderwertige Parasitenvölker eingeteilt sei; in der Rangfolge hieß das Deutsche – Slawen – Juden. Die Jugend wurde angehalten, sich nur deutsche und »erbgesunde« Partner auszusuchen. Wie diese äußerlich etwa aussahen, wurde in unzähligen Abbildungen dargestellt.

Deutsche Geschichte, ein weiteres Hauptthema der Heim- und Schulungsabende, wurde als zweitausendjähriger Anlauf zum Idealziel des Dritten Reiches erklärt, das »tausend Jahre« oder gleich »ewig« dauern werde. Dazu die typischen Themen: »Die Germanen – Barbaren oder Kulturträger«, »Der Osten – deutsches Schicksalsland« oder »Zweitausend Jahre germanische Schildwacht gegen Asien (Der Ansturm Asiens in der Antike – Germanen und Hunnen – Germanen und Araber – Deutsches Reich und Mongolensturm – Die Türkenkriege – Die russische Dampfwalze im Weltkrieg – Deutschland und der Bolschewismus).« Dabei wurden verschiedene Ereignisse, wie das letzte Beispiel deutlich macht, völlig aus dem historischen Zusammenhang gerissen, um die deutsche Außenpolitik und die Todfeindschaft gegen den Bolschewismus zu rechtfertigen. Die deutsche Geschichte nach dem Ersten Weltkrieg indes vereinfachte man zur Geschichte der NSDAP, die sich mit dem »Leben des Führers« deckte. »Der Geschichtsunterricht«, heißt es in einem einschlägigen Werk, »hütet sich also, schon die Kinderherzen mit dem Fluch der Objektivität zu vergiften.«

Gesungen mußte in allen HJ-Einheiten werden, monoton und holprig getextete Marsch- und Feierlieder, die Fahnenkult, Heldenschwulst und Todessucht beschworen, oft begleitet von dumpfen Trommeln und Fanfarenstößen. »Im Lied, im Singen«, betonte die Reichsjugendführung, »findet der junge Mensch Einkehr in das Empfinden der Gemeinschaft. In dem Gefühl, das ihn dabei trägt, verliert er das außerhalb der Gemeinschaft liegende Individuelle, schwingt er ein in ihr Denken und verliert sich in eine herrliche Einheit.«

Eines der unzähligen Lieder, die nicht nur an Heimabenden, beim Marschieren oder im Lager gesungen wurden, sondern bei allen Feierlichkeiten der »Staatsjugend«, war das Weihelied »Unsre Fahne flattert uns voran« aus der Feder Baldur von Schirachs (Melodie Hans Otto Borgmann). Gemeinsam mit dem »Horst-Wessel-Lied« nahm es gewissermaßen den Rang eines kanonischen Werks ein:

»Vorwärts! Vorwärts! schmettern die hellen Fanfaren. Vorwärts! Vorwärts! Jugend kennt keine Gefahren. Deutschland, du wirst leuchtend stehn, mögen wir auch untergehn. [...] Ist das Ziel auch noch so hoch, Jugend zwingt es doch. Unsre Fahne flattert uns voran. In die Zukunft ziehn wir Mann für Mann. Wir marschieren für Hitler durch Nacht und durch Not mit der Fahne der Jugend für Freiheit und Brot. Unsre Fahne flattert uns voran, unsre Fahne ist die neue Zeit. Und die Fahne führt uns in die Ewigkeit! Ja, die Fahne ist mehr als der Tod!«

In der zweiten Strophe hieß es dann: »Jugend! Jugend! Wir sind der Zukunft Soldaten. Jugend! Jugend! Träger der kommenden Taten. Ja, durch unsere Fäuste fällt, wer sich uns entgegenstellt. [...] Führer, wir gehören dir, wir, Kameraden, dir! Unsre Fahne ...«

Die Praxis pädagogischen Handelns im Nationalsozialismus läßt sich im wesentlichen mit den Begriffen Schulung (als lebenslange Kontrollmaßnahme der allmächtigen Partei) und Auslese (zur personellen Ergänzung des Apparats) beschreiben. Ein spezieller Ort für Schulung und Auslese war das Lager. Hochschuldozenten, Lehrer und Lehrerinnen wurden ebenso in Schulungslager geschickt wie Ministerialbeamte, Mitarbeiter in städtischen Verwaltungen oder eben Kinder und Jugendliche. Alle sollten dort, aus ihrer gewohnten Umgebung herausgerissen, weltanschaulich »ausgerichtet« werden.

Das Lager bot zudem die Möglichkeit, Kinder und Jugendliche eine Zeitlang dem Einfluß des Elternhauses zu entziehen. Für den romantisierenden Schirach war das Lager aber auch »die idealste Form des Jungenlebens«, das er so darstellte: »Im Lager wird in Zelten (vereinzelt auch in Baracken) geschlafen. Es wird eine Lagerfahne gehißt, Wachen werden aufgestellt und Jungen bestimmt, die die Verpflegung übernehmen. Der Tagesplan sieht vor: Gymnastik, Turnen und Sport, weltanschauliche Schulung, gemeinsames Singen. Wer ein paar Wochen solchen HJ-Lagerlebens mitgemacht hat, hat etwas gewonnen, woran er sein ganzes Leben zurückdenkt. Ob es in den bayerischen Bergen oder in den thüringischen Wäldern war oder gar an der See, er vergißt nie den Zauber des vollkommenen Gelöstseins von allem städtischen Leben und von aller bürgerlichen Form. Er denkt an den riesigen Holzstoß, der in prasselnden Flammen verbrannte, und wie er und seine Kameraden im Kreis darum saßen und in das Feuer starrten. Ob er in einer Wolldecke schlief, während der Wind den Regen gegen die Zeltwand peitschte, oder ob er in glühender Sonne durch einen einsamen Flußlauf schwamm, immer war es ein unvergängliches und herrliches Erlebnis, das ihn nie im Stich lassen wird. Muttersöhnchen lernen im Lager Selbständigkeit, Schwächlinge werden gekräftigt. Das Lager ist der schönste Traum einer Jugend.«

Mit dieser »Erlebnispädagogik«, dem Pathos und der verführerischen Dynamik der Hitler-Jugend konnte die Schule nur schwer mithalten. Die Jugend sollte ja keinen Respekt vor dem Wissen haben, sondern nur »den Kerl«

achten (Schirach). Mit schwammigen Phrasen wurde der höhere Erziehungsanspruch der HJ untermauert. Der bereits erwähnte Chefpädagoge Krieck bestätigte diesen Vorrang: »**Die Schule kann immer nur einen Teil der Erziehung leisten, und dieser ist niemals grundlegend.**« Sogar der von der Partei kontrollierte »NS-Lehrerbund« klagte öffentlich über die »**Entmachtung der Schule**«, und führte »**Lücken im Elementarwissen und geringe Beweglichkeit der Schulabgänger**« zurück auf »**mangelnde Muße der lernenden Jugend, auf die Überfülle der Eindrücke, die sich in seelischer Verflachung und abnehmender Gedächtniskraft**« äußere. Doch die Schule mußte sich mehr und mehr dem Erziehungsstil der HJ anpassen, nicht nur, weil die Parteijugend ab 1936 durch das »Gesetz über die Hitler-Jugend« zur Staatsjugend erklärt wurde, sondern auch, weil die Schulreformen in zahlreichen Erlassen typische Inhalte und Formen des HJ-Dienstes an den Schulen festlegten. Zudem erfolgte die »Auslese« für den Lehrberuf »**in engster Zusammenarbeit mit der Hitler-Jugend**«. Ausbildungsziel der Lehrerbildung war der politische Erzieher, Lehrer und HJ-Führer in einer Person, »**ein Instrument nahe der politischen Führung**«.

Die künftige Elite wurde ab 1933, »**dem Jahr des Umbruchs**«, in den »Nationalpolitischen Erziehungsanstalten« (NPEA, im Volksmund Napolas) ausgebildet. Diese Anstalten unterstanden einem besonderen Beauftragten (Inspekteur) des Reichserziehungsministers in der Person des SS-Obergruppenführers Heißmeyer, der erklärte: »**Die Nationalpolitischen Erziehungsanstalten haben das Ziel, die Erziehung der Jugend von der Ebene der wissenschaftlichen Bildung auf die einer echten Erziehung zu stellen, das heißt einer möglichst alle menschlichen Kräfte umfassenden Gesamterziehung in einer fest-**

gefügten Gemeinschaft, die als politische Erziehung stets typenprägende und mannschaftsformende Erziehung ist.«

Mit zehn Jahren konnte man in die Anstalt aufgenommen werden. Eine strenge Auslese sollte nur »einen völlig gesunden, rassisch einwandfreien, charakterlich sauberen und geistig überdurchschnittlich begabten Nachwuchs« zulassen. Brillenträger konnten nicht berücksichtigt werden. Der Lehrplan folgte dem der Oberschule »unter besonderer Berücksichtigung der nationalpolitisch wichtigsten Fächer: Deutsch, Geschichte, Biologie«.

Typischer als der Unterricht aber war der Erziehungsstil dieser Anstalten: »Die Form der Erziehung ist die der geschlossenen Formation. Die Jungmannen wohnen und leben ganz in der Anstalt. Sie tragen Uniform. Der gesamte Dienst vollzieht sich in soldatischer Zucht und Ordnung.« Das Wort »Schule« wurde ausdrücklich vermieden, die Schulklassen hießen Züge, die Klassenlehrer waren Zugführer.

Nach acht Jahren und mit der Überreichung eines Reifezeugnisses, das zum Besuch der Universitäten und Hochschulen berechtigte, galt die Ausbildung als abgeschlossen.

Die 1937 gegründeten »Adolf Hitler-Schulen« hingegen hatten eine andere Aufgabe: Sie unterstanden allein der NSDAP und dienten als Vorschulen für die nationalsozialistischen Ordensburgen, die Nachwuchsschmieden für Partei und Staat. Aufgenommen wurden nur Jungen aus »rassisch hochwertigen, erbgesunden und politisch gefestigten Familien« ab dem zwölften Lebensjahr, wenn sie sich im »Jungvolk« hervorragend bewährt hatten und von den zuständigen Hoheitsträgern (Ortsgruppenleiter, Kreisleiter, Gauleiter) vorgeschlagen wurden. Angestrebtes Ziel war die Führerlaufbahn. Vom ersten Jahrgang, dem

1942 die »Reife« erteilt wurde, entschieden sich auch 67 Prozent der Prüflinge für die Parteilaufbahn, 4,6 Prozent für erzieherische Berufe, 10,9 Prozent wollten Offizier werden (Günter Kaufmann). Im Gegensatz zu den Schulabgängern der Napolas war nur eine Minderheit an wissenschaftlichen Berufen interessiert. Die HJ hob lobend hervor, daß die »Adolf Hitler-Schulen« ihren Vorstellungen von der nationalsozialistischen Schule am nächsten kämen. Nach der Reifeprüfung, dem **»politischen Ritterschlag des revolutionären Jahrhunderts«**, warteten auf die jungen Männer Arbeits- und Wehrdienst, und erst danach, etwa mit fünfundzwanzig Jahren, konnten sie Anwärter für die Ordensburgen der NSDAP werden.

Am 1. September 1939 begann mit dem deutschen Angriff auf Polen der Zweite Weltkrieg. Seit sechs Jahren war die deutsche Jugend auf diesen Tag vorbereitet worden. Nun galt es, Schwertworte, Verpflichtungsschwüre und Fahneneide einzulösen. Sie trugen des »Führers« Namen; im Glauben an ihn erzogen, sollten sie jetzt für ihn sterben.

»Siehst du im Osten das Morgenrot? / Ein Zeichen zur Freiheit, zur Sonne. / Wir halten zusammen, ob Leben ob Tod: / Mag kommen, was immer da wolle!«

Das Ende ist bekannt.

Der lange Marsch durch die Illusionen

Energie = Erfahrung x Hass – Das ist unsre Einsteinsche Formel. Man wird kaum die Unverfrorenheit aufbringen, sie in die bronzene Kirchentür meiner Geburtsstadt einzugießen. Die Formel unserer Krankheit und Exzentrität [sic]. Sie wird Zerstörung zur Folge haben, gegen die Nagasaki und Hiroshima lächerlich erscheinen. Aber ich weiß, daß der Weg, den sie anzeigt, zu unserer Erlösung führt.«

Die düstere Formel stammt aus einem Buch, das nach seinem Erscheinen 1977, wie der ***Spiegel*** feststellte, »**ein bestürztes Interesse**« auslöste wie »**kein anderes deutsches Buch dieses Jahrzehnts**«. Die Rede ist von dem autobiographischen Textfragment ***Die Reise*** von Bernward Vesper, das damals als ein gültiges Beweisstück über Bewußtsein und Entwicklung jener deutschen Nachkriegsjugend vorwiegend bürgerlicher Herkunft aufgenommen wurde, die gegen die etablierte Väter- und Müttergeneration und besonders gegen deren Normen und Lebensformen revoltierte. Vesper, Sohn des in der Nazizeit prominenten Schriftstellers Will Vesper, hatte sechs Jahre vor Veröffentlichung seines Buches, dreiunddreißigjährig, Selbstmord begangen.

Kurz vor seinem Tod resümierte er sein kurzes Leben, mit dem sich viele seiner Generation identifizieren konnten: »Wir sind aufgewachsen im Kalten Krieg, die Kinder von Murks und Coca-Cola. Ich wußte nur eins, dieser Krieg, dessen Schrecken man uns nicht erst zu schildern brauchte (wir hatten das Orgeln der Bomber noch im Ohr), durfte niemals stattfinden, die Republik schlummerte unter dem Regiment Adenauers, die Rekonstruktion der Kriegsschäden, Marshall-Plan und unternehmerfreundliche Politik ließen das Wirtschaftswunder blühen, an dem nicht nur die Banken und Aktiengesellschaften, sondern auch kleinere und mittlere Unternehmen, ja sogar ein Teil der Arbeiteraristokratie profitierte. Eine Opposition gab es zwar de facto, aber seit sich die SPD von den letzten Resten einer sozialistischen Politik getrennt und zur ›Volkspartei‹ geworden war, hatte sie auch der Anti-Atombewegung, die sie einst selbst ins Leben gerufen hatte, abgeschworen und nach Godesberg [1961] 50000 linke Mitglieder [und den ihr nahestehenden »Sozialistischen Deutschen Studentenbund«, SDS] ausgesperrt. Zurück blieben eine Handvoll Pazifisten und Sozialisten, einige Kommunisten, die in der Emigration oder im KZ überlebt hatten, Verstreute, Hoffnungslosgewordene, Mißtrauische. Der schlimmste Feind jeder politischen Aktion war die Lethargie, die sich nach zwölf Jahren Republik ausgebreitet hatte: das Wirtschaftswunder schien ewig zu bestehn, ein jährlich steigender Konsum an Gebrauchsgütern das höchste Ziel nicht nur der Massen, sondern auch der Intellektuellen, die in solchen Situationen sonst als die Vorläufer künftiger Massenentwicklungen auftreten. Ich entschloß mich, [1961] nach Tübingen zu gehen, einer kleinen Universität, wo ich niemanden kannte: dort wollte ich ›studieren‹, obwohl ich voll kindischer Unkenntnis war, was Studium bedeutet. [...] Tübingen war beherrscht von den Studentenverbindungen; man hörte das Gegröl der alten Burschenherrlichkeit jede Nacht von den Hügeln, die die Stadt einkreisen, und der kleine Schaukasten des SDS an der Wilhelmstraße, wo einige Studenten den Kampf gegen Atomwaffen, Wiederaufrüstung, die alten Nazis in den neuen Ämtern forderten, zeigte manchen Morgen eine zertrümmerte Glasfassade, aber selbst solche Aktionen hatten mehr den Anstrich von Studentenjux, beruhten weniger auf politischer Auseinandersetzung; [...] wer kannte schon den SDS, oder gar die ›Subversive Aktion‹ [die 1962 in München gegründet wurde], die sich in Plakaten im Adorno-Stil [wie zum Beispiel ›Angesichts der aktuellen und potentiellen Schäden, die gegenwärtig der Menschheit von ihren Verwaltern angetan werden, hat das sexuelle Schutzbedürfnis etwas Irres!‹] an Tübingens Bevölkerung wandte (während Adorno selbst bereits den Mißbrauch seines Namens geißelte). Was hatte uns die Zeit selbst auch gelehrt? Streiks kannten wir nur vom Hörensagen, Marx wurde in den Vorlesungen, wenn man ihn überhaupt erwähnte, nur zitiert, um ihn zu ›widerlegen‹, Ralf Dahrendorfs Zirkulationsmodell der Eliten, seine Soziologie der Schichtungen, von uns angestaunt wegen seiner glatten Formulierungen, lief auf die Riesmansche Formel [des amerikanischen Soziologen David Riesman] hinaus, daß in einer Demokratie jeder von jedem abhängig ist: der größte Banken-Clan etwa vom Hosenknopffabrikanten: denn wie sollte er sonst seine Hose zuknöpfen? [...]

Dann Berlin: die soziale Erfahrung von Kreuzberg, die ersten Demonstrationen, Kontakte auf der Straße, die Pseudomaschinerie des ›Wahlkontors deutscher Schriftsteller‹, die Große Koalition und Notstandsgesetze, die publizistischen Versuche: Voltaire-Verlag; schließlich die Kulmination: Attentat auf Rudi [Dutschke], Kaufhausbrand, die große Welle der Osterdemonstrationen vor den Springerhäusern etc. Und dann der langsame Rückzug in die Kollektive: edition voltaire, Auflösung aller bisherigen Bindungen, Neubeginn mit der Bestandsaufnahme, die marxistische Phase, Orientierung an der Dritten Welt, langsame Erweiterung zu einer gesellschaftlichen Gesamtkritik, Diskussion über die Gewalt und die Arbeit in den Institutionen etc.«

Die letzten Stationen seiner »Reise«, die Vesper hier mit dürren Worten skizziert, waren auch Stationen des Scheiterns einer Jugend- und Protestbewegung, die sich Mitte der sechziger Jahre an den führenden Universitäten Deutschlands angekündigt hatte und 1967 als Studentenbewegung ins Rampenlicht der Öffentlichkeit trat. Schon drei Jahre später hatte sich die politische Landschaft der Neuen Linken gründlich (manche Beobachter meinten, auch ins Operettenhafte) verändert. Die antiautoritäre Rebellion war verebbt, der SDS hatte, wie es Rudi Dutschke ausdrückte, Selbstmord begangen, und die Totengräber der Außerparlamentarischen Opposition (APO) spalteten die Protestbewegung in zahlreiche einander befehdende Gruppen und Grüppchen, die unter den Etiketten Marxismus-Leninismus, Maoismus, Trotzkismus, Linkssozialismus, Syndikalismus, Anarchismus, Spontaneismus und Terrorismus (bewaffneter Kampf) vorübergehend Gestalt annahmen. Viele der ehemaligen Antiautoritären denunzierten ihre Bewegung als kleinbürgerlichen Aufstand, der gescheitert sei; sie verkündeten die proletarische Wende und erinnerten sich der Werktätigen als »**revolutionäres Subjekt**«. »**Die geballte Kraft jugendlichen Emanzipa-**

tionsdrangs«, schreibt rückblickend Rainer Bielig, einst in der Basisgruppe Spandau des Sozialistischen Büros aktiv, **»entlud sich im Aufbau von Kaderparteien und Terrororganisationen, die die politische Landschaft der siebziger Jahre verwüsteten.«**

Von diesem Kurswechsel blieben auch die »Kinderläden« (so benannt, weil die ersten in leerstehenden Geschäftslokalen untergebracht waren) nicht verschont, deren Entwicklung und pädagogische Programmatik wir näher betrachten wollen.

Die Kinderladenidee entstand in der ersten Hälfte des Jahres 1968 in West-Berlin; der Anstoß kam von SDS-Genossinnen aus dem »Aktionsrat zur Befreiung der Frauen«, der sich zu Beginn dieses Jahres gebildet hatte, weil die Frauen die Macho-Atmosphäre und ihre untergeordnete Rolle im Studentenbund satt hatten. Die Gründe, Kinderläden ins Leben zu rufen, lagen auf der Hand: einerseits wollte eine sich als kulturrevolutionär und antiautoritär verstehende Bewegung der autoritären Erziehungspraxis eine Alternative entgegenstellen; andererseits sollten die Mütter von Kleinkindern entlastet werden, um mehr Zeit und Elan für die politische Arbeit, aber auch für ihr Studium zu haben. Außerdem gab es zuwenig Kindergärten, und die vorhandenen waren nach Meinung der Genossinnen bloß Aufbewahr- und Dressuranstalten und daher für Kinder schädlich.

Der erste Arbeitskreis zur Vorbereitung eines Kinderladenprojekts bildete sich in Berlin-Charlottenburg. Weil man nur wenig oder gar keine Ahnung hatte, wie der Vorsatz, Kinder antiautoritär und repressionsfrei zu erziehen, in der Praxis zu verwirklichen sei, suchte man zunächst Zuflucht in diversen Theorien. In einem Sitzungsprotokoll vom 2. April 1968 wurde dazu festgehalten, daß als Einstieg zu den Themen »Ehe und Familie« Friedrich Engels ***(Der Ursprung der Familie),*** zu »Ethnologie« Margaret Mead, zu »Psychoanalyse und Sexualität« Wilhelm Reich sowie zu »Triebstruktur und Gesellschaft« Herbert Marcuse befragt werden sollten. Vor allem aber wurde der Gruppe die von der Kommune 2 (in der zwei Kinder lebten und deren Mitglieder im Arbeitskreis vertreten waren) als Raubdruck herausgegebene Schrift ***Psychoanalytische Erziehung in Sowjetrußland*** von Wera Schmidt ans Herz gelegt, einer Psychoanalytikerin, die seit 1921 ein Kinderheim-Laboratorium in Moskau geleitet hatte. Schmidt suchte nach psychoanalytischen Erkenntnissen, die neue Wege in der Kindererziehung aufzeigen sollten. Sie nahm die Sexualität des Kindes ernst und integrierte sie in ihr Erziehungskonzept, sie verbannte Strafen und moralische Beurteilungen aus ihrem Institut und forderte die dauernde Arbeit des Erziehers an sich selbst. »**Um zur richtigen Einstellung gegenüber den infantilen Triebregungen zu gelangen**«, erklärte sie, »**muß die Erzieherin sich erst durch analytische Arbeit an sich selbst von den Vorurteilen befreien, die ihre eigene Erziehung in ihr hinterlassen hat. Sie muß versuchen, ihre eigenen verdrängten Triebregungen ins Bewußtsein zu rufen und die Ähnlichkeit mit den Erscheinungen, die ihr an den Kindern entgegentreten, erkennen.**« Wilhelm Reich, Sexualökonom und von den deutschen Studenten als Vordenker vergöttert, lobte Schmidts Arbeit als den »**ersten Versuch in der Geschichte der Pädagogik, der Theorie von der kindlichen Sexualität praktischen Inhalt zu geben**«. Schmidt, deren Experiment schon von Beginn an von Repräsentanten der Nomenklatura mißtrauisch beobachtet worden war, mußte allerdings unter dem Druck ihrer Gegner bereits 1924 das Kinderheim schließen.

In einer Einleitung zum neu aufgelegten Erfahrungsbericht von Wera Schmidt wird in einem Absatz die »Notwendigkeit von Modellen« so begründet: »Die Irrationalität der Familie als Erziehungsinstanz entspricht der Irrationalität eines Gesamtsystems, das angesichts der Möglichkeit, Elend und Unterdrückung weitgehend abzuschaffen, das physische Elend auf der Welt durch Krieg zu verlängern trachtet und die psychische Unterdrückung in den Metropolen ständig verschärft. Die irrationalen Ängste der frühkindlichen Erziehung befestigen jene konservative Charakterstruktur, deren oberste Maxime ›Sicherheit‹ lautet und die als schweres Hemmnis jeder radikal gesellschaftsverändernden Bewegung entgegensteht.

Die antiautoritäre Bewegung muß es lernen, diesem Sicherheitsbedürfnis Rechnung zu tragen. Das heißt, sie muß es verstehen, die Ängste massenpsychologisch zu bearbeiten, ihre Quellen in der frühkindlichen Unterdrückung aufzudecken und die irrationale Aggression zu einer Triebfeder der rationalen Umwälzung zu machen. Damit gewinnt die Ausarbeitung konkreter Modelle eines repressionsloseren gesellschaftlichen Zusammenlebens einen entscheidenden Stellenwert.«

Aus dem erwähnten Arbeitskreis entstand schließlich der Kinderladen Charlottenburg 1, der sich zunächst an Wera Schmidts Erziehungskonzept hielt und bald zum Vorbild für andere Kinderläden in West-Berlin und in der Bundesrepublik wurde. Ein fünfzehn Seiten starkes Programm, zusammengestoppelt aus Bücherwissen, sollte der Absicht, die Kinder zu Ich-starken, emotionell widerstandsfähigen Wesen zu erziehen, den nötigen intellektuellen Unterbau geben. Nicht ein chaotisches Laissez-faire sollte im Kindergarten walten, sondern vielmehr eine »rationale

Ordnung«, in der die Kinder ihre Bedürfnisse im Kollektiv optimal befriedigen könnten. An der Aufstellung dieses »Ordnungsrahmens« müßten die Kinder so weit wie möglich aktiv beteiligt werden. Für das Verhältnis von Kinderladen und Elternhaus wurde das Prinzip der »Kontinuität der Erfahrungen im Kindergarten und Zuhause« verfolgt; das bedeutete, den Kindern zu Hause nicht Dinge zu verbieten, die ihnen im Kindergarten erlaubt waren und umgekehrt. Dieses Prinzip sollte sich vor allem »auf die sexuellen Bedürfnisse und deren Derivate (Sauberkeit, Sexspiele, Essen, Lärm, Motilität)« beziehen. Für das Verhältnis von Kinderkollektiv und sozialer Umwelt galt das Prinzip der »produktiven und aktiven Umsetzung des Widerspruchs zwischen den Normen des Kindergartens und der sozialen Umwelt«; die Erklärung lautete: »Zunächst müssen wir davon ausgehen, daß die Kinder der sozialen Umwelt gegenüber ursprünglich positiv eingestellt sind. Sie haben ein großes Interesse an anderen Leuten und Kindern, wollen wissen, warum sie sich so und so verhalten, was das ist, was jenes usw. Hinter dieser Wißbegier stehen häufig sexuelle Interessen, aber nicht in der verkürzten Form, die wir von uns kennen. Vielmehr haben die Partialtriebe die Tendenz, die gesamte Umwelt zu erfassen, zu erotisieren, zu einem Feld ständiger Befriedigung von Bedürfnissen zu machen. Die ungeheure ständige Aktivität der Kinder ist ein Anzeichen dafür.

Genau diese Möglichkeit wollen wir den Kindern in unserem Kindergarten geben. Aber gleichzeitig bringen wir sie in einen Konflikt mit der sozialen Umwelt, weil dort andere Normen herrschen, ihre auf Umwelt gerichtete Aktivität ständig unterbrochen wird durch Verbote, Einschränkungen und Versagungen. Die Gefahr besteht, daß die Kinder eine Aufteilung vornehmen zwischen dem Gebiet, auf dem ›alles‹ erlaubt ist und der verbietenden Umwelt. Die schlechteste Konsequenz einer solchen Aufteilung würde nur dazu führen, daß die Kinder sich selbst einschränken auf die Insel und Gruppe des Kindergartens, den Widerspruch zwischen Normen des Kindergartens und der sozialen Umwelt nicht produktiv und aktiv, sondern passiv und resignierend verarbeiten. Wenn wir behaupten, daß unsere ganze Arbeit nur möglich und begreifbar ist im Rahmen der linken Bewegung, so heißt das übersetzt in unsere Erziehungspraxis, daß wir alle Bedingungen dafür schaffen müssen, daß die Kinder nicht zur Ohnmacht und Passivität erzogen werden, sondern zur Aktivität und produktiven Umsetzung.« (Später gestanden sich die Eltern allerdings ein, daß dieses Problem nicht gelöst werden konnte.)

Wie schon angedeutet, wurde der kindlichen Sexualität im Interesse der Vorbeugung von Neurosen große Aufmerksamkeit geschenkt. Grundlage der Überlegungen war die von Wera Schmidt und Wilhelm Reich betonte Notwendigkeit, die kindliche Sexualität nicht nur zu dulden, sondern unbedingt zu bejahen. Als größtes Hindernis erwiesen sich dabei aber, wie die Charlottenburger in einem 1970 veröffentlichten Buch ***(Berliner Kinderläden)*** festhielten, die »Sexualverdrängungen« der Eltern: »Denn die bloß intellektuelle Erkenntnis der überragenden Bedeutung der kindlichen Sexualität für die spätere Entwicklung verändert noch nicht die eigenen längst im Unterbewußten verankerten Schuldgefühle, die mit der sexuellen Betätigung zusammenhängen. Es kann sich also völlig negativ auswirken, wenn der Erwachsene die sexuellen Spiele eines Kindes, seine Lust und Befriedigung verbal hervorhebt und bejaht, sein Gesicht aber gleichzeitig Ekel, Angst oder Skepsis ausdrückt (z. B. wenn sich die Kinder irgendwelche Gegenstände in Vagina oder After stecken oder mit dem Finger darin rumbohren o. ä. – die Eltern werden in solchen Situationen häufig auf Grund ihrer eigenen Problematik Abwehr oder Ekel empfinden, die mit der Angst, die Kinder könnten sich verletzen, rationalisiert wird). Natürlich kann diese Angst u. U. gerechtfertigt sein; in solchen Fällen müssen wir die Kinder sehr behutsam darauf hinweisen, daß sie sich auch wehtun können; möglicherweise in der Form, daß man sie darauf hinweist, mit dem Genital behutsam umzugehen. Wenn sie behutsam sind, können sie das Genital des anderen auch besitzen, daran beteiligt sein; die Verarbeitung des Geschlechtsunterschieds (Penisneid) kann dadurch erleichtert werden.

Eine bereits erfolgte Verdrängung der sexuellen Bedürfnisse führt häufig dazu, daß die Kinder diese Bedürfnisse nur noch unterschwellig äußern. Wir müssen versuchen, diese Bedürfnisse direkt anzusprechen. Manche Kinder haben z. B. ein großes Interesse an sexuellen Problemen, verkleiden aber dieses Interesse, lenken sofort wieder ab, oder haben Angst oder Hemmung, Fragen zu stellen. In solchen Fällen müssen wir auf die Kinder eingehen, ihnen alles erklären und versuchen, ihr Interesse neu zu wecken. Wollen die Kinder von sich aus Aufklärung, so überschütten wir sie nicht mit Erklärungen, sondern lassen uns immer vom geäußerten Interesse der Kinder leiten. Bei der Aufklärung selbst ist es klar, daß wir jegliche Erklärung wahrheitsgetreu geben, wobei es sinnvoll wäre, sich auf einheitliche Bezeichnungen zu einigen.« Die Frage, ob die Kinder den Koitus der Eltern beobachten könnten oder sollten, wurde zwar erörtert, ohne aber zu einem eindeutigen Ergebnis zu kommen. Wenn ja, sagten die einen, müsse auf jeden Fall darauf geachtet werden, daß sich die Kinder nicht völlig ausgeschlossen fühlten.

Die Eltern des Charlottenburger Kinderladens betonten ausdrücklich, daß die Kinder nicht zu irgendwelchen sexuellen Äußerungen oder Spielen angehalten würden. Sie hätten nur sehr aufmerksam die sexuellen Regungen der Kinder beobachtet, um eventuelle Hemmungen abzubauen und eine gemeinsame spielerische Befriedigung der sexuellen Bedürfnisse »im weitesten Sinne« zu garantieren.

Demgegenüber stehen Beobachtungen, die der Psychoanalytiker Horst-Eberhard Richter, der eine Zeitlang eine Elterngruppe aus der sozialistischen Kinderladen-Bewegung betreute, machte. In seinem Buch ***Die Gruppe*** stellte Richter fest, daß auf dem Höhepunkt der antiautoritären Welle die Kinder in manchen Kinderläden »geradezu planmäßig zu wechselseitigen sexuellen Manipulationen« angehalten wurden: »Eine möglichst frühzeitige Demonstration sexueller Aktivitäten«, schreibt er, »erschien den Kinderladen-Eltern oftmals als der wichtigste Beweis für ein Gelingen ihrer progressiven Erziehungsstrategie. Solche Kinder, so schien es ihnen, würden sich am ehesten im Kampf gegen das System der repressiven gesellschaftlichen Normen schützen und für ihre Freiheit kämpfen können. Man berief sich dabei vielfach auf Freud, freilich ohne von dessen Erkenntnis Notiz zu nehmen, daß die bloße Stimulierung von Triebhandlungen keinen Sinn hat, sofern die Kinder noch nicht in der Lage sind, die Sexualität in ihre Charakterentwicklung zu integrieren. In der Tat zeigten die Einblicke in manche Kinderläden bzw. Kindergärten neuen Typs, daß mitunter eine große Diskrepanz bestand zwischen unverarbeiteten Sexualkonflikten in der Elterngruppe einerseits und einem den Kindern auferlegten forcierten Sexualtraining andererseits. Man konnte sehen, wie Eltern, die sich mit ihrer eigenen Sexualität noch überhaupt nicht zurechtfanden, ihre Kinder mit intensiven Ermahnungen zu sexuellen Handlungen antrieben.«

Richter nannte als Beispiel eine junge Mutter, die sich in einer Gruppensitzung beklagte, daß ihre vierjährige Tochter in der Kindergruppe immer noch nicht so weit sei, »daß sie nach den Schwänzen der Jungen greife. Das Mädchen könne zwar schon unbefangen onanieren. Aber wenn die Kinder nackend da ständen, dann betrachte die Kleine nur interessiert die Körper der Jungen mit den Schwänzen. Aber sie sei eben bedauerlicherweise noch nicht so weit wie andere Mädchen aus der Gruppe, die mit den Schwänzen bereits etwas anzufangen wüßten. – Die Mutter erklärte dazu, daß sie und ihr Mann sicher schlimme Erziehungsfehler begangen hätten, denn sonst müßte ihre Tochter nun mit vier Jahren doch endlich schon imstande sein, an dem Körper der Jungen aktiv zu hantieren. Die Mutter wandte sich mit diesem Geständnis hilfesuchend an die Elterngruppe, um zu hören, was man denn nur tun könnte, um das Kind von seiner angeblichen rätselhaften Hemmung zu kurieren. Dabei litt die besagte Mutter selbst, wie die Gruppe erfuhr, an bislang unbewältigten Sexualhemmungen. Sie war auf sexuellem Gebiet immer sehr schüchtern gewesen, und ihr derzeitiges Ideal von besonderer sexueller Freizügigkeit, das sie enthusiastisch vertrat, war von ihrer realen psychischen Verfassung weit entfernt«. Vielfach sollten die Kinder im Kinderladen das vormachen, was die Eltern aufgrund innerer Konflikte noch nicht konnten.

Als eines der größten und am schwersten zu lösenden Probleme in den Kinderläden erwies sich das aggressive Verhalten der Kinder, das eine Überdosis an Konfliktstoff produzierte, an dem einige Kinderläden letztlich scheiterten. Trotz der unterschiedlichen Interessen und Lebensformen der Eltern bestand zwar im großen und ganzen Übereinstimmung darüber, daß man den Kindern unbedingt die Möglichkeit geben solle, ihre Konflikte und Aggressionen weitgehend auszuleben und nicht zu verdrängen, doch die tägliche Praxis überforderte vielfach sowohl Eltern wie Betreuungspersonen. Mangelnde Kontinuität in der Erziehungsarbeit, Kinder, die beispielsweise aus recht schwierigen Familiensituationen kamen, häufiger Wechsel der Bezugspersonen (wenn keine Kindergärtnerinnen engagiert waren) und Spannungen innerhalb der Elterngruppe begünstigten destruktive Handlungen der Kinder. Tätliche Auseinandersetzungen nahmen überhand. Die Kinder störten gegenseitig ihre Spiele, prügelten sich oder bewarfen sich mit Gegenständen. Diese Probleme konnten in den wöchentlichen, meist strapaziösen Arbeitssitzungen kaum bewältigt werden.

In einem anderen Kinderladen-Buch, das 1971 erschien, beklagen sich die Autoren-Eltern, daß die unterschiedlichen Ansichten und Standpunkte in der Elterngruppe nicht nur die Diskussionen erschwerten oder lahmlegten, sondern sich auch im Verhalten gegenüber den Kindern auswirkten: »Die Kinder waren so mit immer wechselnden Erziehungsmethoden konfrontiert und reagierten entsprechend chaotisch in ihrem Spiel. Durch den halbtäglichen Wechsel, und die anfänglich zufällige Zusammenstellung des ›Aufsichtspaares‹ waren die Eltern einer ständigen Verunsicherung ausgesetzt, die es ihnen schwer machte, das Kinderkollektiv aus diesem Chaos herauszuführen.

In der Praxis sah das folgendermaßen aus: Das Spielzeug, egal ob vorgefertigt oder nicht, wurde ausnahmslos von den Kindern aus den Regalen gefegt oder mitsamt der Regale und Kisten umgekippt. Der Fußboden war permanent bedeckt von Spielzeug, mit dem man, da völlig verstreut, nicht mehr spielen konnte. Bewegungsspiele, wie Hin- und Herlaufen, die den Bedürfnissen der Kinder zu diesem Zeitpunkt am ehesten entsprochen hätten, wurden durch das herumliegende Spielzeug behindert. Die Kinder fielen hin, taten sich weh und heulten.

Unlust, Unsicherheit und Aggression steigerten sich auch bei den Betreuern. Konstruktive Spiele waren kaum möglich, einerseits weil das dazu notwendige Spielzeug nicht vorhanden war, andererseits, weil die Kinder selbst so aggressiv waren und lieber zerstören spielten als bauen, zum dritten, weil die Eltern auch auf Grund der diffusen pädagogischen Vorstellungen des Kollektivs nicht in der Lage waren, die ganze Scheiße zu verändern. Das Fehlen theoretischer Grundlagen machte sich bis in kleinste Aktivitäten bemerkbar.«

Die stetig wachsende Zahl von Kinderläden in West-Berlin zwang zu der Überlegung, wie die Kommunikation untereinander verbessert werden könnte, damit die Erfahrungen, die jeder Laden machte, auch anderen zugute kommen würden. Ferner erschien es notwendig, eine Strategie zu entwickeln, damit die politische Zielsetzung der antiautoritären Erziehung nicht in »privater Handwerkelei« und »Interessenmeierei« versandete. Der »Aktionsrat« der SDS-Frauen, der mit einem immer deutlicher werdenden Widerspruch zwischen politischem Selbstverständnis und mangelhafter Organisation zu kämpfen hatte, konnte diese zusätzlichen Aufgaben nicht übernehmen.

Daher konstituierte sich im August 1968 ein »Zentralrat der sozialistischen Kinderläden« als organisatorisches und politisches Gremium, worauf sich unter den Eltern eine Diskussion über den politischen Stellenwert der Kinderläden entwickelte. Die einen, die sogenannten Liberalen, wollten ihre Kinder zu emanzipierten Wesen erziehen, die aus einem gesellschaftlichen Engagement heraus autonom und kritisch Stellung beziehen sollten, die anderen ihre Kinder zu revolutionären Kaderkämpfern schulen und auf eine politische Heilslehre einschwören. Andere wieder sahen in den Läden nichts anderes als eine Entlastungsfunktion. Die gegensätzlichen Auffassungen gerieten mehr und mehr zum handfesten Streit, bei dem die Liberalen als Saboteure beschimpft wurden. Für die sozialistische Fraktion im Zentralrat stand nach den Erfahrungen, die man bis dahin gemacht hatte, fest, »**daß diese Gesellschaft höchstens antiautoritäre, aber niemals sozialistische Sozialisationsfelder im Zusammenhang mit der Entstehung von gegengesellschaftlichen Kampfbasen**« unterstützen würde. Auch die Taktik des Berliner Senats, der um finanzielle Förderung aller Kinderläden ersucht wurde, habe darauf abgezielt, einzelne Kinderläden ökonomisch zu binden und »**ideologisch aufzuweichen**« und den Zentralrat zu spalten. Nach einer Arbeitskonferenz des SDS im April 1969 in Frankfurt, bei der auch zum Thema Kinderläden lang und breit diskutiert wurde, beschlossen einige Gruppen, die Arbeit der Kinderläden »**endlich als radikale zu verstehen und gegen die Interessen der Herrschenden und ohne ihre Unterstützung**« zu organisieren. Man stimmte darüber überein, daß in den Kinderläden jeder »**antiproletarische und antipolitische Aspekt**« überwunden werden müsse und die Läden in Zusammenarbeit mit »**Basisgruppen Kaderstrukturen und Formen verbind-**

licher Arbeit« entwickeln müßten. Denn der antiproletarische Charakter der antiautoritären Erziehung zeige sich gerade darin, »**daß Aufhebung der Triebunterdrückung und die damit bestenfalls verbundene Ich-Stärkung der Kinder nur fähigere Mitglieder der priviligierten bürgerlichen Klassen**« hervorbringe. Gleichzeitig verabschiedete man sich endgültig von den bislang oft zu Rate gezogenen Vordenkern der antiautoritären Erziehung, von Summerhill-Begründer Alexander Sutherland Neill und der bereits erwähnten Moskauer Psychoanalytikerin Wera Schmidt. Die Genossen hielten Neills Internatsschule in Summerhill, die damals schon fast fünfzig Jahre bestand, und Schmidts Kinderheim-Laboratorium in Moskau nun für »**gesellschaftsferne, pädagogische Inseln**«, deren Grundsätze nicht mehr ausreichten, »**die Kinder auf eine radikale Vertretung und Durchsetzung ihrer Interessen gegenüber dem autoritären und monopolkapitalistischen System**« vorzubereiten. Daraus ergebe sich die Notwendigkeit, zu einer »**politischeren Erziehung**«, zu einer Erziehung zum Klassenkampf überzugehen, die »**zum Angriff auf dieses System**« befähige. Dieses Vorhaben nannte sich »**proletarische Erziehung**«: nur diese würde erst jene Kinder- und Erwachsenenkollektive schaffen, die in der Lage seien, »**mit der Ausdehnung des sozialistischen Kampfes die gesellschaftlichen Voraussetzungen eines Zusammenlebens von freien autonomen Menschen zu erkämpfen, auf der Grundlage sozialistischer Produktionsverhältnisse**«.

Die »**proletarische Erziehung**« sollte damit beginnen, die sexuellen und politischen Tabus frühkindlicher Sozialisation zu brechen. Die Kinder sollten möglichst früh über die »**gesellschaftliche Grundlage der Unterdrückung**« aufgeklärt und in »**kindgemäße Ansätze des Angriffes**« auf das autoritär-kapitalistische System eingeübt werden.

Sie müßten ferner lernen, in der Auseinandersetzung mit anderen Kindern außerhalb des Kollektivs (das hieß, »in ihrem spezifischen gesellschaftlichen Konfliktbereich«) die im Kinderkollektiv erworbenen und im Elternkollektiv praktisch vermittelten »Normen« durchzusetzen. Die Kinder müßten sich so auf den »Schulkampf, die Auseinandersetzung mit autoritär erzogenen Schülern und repressiven Lehrern« vorbereiten. Nicht mehr in der Familie werde die Sozialisation stattfinden, sondern im »kämpfenden Kollektiv«. Mit Hilfe eines neu aufgelegten ***Proletarischen Spielbuchs*** aus dem Jahr 1926 sollte den Kindern die Chance vermittelt werden, »in Kinderkollektiven Spiele zu entwickeln, mit denen sie eine Welt errichten, die der bestehenden zuwiderläuft«. Denn: »Kinderspiele müssen historischen und politischen Charakter haben, wenn sie ein Gegengewicht gegen die bürgerlich-kapitalistische Weltanschauung sein sollen, die heute noch jedes Märchen, jedes Kriegsspiel, das Angebot an gestanztem Kunststoffspielzeug insgesamt beherrscht.«

Gegen diesen ideologischen Schwenk setzten sich die liberalen Eltern in der Kinderladenszene zur Wehr, die sich auf die weniger radikalen Gründungsprinzipien ihrer Kinderläden beriefen und die Arbeit mit ihren eigenen Kindern als ausreichende politische Praxis betrachteten. Sie warfen den Sozialisten vor, sie hätten sich einerseits nie ernsthaft mit den Inhalten der neuen Erziehung auseinandergesetzt, andererseits wollten sie die Kinder nur für ihre politischen Zwecke mißbrauchen. Es sei nun endlich an der Zeit, detaillierte Erziehungsprogramme zu entwerfen, sich mit Kinderspielzeug und Kinderbüchern zu beschäftigen und mit der geplanten Vorschulerziehung zu beginnen. Die »Sozialisten« hielten dem entgegen, daß es immer die politisch arbeitenden Genossen gewesen seien, die »**fundierte Vorstellungen über Erziehungsfragen**« (wie Sexualerziehung, Rolle der Erzieher, Bedeutung kollektiven Spiels, historische Vorbilder usw.) in die Diskussion eingebracht hätten. Ferner sei es längst bewiesen, daß die Kinderläden nur »**Modellcharakter**« für eine »**engumgrenzte privilegierte Schicht**« von Akademikern, Freiberuflern und Angehörigen des Mittelstandes hätten. Das antiautoritäre Experiment bleibe so lange ein Luxus, als sich die Erziehungsarbeit nur auf diese privilegierte Gruppe beschränke und an der »**Situation der Massen**« nichts verändere. Und solange die »**Normen für eine sozialistische Kindererziehung**« nur aus der eigenen, beschränkten Praxis und Erfahrung kämen, ohne die »**konkreten Erfahrungen des Proletariats**« einfließen zu lassen, solange würde sich keine neue revolutionäre Theorie bilden.

Das Ergebnis dieses Hickhacks war eine Neukonstituierung des Zentralrats in drei Arbeitskreisen. Eine Gruppe traf sich mit Kindergärtnerinnen und Sozialarbeitern aus dem Republikanischen Club, um einen Warnstreik der Kindergärtnerinnen (wegen der unerträglichen Verhältnisse in den überbelegten Kindergärten) vorzubereiten, der aber dann in letzter Minute abgeblasen wurde. Der andere Arbeitskreis sollte die Erfahrungen der Kindergruppen der deutschen Arbeiterbewegung zwischen den Weltkriegen studieren und prüfen, welche Strategien im Hinblick auf den Schulkampf und die geplante Gründung von Schülerläden übernommen werden könnten. Die dritte Gruppe ging daran, die praktische und organisatorische Zusammenarbeit der Kinderläden mit den Betriebsbasisgruppen vorzubereiten und den Zentralrat in ein »Sexpol-Zentrum« (im Sinne von Wilhelm Reichs sexualpolitischer Bewegung in den dreißiger Jahren) umzuwandeln. Aber schon nach etwa zwei Monaten kam es zur Auflösung sowohl der Arbeitskreise als auch des Zentralrats, weil vor allem die Vertreter der »liberalen« Kinderläden, die in der Überzahl waren, sich nach wie vor weigerten, ihre Erziehungsarbeit ausschließlich klassenkämpferischen Zielen unterzuordnen.

Aus dem radikalen Kern bildeten sich zunächst zwei neue Gruppen, das »Rote Kollektiv Erziehung« (ROTKOL) und das »Proletarierinnen-Zentrum der Marxisten-Leninisten« (PROZ-ML), die an ihren mehr oder minder irrationalen Revolutionsträumen festhielten. Sie begannen, ihre »proletarischen« Erziehungs- und Agitationsstrategien in den Arbeitervierteln West-Berlins zu erproben – und scheiterten, weil die meisten Arbeiterfamilien von einem solchen Vorhaben nichts wissen wollten.

Die als »idealistische Abweichler« geschmähten Liberalen hingegen hielten an ihrer Erziehungsvorstellung fest – erst das Kind und dann die Politik.

Blickt man zurück, so läßt sich eines ohne Zweifel feststellen: Es waren die sogenannte Achtundsechziger mit ihren Träumen und Ideen, mit ihren Parolen und Programmen, mit ihren teils gewagten, teils albernen Experimenten in Wohngemeinschaften und Kinderläden, die – oft aus leidvoller eigener Erfahrung – den Anstoß dazu gaben, die Fragen der Kindererziehung neu zu stellen. Antiautoritäre Erziehung wurde zum Schlagwort, das die einen lockte, andere schockte und viel Verwirrung stiftete. Noch nie wurde zum Thema Vorschulerziehung in Deutschland und anderswo so viel diskutiert und publiziert wie zu Beginn der siebziger Jahre. Eine im April 1970 erschienene »Bibliographie Vorschulerziehung« weist 830 Titel auf, und von Tag zu Tag wurden es mehr. Das Rowohlt-Taschenbuch über antiautoritäre Erziehung in Summerhill des von vielen Linken bemäkelten Alexander Sutherland

Neill wurde mit 600000 verkauften Exemplaren in zwölf Monaten ein Bestseller. Das Thema fesselte nicht nur die Deutschen, und es schien, als würde das von der schwedischen Pädagogin Ellen Key im Jahre 1900 prophezeite »Jahrhundert des Kindes«, dem sie eine »Sintflut der Pädagogik« wünschte, bei der »kein Stein auf dem andern bleiben« dürfe, nun endlich anbrechen.

Fünfundzwanzig Jahre danach beginnt die Erziehung erneut ins Gerede zu kommen. Mit düsteren Worten wird die Krise diagnostiziert und der Schlamassel lautstark beklagt. Viele Eltern und Lehrer, heißt es, seien ratlos wie eh und je. Der Werteverfall, die geisttötenden pädagogischen Methoden und vor allem die verheerende Wirkung des Fernsehens hätten zur Misere beigetragen. »Familie in der Falle« nannte der *Spiegel* 1995 eine Titelgeschichte, die mit der Feststellung beginnt: »Monströse Fernsehkinder und Nazi-Kids, Gewalt an den Schulen und zerrissene Familien – trotz einer Flut pädagogischer Ratgeber wächst die Angst: Wer soll die Schwerstarbeit Erziehung leisten? Gibt es gar ein Ende der Erziehung? Noch nie war es für Eltern so schwierig, aus Kindern Erwachsene zu machen.«

Was tun?

QUELLENVERZEICHNIS

Sparta oder die Kunst, Kinder zu kneten

Burckhardt, Jacob: *Griechische Kulturgeschichte.* Band 1. München 1982.

Clauss, Manfred: *Sparta: Eine Einführung in seine Geschichte und Zivilisation.* München 1983.

Der Kleine Pauly. Lexikon der Antike in 5 Bänden. München 1979.

Helmolt, Hans Ferdinand (Hg.): *Weltgeschichte.* Leipzig 1899–1907.

Link, Stefan: *Der Kosmos Sparta: Recht und Sitte in klassischer Zeit.* Darmstadt 1994.

Plutarch: *Lebensbeschreibungen.* Band 1, in der Übersetzung von Johann Friedrich Kaltwasser (1799–1806) bzw. Bearbeitung von Hanns Floerke (1913). München 1964.

Plutarch: *Große Griechen und Römer.* Band 1, herausgegeben von Karl Hoenn, eingeleitet und übersetzt von Konrat Ziegler. Zürich und Stuttgart 1954–1965.

Snell, Bruno und Franyó, Zoltán (Hg.): *Frühgriechische Lyriker.* Teil 1: Die frühen Elegiker. Berlin 1971.

Schöne neue Welt

Alt, Robert (Hg.): *Robert Owen. Pädagogische Schriften* (ausgewählt, eingeleitet und erläutert von Karl-Heinz Günther). Berlin 1955 (Reihe Erziehung und Gesellschaft).

Alt, Robert (Hg.): *Ch. Fourier: Die harmonische Erziehung* (ausgewählt, eingeleitet und übersetzt von Walter Apelt). Berlin 1958 (Reihe Erziehung und Gesellschaft).

Amersin, Ferdinand: *Das Land der Freiheit.* Graz 1874.

Berghahn, Klaus L. und Seeber, Hans Ulrich (Hg.): *Literarische Utopien von Morus bis zur Gegenwart.* Königstein/Ts. 1986.

Bollerey, Franziska: *Architekturkonzeption der utopischen Sozialisten.* München 1977.

Engels, Friedrich: *Herrn Eugen Dührings Umwälzung der Wissenschaft.* Wien 1971.
Guter, Josef: *Pädagogik in Utopia.* Neuwied–Berlin 1968.
Heinisch, Klaus J. (Hg.): *Der utopische Staat* (Morus, Campanella, Bacon). Reinbek bei Hamburg 1960.
Huxley, Aldous: *Schöne neue Welt.* Frankfurt am Main 1972.
Podmore, F.: *Robert Owen.* London 1923.
Skinner, B. F.: *Futurum Zwei (»Walden Two«).* Reinbek bei Hamburg 1972.
Weber, Katharina: *Staats- und Bildungsideale in den Utopien des 16. und 17. Jahrhunderts.* Köln 1931.

Das Kind als Feind

Aksakow, Sergej T.: *Bagrows Kinderjahre* (1858). Zürich 1978.
Blinoff, Marthe: *Life and Thought in Old Russia.* University Park, Pennsylvania 1961.
Custine, Astolphe de: *Russische Schatten.* Nördlingen 1985.
deMause, Lloyd (Hg.): *Hört ihr die Kinder weinen. Eine psychogenetische Geschichte der Kindheit.* Frankfurt am Main 1977 (orig.: *The History of Childhood,* New York 1974).
Dostojewskij, F. M.: *Aufzeichnungen aus dem Kellerloch.* In: Rowohlts Klassiker, Russische Literatur Bd. 8, Reinbek bei Hamburg 1962.
Gitermann, Valentin: *Geschichte Russlands.* 3 Bände. Hamburg 1949.
Gontscharow, Iwan A.: *Oblomow.* München 1993.
Gorki, Maxim: *Meine Kindheit.* Berlin–Weimar 1977.
Herzen, Alexander: *Erinnerungen.* Berlin 1907.
Lavrin, Janko: *Lev Tolstoj.* Reinbek bei Hamburg 1961.
Leroy-Beaulieu, Anatole: *Das Reich der Zaren und die Russen.* 3 Bände. Sondershausen 1887–90.
Pipes, Richard: *Rußland vor der Revolution.* München 1977.

Zwischen Angst und Liebe

Basedow, J. B.: *Das Methodenbuch für Väter und Mütter der Familien und Völker.* In: Ausgew. Schriften, hg. von Hugo Göring. Langensalza 1880.
Basedow, J. B.: *Elementarwerk,* 2 Bände., hg. von Th. Fritzsch. Leipzig 1909.
Basedow, J. B.: *Das in Dessau errichtete Philanthropin, eine Schule der Menschenfreundschaft und guter Kenntnisse für Lernende und junge Lehrer, Arme und Reiche.* Leipzig 1774.
Basedow, Joh. B.: *Pädagogische Unterhandlungen oder philanthropisches Journal und Lesebuch.* Dessau. Lieferung 1778.

Dietrich, Theodor: *Erziehung und Unterricht in Schnepfenthal.* München 1963.
Glantschnig, Helga: Liebe als Dressur: *Erziehungsvorstellungen der deutschen Aufklärung.* Frankfurt–New York 1987.
Locke, John: *Gedanken über Erziehung.* Stuttgart 1970.
Pinloche, Albert: *Geschichte des Philanthropismus.* Leipzig 1914.
Rousseau, Jean-Jacques: *Emil oder Über die Erziehung.* Stuttgart 1968.
Salzmann, Chr. G.: *Pädagogische Schriften,* hg. von Bosse und Weyer. 2 Bände. Wien–Leipzig 1886–1888.
Salzmann, Chr. G.: *Noch etwas über die Erziehung* (1869). *Ameisenbüchlein* (1869). *Über die wirksamsten Mittel Kindern Religion beizubringen* (1870). In: »Pädagogische Bibliothek« Berlin, hg. von Karl Richter.
Salzmann, Chr. G.: *Über die heimlichen Sünden der Jugend.* Leipzig 1785.
Szasz, Thomas S.: *Die Fabrikation des Wahnsinns.* Olten–Freiburg/Br. 1976.
Ussel, Jos van: Sexualunterdrückung: *Geschichte der Sexualfeindschaft.* Gießen 1977.

Der Weg des Kriegers, bedeutet zu sterben

Hatsukade, Itsuaki: *Die Bildungsideale in der japanischen Kultur und ihr Einfluß auf das Erziehungswesen in der Yedo-Zeit.* Würzburg 1932.
Hearn, Lafcadio: *Japan, ein Deutungsversuch.* Frankfurt am Main 1912.
Mishima, Yukio: *Zu einer Ethik der Tat. Einführung in das »Hagakure«, die große Samurai-Lehre des 18. Jahrhunderts.* München 1987.
Morris, Ivan: *Samurai oder von der Würde des Scheiterns.* Frankfurt am Main 1989.
Nitobe, Inazo: *Bushido: The Soul of Japan.* Tokyo 1938.
Pinguet, Maurice: *Der Freitod in Japan. Geschichte der japanischen Kultur.* Frankfurt am Main 1996.
Storry, Richard: *Die Samurai: Ritter des Fernen Ostens.* Luzern–Herrsching 1986.

Leben ist Streben und nicht bloß Dasein

Canetti, Elias: *Die Provinz des Menschen.* Aufzeichnungen 1942–1972. Frankfurt am Main 1984.
Canetti, Elias: *Masse und Macht, Bd. 2.* München 1976.
Israëls, Han: *Schreber: Vater und Sohn. Eine Biographie.* München–Wien 1989.
Lothane, Zvi: *In Defense of Schreber: Soul Murder and Psychiatry.* New York 1992.

Niederland, William G.: *Der Fall Schreber.* Frankfurt am Main 1978.
Schatzmann, Morton: *Die Angst vor dem Vater. Langzeitwirkung einer Erziehungsmethode.* Reinbek bei Hamburg 1974.
Schreber, Daniel Gottlob Moritz: *Kallipädie oder Erziehung zur Schönheit durch naturgetreue und gleichmässige Förderung normaler Körperbildung, lebenstüchtiger Gesundheit und geistiger Veredelung und insbesondere durch möglichste Benutzung specieller Erziehungsmittel.* Leipzig 1858.
Schreber, Daniel Paul: *Denkwürdigkeiten eines Nervenkranken.* Herausgegeben und eingeleitet von Samuel M. Weber. Frankfurt am Main–Berlin–Wien 1973.

Kinder im gefrorenen Land

Birket-Smith, Kaj: *Die Eskimos.* Zürich 1948.
Brezlanovits, Carola (Hg.): *KinderAnsichten.* Göttingen 1994.
Freuchen, Peter: *Book of the Eskimos.* New York 1961.
Lindig, Wolfgang: *Die Kulturen der Eskimo und Indianer Nordamerikas.* Handbuch der Kulturgeschichte, II. Abteilung, Bd. 20. Frankfurt am Main 1972.
Nansen, Fridtjof: *Eskimoleben.* Leipzig und Berlin 1903.
Rasmussen, Knud: *Die Gabe des Adlers. Eskimoische Märchen aus Alaska.* Frankfurt am Main 1937.
Rasmussen, Knud: *Neue Menschen.* Bern 1907.
Rasmussen, Knud: *In der Heimat des Polarmenschen. Die zweite Thule-Expedition 1916–18.* Leipzig 1922.

Wiedergeburt im Busch

Westermann, Diedrich: *Die Kpelle. Ein Negerstamm in Liberia, dargestellt auf der Grundlage von Eingeborenen-Berichten.* Göttingen 1921.

Lerne vom Militär!

(Die Anregung zu diesem Kapitel verdanke ich Katharina Rutschkys Buch *Schwarze Pädagogik.* Frankfurt am Main–Berlin 1977.)
Foucault, Michel: *Überwachen und Strafen. Die Geburt des Gefängnisses.* Frankfurt am Main 1992.
Kahle, F. Herm.: *Grundzüge der evangelischen Volkschulerziehung. Für Seminaristen und Lehrer, wie auch zum Gebrauch in Lehrerinnen-Bildungsanstalten.* 1. Abteilung. Breslau 1885 (6., verbesserte Auflage).

Eisen erzieht

Arnhold, Karl: *Berufserziehung und Arbeitsführung als Mittel der Leistungssteigerung.* München 1940.

Arnhold, Karl: *Die Lehrwerkstätte: Planung, Errichtung und Führung.* Berlin 1937.

Arnhold, Karl: *Leistungsertüchtigung.* Berlin 1941.

Arnhold, Karl: *Psychische Kräfte im Dienste der Berufserziehung und Leistungssteigerung.* Berlin 1940.

Bäumer, Peter C.: *Das Deutsche Institut für technische Arbeitsschulung.* In: Schriften des Vereins für Sozialpolitik, 181. Band, 1. Teil. München und Leipzig 1930.

Lackner, Helmut: »Die Körperökonomie in den Werkschulen und Lehrwerkstätten als Vorbereitung auf den ›soldatischen Mann‹«. In: *Arbeiterschaft und Nationalsozialismus in Österreich,* hg. von R. G. Ardelt und H. Hautmann. Wien – Zürich 1990.

Osthold, Paul: *Der Kampf um die Seele unseres Arbeiters.* Düsseldorf 1926.

Scheven, Paul: *Die Lehrwerkstätte. Technik und qualifizierte Handarbeit in ihren Wechselwirkungen und die Reform der Lehre.* Tübingen 1894.

Kindheit in der blauen Lagune

Kohl, Karl-Heinz: *Exotik als Beruf. Erfahrungen und Trauma der Ethnographie.* Frankfurt – New York 1986.

Leclerc, Gérard: *Anthropologie und Kolonialismus.* München 1973.

Malinowski, Bronislaw: *Geschlecht und Verdrängung in primitiven Gesellschaften.* Hamburg 1962.

Malinowski, Bronislaw: *Argonauten des westlichen Pazifik. Ein Bericht über Unternehmungen und Abenteuer der Eingeborenen in den Inselwelten von Melanesisch-Neuguinea.* Schriften Bd. 1, hg. von Fritz Kramer. Frankfurt am Main 1979.

Malinowski, Bronislaw: *Das Geschlechtsleben der Wilden in Nordwest-Melanesien.* Schriften Bd. 2, hg. von Fritz Kramer. Frankfurt am Main 1979.

Malinowski, Bronislaw: *Ein Tagebuch im strikten Sinn des Wortes. Neuguinea 1914 – 1918.* Schriften Bd. 4, hg. von Fritz Kramer. Frankfurt am Main 1986.

Mead, Margaret: *Leben in der Südsee. Jugend und Sexualität in primitiven Gesellschaften.* München 1965.

Formung zum »industriellen Menschen«

Bat'a, Thomas: *Wort und Tat* (bearbeitet von A. Cekota). Zlín 1936.

Cekota, Anton: *Bat'a - Neue Wege.* Brünn–Prag 1928.

Devinat, Paul: *Die Arbeitsbedingungen in einem rationalisierten Betrieb. Das System Bat'a und seine sozialen Auswirkungen.* Herausgegeben vom Internationalen Arbeitsamt Genf, Zweigamt Berlin, 1930.

Erdély, Eugen: Bat'a. *Ein Schuster erobert die Welt.* Leipzig 1932.

Alfons Marschalek: »Neue Wege der Lehrlingsausbildung?« In: *Lehrlingsschutz, Jugend- und Berufsfürsorge,* Heft 7/8, 1929.

Schule der Barbaren

Benze, Rudolf: *Erziehung im Großdeutschen Reich.* Frankfurt am Main 1943.

Benze, Rudolf und Gräfer, Gustav: *Erziehungsmächte und Erziehungshoheit im Großdeutschen Reich.* Leipzig 1940.

Flessau, Kurt-Ingo: *Schule der Diktatur. Lehrpläne und Schulbücher des Nationalsozialismus.* Frankfurt am Main 1979.

Flessau, Kurt-Ingo, Nyssen, Elke, Pätzold, Günter (Hg.): *Erziehung im Nationalsozialismus.* Köln–Wien 1987.

Gamm, Hans-Jochen: *Führung und Verführung. Pädagogik des Nationalsozialismus.* München 1964.

Gamm, Hans-Jochen: *Der braune Kult.* Hamburg 1962.

Hitler, Adolf: *Mein Kampf* (Jubiläumsausgabe). München 1939.

Kaufmann, Günter: *Das kommende Deutschland. Die Erziehung der Jugend im Reich Adolf Hitlers.* Berlin 1943.

Klinge, Erich: *Die Erziehung zur Tat, zu Mut und Tapferkeit.* München 1936.

Klose, Werner: *Generation im Gleichschritt.* Oldenburg und Hamburg 1964.

Lingelbach, Karl Christoph: *Erziehung und Erziehungstheorien im nationalsozialistischen Deutschland.* Weinheim – Berlin – Basel 1970.

Mann, Erika: *Zehn Millionen Kinder: Die Erziehung der Jugend im Dritten Reich.* München 1986.

Rauschning, Hermann: *Gespräche mit Hitler.* Zürich 1940.

Schirach, Baldur von: *Die Hitler-Jugend. Idee und Gestalt.* Leipzig 1934.

Der lange Marsch durch die Illusionen

Berliner Kinderländen: Antiautoritäre Erziehung und sozialistischer Kampf. Köln – Berlin 1970.

Bieling, Rainer: *Die Tränen der Revolution: die 68er zwanzig Jahre danach.* Berlin 1988.

Breiteneicher, H. J., Mauff, R., Triebe, M. und Autorenkollektiv Lankwitz: *Kinderläden: Revolution der Erziehung oder Erziehung zur Revolution?* Reinbek 1971.

Dutschke, Gretchen: Rudi Dutschke: *Wir hatten ein barbarisches, schönes Leben.* Köln 1996.

Elias, Norbert: *Studien über die Deutschen.* Frankfurt am Main 1992.

Kommune 2: Versuch der Revolutionierung des bürgerlichen Individuums. Berlin 1969.

Reich, Wilhelm: *Der Kampf um das »neue Leben« in der Sowjetunion.* In: *Die sexuelle Revolution.* Frankfurt am Main 1966.

Richter, Horst-Eberhard: *Die Gruppe.* Reinbek bei Hamburg 1972.

Schmidt, Wera: *Psychoanalytische Erziehung in Sowjetrußland.* Leipzig 1924.

Vesper, Bernward: *Die Reise.* Berlin und Schlechtenwegen 1977.

PERSONENREGISTER

Das Verzeichnis enthält alle im Text vorkommenden Eigennamen, mit Ausnahme jener, die nur auf die benutzte Literatur hinweisen.

BILDNACHWEIS

Seite 35 – V. Vercelloni: *Europäische Stadtutopien.* München 1994.
Seite 49 – F. Bollerey: *Architekturkonzeption der utopischen Sozialisten.* München 1977.
Seite 54/55 – F. Podmore: *Robert Owen.* London 1923.
Seite 122ff. – Kupfertafeln von Daniel Chodowiecki u. a. zu J. B. Basedows *Elementarwerk* (1774); Neuauflage, Bd. 3, hg. von Theodor Fritzsch. Leipzig 1909.
Seite 134ff. – J. Ch. F. GutsMuths: *Gymnastik für die Jugend.* Schnepfenthal 1793.
Seite 181ff. – D. G. M. Schreber: *Kallipädie.* Leipzig 1858. –: *Das Buch der Erziehung an Leib und Seele.* Leipzig 1891.
Seite 236/237 – August Sander: *Menschen des 20. Jahrhunderts.* München 1980.
Seite 239 – Fritz Gansberg: *Bei uns zu Haus.* Leipzig 1905.
Seite 245 – Karl Arnhold: *Die Lehrwerkstätte.* Berlin 1937.
Seite 265ff. – Bronislaw Malinowski: *The Sexual Live of Savages (in North-Western Melanesia).* London 1929.
Seite 280ff. – Statni okresni archiv ve Zline – Archiv der Stadt Zlin/Tschechien.
Seite 305ff. – Heinz Boberach: *Jugend unter Hitler.* Düsseldorf 1982.
Einband & Vor- und Nachsatz – Photographien von Walter Rosenblum, 1946 und 1952.

RUDI PALLA, geboren 1941 in Wien, arbeitet als Autor und Filmemacher in seiner Heimatstadt. Sein Buch »Verschwundene Arbeit – Ein Thesaurus untergegangener Berufe« kam 1995 als hundertfünfzehnter Band der ANDEREN BIBLIOTHEK heraus.

DIE KUNST, KINDER ZU KNETEN von Rudi Palla ist im September 1997 als hundertdreiundfünfzigster Band der ANDEREN BIBLIOTHEK im Eichborn Verlag, Frankfurt am Main, erschienen.

Die Arbeit an diesem Buch wurde mit einem Projektstipendium des Bundesministerium für Wissenschaft, Forschung und Kultur der Republik Österreich und mit einem finanziellen Zuschuß der Kulturabteilung der Stadt Wien unterstützt. – Das Lektorat lag in den Händen von Brigitte Stammler-Hilzensauer.

Dieses Buch wurde in der Korpus Gill Grotesk von Wilfried Schmidberger in Nördlingen gesetzt und bei der Fuldaer Verlagsanstalt auf holz- und säurefreies mattgeglättetes 100g/m² Bücherpapier der Papierfabrik Niefern gedruckt. Den Einband besorgte die Buchbinderei G. Lachenmaier in Reutlingen. Ausstattung & Typographie von Franz Greno.

1. bis 10. Tausend, September 1997. – Von diesem Band der ANDEREN BIBLIOTHEK gibt es eine handgebundene Lederausgabe mit den Nummern 1 bis 999; die folgenden Exemplare der limitierten Erstausgabe werden ab 1001 numeriert. Dieses Buch trägt die Nummer:

4845

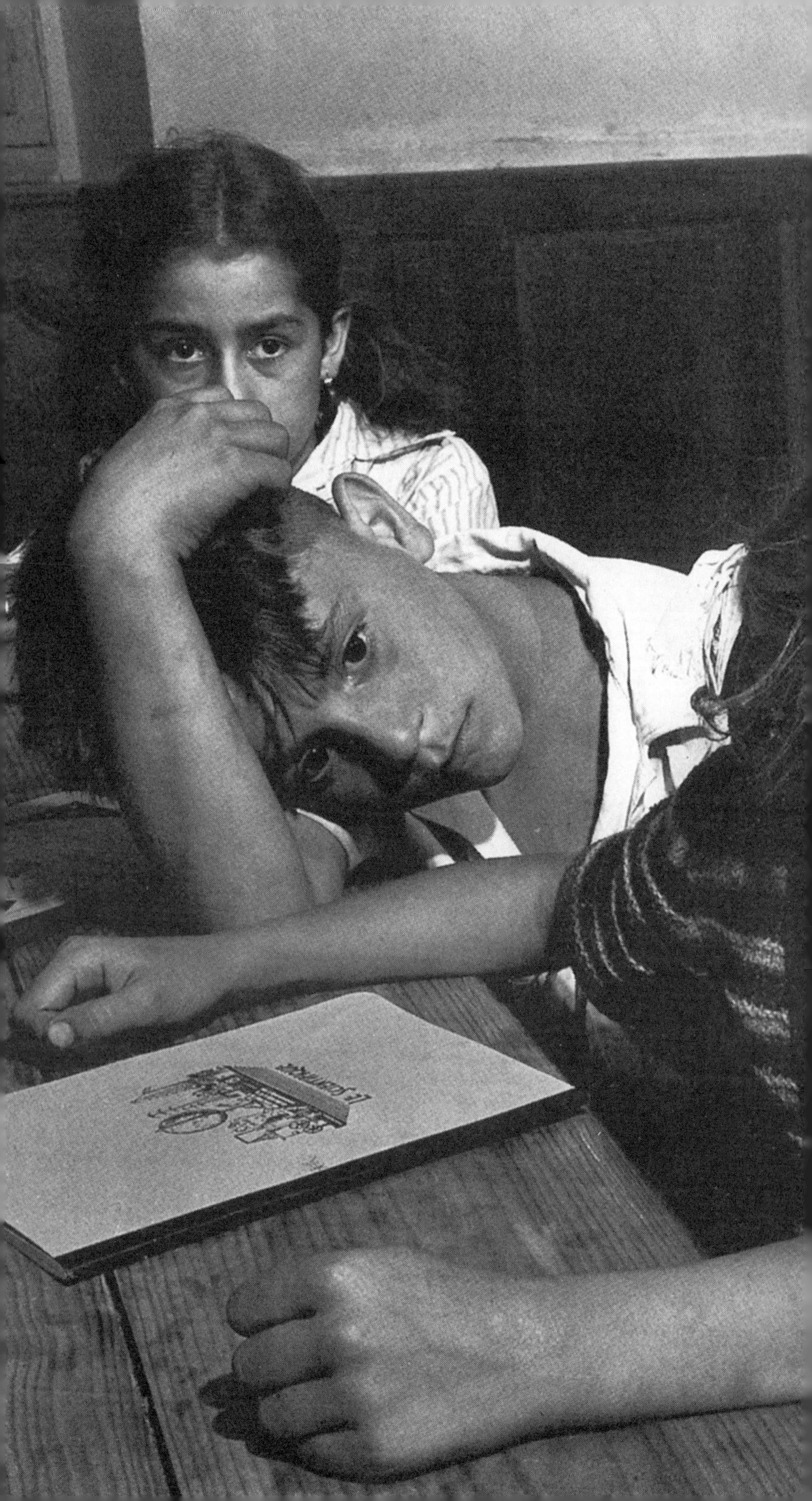